고대 아메리카에 나타난
우리민족의 태극

「코리」는 아메리카의 우리민족에 관한 책을 만듭니다.
「코리」는 사라져버렸던 우리민족의 위대한 역사를 되찾아 전 세계에 알립니다.

이 책의 내용은 세계 최초로 우리민족의 아메리카 대이동을 밝히고 있습니다.
저작권자의 동의 없이, 연구 · 교육 · 비영리적 보도 이외의 목적으로 인용이나 발췌를 금하며, 모든 종류의 복사를 금합니다.

Copyrights© 2017 by Son, Sungtae
All rights reserved including the rights of reproduction in whole or in part in any form.
Printed in Korea.
Derechos reservados del autor sobre toda la obra,
incluyendo su compilación y reproducción total o parcial. Impreso en Corea del Sur.

고대 아메리카에 나타난
우리민족의 태극

1판 1쇄 인쇄 | 2017. 01. 16.
1판 1쇄 발행 | 2017. 01. 20.

지은이 | 손성태
펴낸이 | 윤광민
펴낸곳 | 코리
디자인 | 디자인 디도
전　화 | (02) 6212-9119
팩　스 | (02) 6217-2367
주　소 | (143-724) 서울시 광진구 구의강변로 64, 구의아크로리버 B-1104
등　록 | 2014년 6월 13일, 제2014-43호
이메일 | sonstt@hanmail.net

ISBN 979-11-953077-1-5 03900

©손성태, 2017

「이 도서의 국립중앙도서관 출판예정도서목록(CIP)은 서지정보유통지원시스템 홈페이지(http://seoji.nl.go.kr)와 국가자료공동목록시스템(http://www.nl.go.kr/kolisnet)에서 이용하실 수 있습니다.(CIP제어번호: CIP2017000609)」

고대 아메리카에 나타난
우리민족의 태극

손성태 지음

코리

유전자로 증명되는 우리민족의 대이동

1995년 페루 남부 안데스 산맥, 만년빙하로 덮힌 해발 6309m의 한 산봉우리 아래에서 우연히 14살 된 여자아이의 미이라가 발견되어, 전 세계의 비상한 관심을 끌었다. '화니타'라고 이름 지어진 이 미이라는 죽자마자 얼어, 550여 년이 지났지만 일부 세포는 아직도 생생했기 때문이었다. 미국과 페루 의료진들은 아메리카 원주민의 기원을 밝혀보기 위하여 심장세포를 떼어 정밀 DNA 검사를 한 후 다음과 같이 발표했다.

발견 위치 발견 장면

유전자 검사를 하고 있는 미국과 페루 의료진들

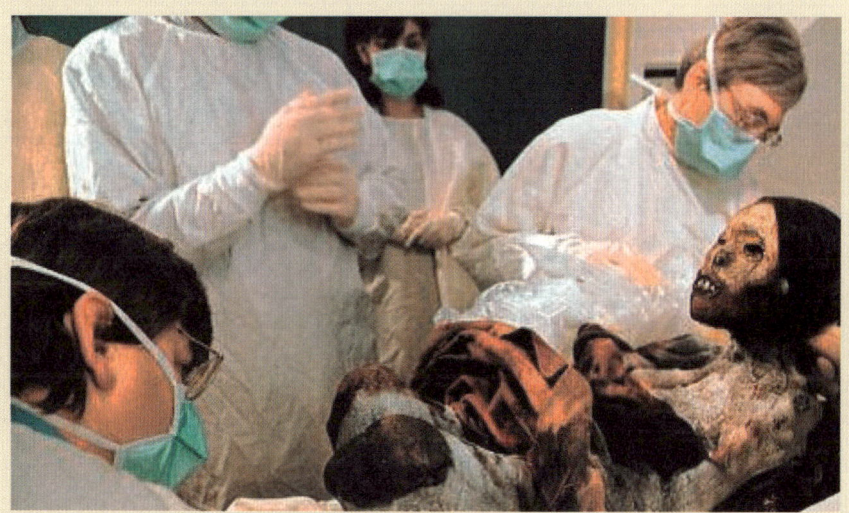

유전자 검사 결과에 대한 기사와 번역

El ADN de "Juanita" y una fehaciente comprobación científica

Los científicos del Genomic Research Institute (TIGH), de Maryland, en otra prueba de laboratorio, lograron recuperar un grupo de células extraídas de los tejidos del corazón de "Juanita".

Esas pruebas científicas, sirvieron para: 1. Identificar su ADN ("Ácido desoxirribonucléico"). 2. El ADN de "Juanita" lo compararon con el programa del Mapa Mundi Genético, elaborado por el Proyecto Genoma Humano. 3. Esos estudios, demostraron que "Juanita" tenía íntimo parentesco con la tribu Ngoge de Panamá y con las antiguas razas originarias de Taiwán y Corea. Los del Proyecto Genoma Humano, durante cinco años, habían movilizado a cientos de biólogos que habían recogido muestras de sangre de todas las naciones de la Tierra, ubicando geográficamente los grupos de ADN. Esa muestra mundial, demostró que "...la raza humana bajó de los árboles en el noreste africano y se propagó por todos los rincones del mundo". 4. El estudio del ADN de "Juanita" demostró, pues, que el hombre asiático llegado por el estrecho de Bering a América procedía de Taiwán y Corea.

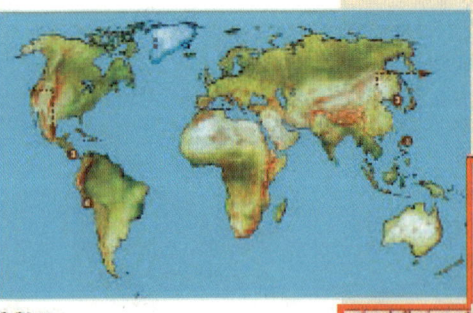

1. Taiwán.
2. Corea.
3. Panamá (tribu Ngoge)
4. Arequipa ("Juanita" de Ampato).

2. El ADN de "Juanita" lo compararon con el programa del Mapa Mundi Genético, elaborado por el Proyecto Genoma Humano.
3. Esos estudios, demostraron que "Juanita" tenía íntimos parentescos con la tribu Ngoge de Panamá y con las antiguas razas de Taiwán y Corea.

화나타의 유전자(ADN=DNA)를 세계유전자지도와 비교해 보았더니, 파나마의 느고헤(Ngoge)족, 그리고 근본적으로는 타이완 및 코리언과 아주 가까운 친척으로 밝혀졌다.

4. El estudio del ADN de "Juanita" demostró, pues, que el hombre asiático llegado por el estrecho de Bering a América procedía de Taiwán y Corea.

따라서 화니타의 유전자는 베링해를 거쳐 아메리카로 이동해 온 아시아인들은 바로 타이완과 코리언이라는 것을 증명하고 있다.

550년 전 죽은 페루의 미이라 유전자는 우리민족의 아메리카 대이동을 분명하게 증명하고 있다.

이 유전자 검사 결과에는, 중국인, 몽골인 및 일본인이 포함되어 있지 않다. 오직 우리민족과 타이완(대만)만이 아메리카 인디언의 조상이라고 분명히 하고 있다. 그런데 어떻게 중국 본토 사람들이 제외된 대만인들이 우리민족과 함께 나왔을까? (자세한 것은 '제8장-유전자'를 참조하세요.)

사필귀정(事必歸正)…

높은 산에 홀로 올라 인간의 역사를 묵묵히 지켜보아 온 푸른 하늘에 물어보았다.

민족이 둘로 갈라져 소식도 없이 천 년의 세월이 흐른 후, 그 두 갈래가 형제라는 사실이 증명되려면 무엇이 같아야 합니까?

인간의 지혜가 모여 분야별로 정리된 것이 학문이다. 학문의 시각에서 아메리카대륙 원주민이 우리민족의 후예라는 사실이 증명되려면 어떤 분야에서 일치해야 할까? 당연히 과거와 연관된 모든 분야에서 일치해야 할 것이다. 필자는 우리와 아메리카 원주민들 사이의 일치를 학문 분야별로 정리해보았다.

1) **언어학, 국어학**: '지친이, 잔소리, 다 좋다, 막까기틀, 다도안이' 등 수많은 일상생활 언어가 일치하고, 그 속에 담긴 문장구조, 접사, 형태소, 고대 우리말 음운현상, 문법규칙까지 같다.
2) **지명학**: '태백, 맥이곳(멕시코), 아스땅(아사달), 맨하탄(많은 땅), 미시간(미치간)' 등 아메리카 원주민이 남긴 수많은 지명(地名)들이 우리말이다.
3) **의류 · 복식학, 민속학**
   - **의복풍습**: 남자들의 갓, 흰 두루마기, 상투, 뒤가 없는 모자; 여인들의 한복, 쪽진 머리 등
   - **생활풍습**: 창포에 머리 감기, 고수레, 물레와 베틀, 지게, 머리에 이기와 또아리, 항쇄, 편두 등
   - **놀이풍습**: 팽이치기, 공기놀이, 윷놀이, 죽마놀이, 달집태우기, 고누놀이 등 25여 종의 민속놀이
   - **육아풍습**: 업기, 업기에 사용된 포대기, 나이 계산법, 젖 물리기와 '찌찌'라는 말
   - **장례풍습**: 거실장, 큰 봉분의 무덤, 피라밋, 상엿소리, 순장

- **신앙풍습:** 성황당, 산신, 수신, 바람신, 비신, 집안 곳곳의 신
4) **종교학:** 아메리카에 우리민족 고유의 태양신, 사방신, 달 속의 토끼 신앙, 뱀용신, 솟대 등이 있다.
5) **천문학:** 인디언의 달력에는 우리말 용어들이 나온다.
6) **의학:** 멕시코·마야 원주민들의 침술은 침을 놓는 혈의 위치가 우리의 것과 같고, 침술에서 사용한 용어도 우리말이다.
7) **음악:** 인디언이 사용하던 악기에는 우리와 같은 대금, 피리, 쌍피리, 고동, 징, 북 등이 있다.
8) **농학:** 아메리카 인디언의 주식은 콩과 옥수수였다. 콩의 원산지는 만주대평원이다.
9) **철학:** 그들은 우리민족의 민족정신을 가리키는 '얼'이라는 말이 그들의 민족정신을 가리킨다고 설명한다.
10) **역사학:** 삼국시대와 발해시대를 거치면서, 주변 민족에 비하여 만주대평원에 살던 우리 선조들의 인구수 감소와 영토 축소 시기가 멕시코 원주민들이 아스땅에서 출발했다는 이야기와 시간적으로 일치하고, '고리족, 맥이족'과 같은 고대 우리민족의 명칭이 등장한다.
11) **고고학:** 우리 것과 같은 '서수형 토기, 곡옥, 고인돌, 반달형 돌칼, 갈판, 위가 평평한 피라밋, 봉분이 둥근 미국 인디언 마운드' 등이 아메리카에 있다.
12) **지리학:** 멕시코 원주민이 아메리카에 도착했던 이동루트에 관한 정보의 내용은 아무르강에서부터 우리민족의 이동루트인 춥지·캄차카 반도 및 알류산열도를 가리킨다.
13) **기호학:** 우리와 그들은 '고리 기호'를 남겼다.

이렇게 다양한 학문 분야에서 살펴본 바, '어느 분야이든 아메리카 원주민과 우리민족 사이에는 어긋남이 없었다.' 이것이 필자가 도달한 결론이었다. 이 많은 학문 분야의 증거들이 마치 오케스트라의 하모니처럼 서로 조화를 이루며 그들이 우리민족임을 증명하고 있다.

그리고 마침내 그들이 남긴 흔적 속에서 우리의 음양태극이 발견되었고, 그들과 우리는 유전자(DNA)가 일치한다는 과학적 증거까지 나왔다. 무엇이 더 필요한가? 우리 역사와 세계사·인류사는 다시 쓰여져야 한다!

2017년 1월

저자

차례

01. 잘못 알려진 우리민족의 태극 역사 ·· 12
- 국기(國旗)의 시작 / 13　• 태극기, 그 잘못 알려진 역사 / 15
- 유물에 새겨진 음양태극 / 24　• 태호복희의 선천팔괘와 태극기의 사괘 / 28
- 태호복희, 그는 누구인가 / 32

02. 고대 아메리카에 나타난 우리민족의 태극 ···························· 37
- 아메리카에 나타난 우리민족의 태극 / 37　• 올메카, 우리민족의 후예 / 44
- 토토나가, 신성하고 신성한 우리민족의 후예 / 48
- 마야달력 속의 태극 / 61　• 태호복희의 의미 / 63　• 숭고한 국기, 태극기 / 70
- * 복희여와 그림의 미스터리 / 73

03. 고대 우리민족의 상징 '고리 기호' ·· 88
- 아메리카 원주민의 상징 골뱅이 기호 / 89
- 우리선조들이 남긴 골뱅이 기호 / 129
- 골뱅이 기호의 시작 / 142　• 골뱅이 기호: 우리민족의 상징 '고리 기호' / 147

04. 태극의 탄생, 기원과 의미 ·· 171
- 고대 우리민족의 명칭 / 171　• 고리족의 땅, 아메리카 / 183
- 고리에서 '코리아'로 / 187　• 태극의 탄생 / 195　• 고리 기호의 전파 / 223

05. '고리 기호'로 풀리는 우리 고대사의 미스터리 ···················· 226
- 신성한 땅, 다물(多勿) / 227　• 곡옥(曲玉)의 진실 / 231
- 백제 무령왕의 환두대도의 미스터리 / 246　• 용의 진실 / 251
- 우리민족은 단일민족인가? / 262

06. 우리민족의 태양신 신앙과 아메리카 이동 ·· 266
- 아무르강 하류에 남아있던 우리민족의 태양신 신화 / 266
- 우리 역사 속의 태양신 신앙 / 274   • 태양신의 경배 방법 / 277
- 태양신의 상징 / 285   • 백제 금동대향로의 미스터리 / 289
- 아메리카로 건너간 우리민족의 태양신 신앙 / 301
* '백의민족'의 의미 / 318

07. 아메리카에 나타난 우리민족의 놀이풍습 ·· 324
- 숨바꼭질 / 326   • 공기놀이 / 328   • 팽이치기 / 330   • 죽마놀이 / 336
- 고누놀이 / 337   • 자치기 / 343   • 널뛰기 / 345   • 말타기와 등타넘기 / 346
- 달집태우기 / 350   • 줄넘기 / 355   • 그네 / 357   • 구슬치기 / 359
- 굴렁쇠 / 363   • 씨름 / 364   • 제기차기 / 368
- 사방치기(마룻돌놀이) / 369

08. 유전자로 확인되는 우리민족의 대이동 ·· 376
- 미토콘드리아 DNA / 376
- 남미 안데스 미이라의 유전자로 증명되는 우리민족의 대이동 / 387

01.
잘못 알려진 우리민족의 태극 역사

아메리카대륙에 남겨진 우리민족의 흔적을 따라 멕시코와 마야의 유물을 조사하던 어느 날, 필자는 큰 충격을 받았다. 그곳 유물에 음양태극이 버젓이 그려져 있지 않은가! 그것도 아메리카 원주민 문명 가운데 가장 일찍 시작되었다는 올메카(Omeca) 문명이 남긴 돌거울에 그려져 있었다. 그리고 올메카문명을 이어받은 토토나가판(Totonacapan)의 신상(神像)에서 다시 한 번 음양태극을 발견했다.

그때부터 국내에 알려진 우리 태극의 역사를 조사하기 시작했다. 그런데 '우리 태극은 11세기 중국 송나라 주돈이의 태극도설에서 나왔다'라고 설명되어 있지 않은가. "뭐야?, 우리 태극이 중국에서 유래된 것이라고? 이런 엉터리 이야기가 있나!" 뭔가 잘못되어도 크게 잘못되었음을 즉시 알았다. 음양태극이 그려져 있는 올메카문명의 돌거울은 주돈이라는 인물보다 무려 1600여 년 앞선 기원전 5세기의 유물이기 때문이었다.

국기(國旗)의 시작

오늘날 모든 나라는 국기(國旗)를 가지고 있다. 국기는 나라의 얼굴이자, 그 나라 영토와 영토 안의 모든 것에 대하여 그 민족의 주권(主權)을 상징한다. 나라와 민족을 하나의 깃발로 나타내는 국기는 지금부터 500여 년 전, 스페인 콜롬부스가 신대륙을 발견하면서 그 필요성이 제기되었다. 1492년 그가 신대륙을 발견하자, 유럽 국가들은 너도나도 경쟁적으로 신대륙을 비롯하여 아프리카, 인도, 아시아로 진출하기 시작했는데, 교통수단은 배였다. 이때부터 큰 배를 타고 바다를 건너다니는 '바다의 시대'가 시작되었다.

스페인, 프랑스, 영국 배들은 대서양을 건너 신대륙으로 진출하기 시작했고, 포르투갈 배들은 인도를 거쳐 남중국 마카오와 일본으로 진출했다. 바다를 건너다니며 시작된 대륙과 대륙 사이의 새로운 교류는 세계를 눈부시게 발전시키기 시작했고, 교역이란 이름으로 많은 상품을 실은 배들이 바다 위를 오가게 되었다.

보물이 있는 곳엔 언제나 그것을 노리는 집단이 생기는 것이 인간의 역사였다. 대양을 오가는 배들을 노리는 새로운 집단이 생겨났다. 해적들이었다. 그들은 바다 곳곳의 섬에 은신처를 마련하고 많은 상품을 싣고 다니던 배를 약탈하기 시작했다. 대서양의 작은 섬이나 대륙 연안에 은신처를 마련해두고 활약하던 16세기 영국 해적들 이야기는 오늘날까지도 유명하다. 그들은 주로 신대륙에서 금과 은을 비롯한 많은 상품을 가득 싣고 본국으로 돌아가던 스페인 배들을 약탈했다. 그 해적들 중에는 약탈한 보물을 영국 왕실에 바침으로써, 왕실로부터 귀족 작위를 받은 자들도 있을 정도였다.

이러한 시대 상황 속에서 유럽 국가들은 망망대해를 오가는 교역선들이 해적선을 미리 경계하며, 각국의 배들을 먼 거리에서부터 서로 식별할 필요성을 깨달아, 각 나라를 구별하는 깃발을 만들어 매달기 시작했다. 이렇게 시작된 깃발이 수백 년이 지난 18세기부터 유럽 국가들을 중심으로 나라를 상징하는 국기로 발전하였다.

바다의 시대가 시작된 지 수백 년이 지난 19세기 중엽부터, 우리나라도 드디어 국기를 만들어야 할 상황이 닥쳤다. 대원군의 쇄국정책으로 다른 나라와 교역을 금지해왔던 조선에, 1866년 미국 상선 제너럴셔먼호(General Sherman)가 들이닥쳐 문호 개방과 교역을 요구했다. 요구를 들어주지 않자 그들은 대동강을 거슬러 올라와 평양까지 약탈했고, 성난 평양 백성과 관리들은 그 배를 불태우고 모든 선원을 죽였다. 몇 달 후엔 프랑스 함대가 강화도를 점령하며, 프랑스 기독교 선교사에 대한 박해와 순교에 대한 댓가로 문호 개방과 교역을 요구했다.

이렇게 변화된 대외적 환경으로 조선도 점점 쇄국정책을 포기하고 시대의 흐름에 따라 문호를 개방하기 시작했다. 문호를 개방하자마자 바로 들이닥친 나라는 이웃 일본이었다. 그 당시의 일본은 1866년부터 시작된 '메이지유신'으로[1], 이미 유럽과 미국에 문호를 개방하고 서양문물을 받아들여 빠르게 발전

---

1 중세시대의 일본은 왕이 있었지만, 나라를 직접 통치했던 것은 무력집단의 우두머리였던 장군이었다. 장군 통치하의 일본은 여러 지역으로 나뉘어, 각 지역마다 역시 무력집단의 우두머리가 있어, 그 지역을 다스렸다. 이것을 '막부 시대'라고 한다. 그런데 바다의 시대가 도래하면서, 일본도 개화파와 수구파로 나뉘었다. 막부는 수구파였다. 그러나 일부 지방 무력집단이 개화파로 돌아서면서, 장군 중심의 '막부'가 무너지고, 통치권은 중앙의 왕에게로 돌아갔다. 이때부터 일본은 서양문물을 대거 받아들여, 학교를 세우고 공

하고 있었다. 일본은 재빨리 조선에 진출하여, 전통적으로 조선과 가까웠던 중국 청나라에 맞서 조선에 대한 영향권을 강화하기 시작했다.

이러한 시대적 변화 속에서, 우리나라도 이웃 청나라나 일본처럼 미국 및 유럽 여러 나라와 교역할 필요성과 함께 배에 게양할 국기의 필요성도 깨닫기 시작했다.

● 태극기, 그 잘못 알려진 역사

태극기는 우리나라와 우리민족의 상징이다. 태극기는 우리 모두를 하나로 뭉치게 하는 구심점이요 일체감을 심어주는 성스러운 깃발로서, 전 세계에 우리민족의 주권을 나타내는 신표(信標)이다. 일제 강점기의 혹독한 탄압 아래서도 자주민으로서 빼앗긴 국권 회복에 온몸을 바쳤던 선조들의 손에는 언제나 태극기가 들려 있었고, 오늘날도 전 세계 어느 곳에서 무엇을 하든지, 우리 국민은 누구나 태극기 앞에 뭉클 솟아오르는 뜨거움을 느끼며, 태극민족이라는 운명 공동체의 일원이라는 것을 가슴에 새긴다.

이렇게 소중하고 성스러운 태극기, 그 시작의 역사는 다음과 같이 알려져 있다. 조선 제26대 왕 고종은 임오군란(壬午軍亂)으로 야기된 일본과의 외교적 문제를 처리하기 위하여, 1882년 박영효를 수신사로 임명하여 일본으로 파견

장을 건설함으로써 빠르게 발전하기 시작했다. 이를 '메이지유신'이라고 한다.

했다[2]. 박영효는 떠나기 전 고종에게 새로운 시대 흐름에 맞게 국기 제작의 필요성을 보고했고, 고종은 그에게 조선왕조를 상징하는 어기(御旗)를 내어주며 그 깃발을 참조하여 만들도록 명했다. 그것은 100여 년 전 정조 임금이 사용하던 태극팔괘기였다. 박영효는 일본으로 가던 배 메이지마루(明治丸)호 안에서 태극팔괘기를 참조하여 오늘날의 태극기를 만들었다고 한다[3]. 아래 사진은 고종이 박영효에게 내어주었다는 조선왕조의 태극팔괘기와 박영효가 만들었다는 태극기, 그리고 오늘날의 태극기이다.

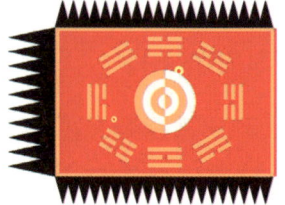
정조의 태극팔괘기(1800년경)

박영효의 태극기(1882년 9월)

오늘날의 태극기

2 그가 일본에 수신사로 가게 된 배경은 1882년 일어난 임오군란 때문이었다. 19세기 말, 조선왕조의 권력을 장악한 명성황후 민씨 일파는 온갖 비리를 저지르며 사리사욕을 채우기에 바빴다. 그들이 저지른 비리 가운데는 군인의 봉급으로 지급되는 쌀을 훔치고, 모자란 쌀은 모래로 채워주는 악행도 있었다. 그렇잖아도 신식 군대로 창설된 별기군에 비해 차별대우를 받던 훈련도감의 구식 군인들은 민씨 일파의 악행을 견디다 못해, 마침내 폭동을 일으켜 민씨 일파의 뒤를 봐주던 일본 공사관까지 습격하고 일부 일본인들도 죽였다. 이 사건을 임오년에 일어난 군인들의 반란이라고 하여, 역사에서는 임오군란이라고 부른다. 이 군란이 진정되자, 고종 임금은 박영효로 하여금 일본으로 건너가, 일본측 피해에 대하여 외교적으로 협상하고 오도록 명하였다.
3 박영효는 조선왕조 말기의 대표적 친일파이자 매국노였다. 그는 1884년 갑신정변을 일으켰다가 실패하자 일본으로 망명하였고, 이름을 야마자키 에이하루(山岐永春)로 개명하기도 했다. 그 후 갑오개혁으로 사면받자 귀국하여, 여러 벼슬을 거치며 일본의 앞잡이 노릇을 했고, 1910년 한일합방 후에는 조선총독부의 중추원 의원이 되었으며, 산하기관인 '조선사편수회'의 고문을 지내기도 했다. 조선사편수회는 우리민족 역사를 왜곡하고 폄하함으로써 오늘날까지도 심각한 문제가 되고 있다.

오늘날 이렇게 알려진 태극기 제작의 역사에는 지금까지 설명된 적이 없는 한 가지 큰 의문이 있다. 사진에서 보듯이, 고종이 내어준 태극팔괘기와 박영효가 만든 태극기는 모양이 다르다. 팔괘도 사괘로 줄었지만, 무엇보다 태극의 모양이 다르다. 태극팔괘기의 태극은 여러 개의 원이 그려진 동심원 모양이고, 박영효의 태극은 두 마리의 올챙이가 서로 거꾸로 감싸 안는 모양의 음양태극이다[4].

팔괘가 사괘로 바뀐 이유는 역사적으로 알려져 있다. 메이지마루호 영국인 선장 제임스가 다른 나라에서도 조선의 국기를 그리게 될 것이기 때문에 간단명료한 것이 좋다고 조언하자, 박영효가 팔괘를 사괘로 줄였다고 한다. 그러나 의문은 태극의 모양에 있다.

태극의 모양이 동심원에서 올챙이 모양의 음양태극으로 바뀐 이유는 무엇인가?

동심원 태극이 올챙이 모양의 음양태극으로 바뀐 것에 대하여 우리 사학계에서도 다양한 설명을 내놓았다. 공주 관찰사였던 이종원이 음양태극을 만들어 제출했다는 설, 1882년 임오군란이 일어나기 직전에 조선과 미국 사이에 있었던 조미수호통상조약(朝美修好通商條約) 조인식에 참관인 자격으로 왔던 중국 청나라 사신(使臣) 마건충(馬建忠)이 청나라 국기를 모방하여 청색 바탕에 용의 깃발을 사용하라고 하자 고종이 분개하며 음양태극을 만들었다는 설, 마건충

---

4 나중에 설명하겠지만, 정조의 동심원 태극도 음양태극이다. 그러나 오늘날의 태극을 주로 '음양태극'이라고 부르므로, 두 태극을 구별하기 위해서 전자를 동심원 태극으로 후자를 음양태극으로 부르겠다. 필자가 올챙이 모양이라고 한 것을 학계에서는 나선형 모양 또는 소용돌이 모양이라고도 말한다.

의 깃발을 채택하지 말라고 건의한 일본공사 하나부사(花房義質)가 세 가지 색을 가진 삼원 태극을 만들어 주었는데 그것을 음양태극으로 바꾸었다는 설 등 다양한 이야기가 있다. 그러나 어느 설도 구체적인 근거가 없어 정설로 인정받지는 못했다.

태극과 관련하여 우리나라 사학자들이 인정하는 유일한 이야기는, '오늘날의 태극기는 박영효가 만든 올챙이 모양의 음양태극의 태극기에서 비롯되었고, 음양태극기는 정조의 태극팔괘기에서 나온 것이다'라는 것이다.

그런데 태극기를 바라보는 우리나라 사학자들의 태도에는 이해하기 어려운 점이 있다. 그들은 태극기 제작의 역사와 의미에 대하여 말하기 꺼려하는 경향이 있고, 우리 역사 교육 현장에서 태극기 제작의 역사와 의미에 대해 거의 교육조차 하지 않는다. 우리민족의 기나긴 고난의 역사를 누구보다 잘 알고, 자주 독립국으로서의 대한민국의 얼굴이자 우리 국민의 존엄성의 상징인 태극기의 역사와 의미에 대하여 누구보다 더 잘 알고 또 자랑스럽게 생각해야 할 사학자들이, 자랑은커녕 오히려 말조차 꺼내기를 꺼려한다. 왜일까? 그들은 무엇을 알기에 교육은커녕 말조차 꺼내기를 피하려고 할까? 민족 주권의 상징이자 나라의 얼굴인 태극기의 역사 뒤에는 무슨 말 못 할 이야기가 숨어 있길래 역사의 전문가들인 그들이 언급을 회피하려 할까?

태극을 만든 박영효가 매국노였기 때문에? 아니다. 그것보다 더 중대한 원인이 있었다. 다음에 제시된 두 개의 동심원 태극을 비교해 보자. 첫 번째 태극은 11세기 중국 송나라 주돈이(周敦頤)가 그린 태극이고, 두 번째 태극은 정조의 태극팔괘기의 태극이다.

주돈이의 태극   정조의 태극

   주돈이는 흔히 주자(周子)라고도 불리던 중국 송나라 학자로서, 우리나라 조선시대의 주된 학풍이었던 성리학의 기초를 세운 인물이다[5]. 그는 태극도설(太極圖說)이라는 학설을 창안하면서 위와 같은 동심원 태극을 처음으로 그렸다.

   이 비교에서 확인할 수 있듯이, 주돈이의 태극도설의 태극과 정조의 태극팔괘기의 태극은 동심원 모양으로 같다. 가운데 둥근 원을 중심으로 세 개의 원이 그려져 있고, 그 원들은 모두 반은 어두운 색으로 반은 밝은 색으로 되어 있으며, 밝은 두 줄 가운에 어두운 색 한 줄이, 어두운 두 줄 가운데 밝은 색 한 줄이 그려진 것까지 같다. 그렇다! 정조의 태극팔괘기의 태극은 11세기 주돈이의 태극을 거의 그대로 모방했던 것이었다.

   따라서 박영효의 태극이 태극팔괘기의 태극을 바탕으로 만들었다는 이야기가 사실이라면, 그것은 곧 우리의 태극은 중국 송나라 주돈이의 태극을 모방해서 만들었다는 이야기가 된다. 자주 독립국으로서의 대한민국의 얼굴이자 우리민족 주권의 상징인 태극이, 알고 보니 중국의 것을 모방해 만들어졌다는 이

---

5 중국에는 주자(周子)라고 불리는 성리학자가 두 명 있었다. 주돈이가 성리학의 기초를 마련한 '주자'라면, 주희는 성리학을 대성한 '주자'이다.

야기가 된다.

주돈이의 태극에는, 가운데 태양을 상징하는 흰색 원이 있고 그 가에 흰색과 검은색으로 된 동심원들이 그려져 있다. 흰색은 '양(陽)', 즉 '빛'을 뜻하고, 검은색은 '음(陰)', 즉 '어두움'을 뜻한다. 동심원 왼쪽 부분에는 두 줄의 흰색 가운데에 검은색 한 줄이 그려져 있다.'양 속에 음, 즉 빛 가운데에 어두움이 있다'는 뜻이다. 오른쪽 부분에는 두 줄의 검은색 가운데 흰색 한 줄이 그려져 있다. '음 속에 양, 즉 어두움 가운데에 빛이 있다'는 뜻이다. 이것은 음과 양이 분리되어 대치하고 있는 것이 아니라 서로 화합하며 어울려 있다는, 즉 조화(調和)를 이루고 있다는 의미로, 태극도설의 핵심 내용이다.

오늘날 널리 알려진, 우리 태극기 중심에 그려진 음양태극에 대한 해석도 이와 같은 '음양조화'가 중심 내용이다[6]. 오늘날의 우리 태극이 정조의 동심원 태극에서 만들어진 것이 사실이라면, 모양이나 의미에서 주돈이의 태극도설의 태극을 모방했다는 것은 부인할 수 없을 것이다. 더구나 조선왕조 태극팔괘기의 팔괘도, 중국인 최초의 국가였던 주(周)나라의 문왕이 그렸다는 팔괘와 정확하게 같지 않은가[7].

---

6 올챙이 모양의 우리 태극에 대하여 일반적으로 알려진 해석으로, '음양조화'와 함께 '일시무시(一始無始), 일종무종일(一終無終一)'이라는 말을 자주 한다. 이 말은 올챙이 모양의 음과 양이 서로 꼬리를 물고 돌음으로 시작도 없고 끝도 없다는 의미로서, 우리민족 역사의 '원대함과 영원무궁(永遠無窮)함'을 나타낸다고 설명하고 있다.

7 문왕은 기원전 11세기에 건국된 중국인 최초의 국가 주(周)나라를 건국한 무왕의 아버지이다. 중국 황하강 중상류에는 기원 수천 년 전부터 중국인 조상들이 모여 살았다. 사학계에서는 그들을 화하족(華夏族)이라고 하고, 그들이 이룬 문화를 앙소문화(仰韶文化)라고 한다. 주나라를 건국한 화하족의 족장 무왕은 강가에서 낚시를 하며 때가 오기만을 기다리던 강태공을 재상으로 삼고, 그의 조언에 따라 배를 만들어 황하강을 따라 하류로 진격하여, 산동반도 쪽에 살던 동이족이 세운 상(商)나라(은나라)를 멸망시켰다. 기원전 16세기부터 상나라를 세우고 살던 동이족은, 나라가 망하자 떠돌이 생활을 하며, 먹고 살기 위하여 물물교환으로 물건을 사고팔기 시작했는데, 이런 사람들을 '상나라 사람'이라는 뜻으로 '상인(商人)'이라 부르기

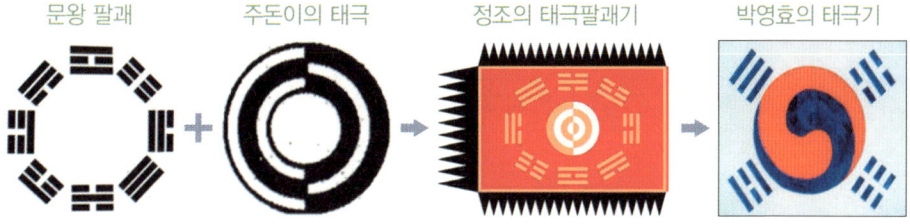

　　기원전 11세기, 주(周)나라 문왕은 동이족 출신 태호복희(太皥伏羲)가 만든 팔괘(八卦)를 모방하여 위와 같은 새로운 팔괘를 만들었다. 학계에서는 태호복희의 팔괘를 '선천팔괘'라 하고, 문왕의 팔괘를 '후천팔괘'라 한다. 위 그림에서 보듯이, 정조시대부터 내려오던 조선왕조의 태극팔괘기에 그려진 팔괘는 문왕의 후천팔괘와 같고, 가운데의 동심원 태극은 주돈이의 태극과 같다. 따라서 태극팔괘기의 태극과 팔괘는 모두 중국 것을 모방했다는 설명은 부인할 수 없다. 박영효의 태극기가 정조의 태극팔괘기에서 시작된 것이 분명하다면, 태극기의 근원(根源)은 모두 중국에서 시작되었다고 할 수밖에 없다.

　　그래서 태극기의 기원에 대한 우리나라 사학계의 공식 입장은 다음과 같은 이태진님의 이야기로 요약할 수 있다[8].

> 국기의 모본이 된 태극팔괘기는… 주나라 문왕의 후천팔괘도에 근거한 것이다. 일각에서 태극기의 태극을 우리 고유의 것에서 찾고자 멀리 통일신라시대 조각품에 나타난 태극문까지 동원하고 있지만, 역사적 견지에서 볼 때 태

시작했다. 이것이 오늘날 '장사꾼'을 뜻하는 '상인'이라는 말의 유래라고 한다.
8　이태진, 「고종시대의 재조명」, 태학사, 2008, p.278.

극기의 유래와 의미는 근접된 시기의 정치사상에서 구하는 것이 가장 설득력이 있다.

이 말의 핵심은 '우리의 태극기는 근본적으로 중국에서 모방해 온 것이다'라는 말이다. 즉 태극기의 근본 모델은 정조의 태극팔괘기이고, 태극팔괘기는 기원전 11세기 중국 문왕이 만든 후천팔괘와 기원후 11세기 중국 주돈이의 태극도설의 태극을 모방해서 만들었다는 이야기이다.

이것이 사실이라면, 얼마나 민족적 자존심을 해치는 이야기인가! 이것이 사실이라면, 우리 국민 중에 누가 태극기에 대하여 자부심을 느끼겠으며 자랑스러워 하겠는가! 이것이 사실이라면, 태극이 민족 정기를 바로 세우기는커녕, 오히려 민족의 자존심을 바닥에 떨어뜨린다고 누가 말하지 않겠는가! 이것이 사실이라면, 우리 태극의 역사와 의미를 교육하지 않는다고 누가 사학자들을 탓할 수 있겠는가! 이것이 사실이라면, 조선시대 사대부들의 중국에 대한 사대주의적 정신세계는 다시 한 번 비난 받아야 마땅할 것이다.

그런데 이런 태극의 역사가 사실일까? 우리 태극의 근본이 중국인들의 철학과 정치사상에서 유래되었다는 것이 맞을까?

우리선조들은 동북아의 역사가 시작된 이래 북방의 모든 민족들 가운데 가장 뛰어난 사람들이었다. 그분들은 주변 민족들이 미처 상상도 못하던 기원 수천 년 전에 이미 하늘의 천문(天文/별자리)을 깨달아 달력을 만들었고, 인체의 혈을 찾아 침술을 창안했던 현기(玄機) 넘치던 선민(選民)이었다. 뛰어난 오성과 지혜를 바탕으로 별자리를 보고 길을 찾는 방법을 깨달아 실생활에 적용해 아무르 북쪽의 광활한 대지로 활동무대를 넓혔다. 별자리가 알려주는 방향을 따라 만주대평원 북쪽의 먼 아무르 지역을 넘나들며 많은 사냥감을 잡아 주변 민족들보다 매우 풍족하게 살았다. 이 풍요로움을 바탕으로 인구수가 급증하여 큰 민족을 이루었고, 그 힘을 바탕으로 동북아에서 가장 기름진 만주대평원을 차지했던 민족이었다. 안으로는 별자리 지식의 스승이었던 노인들을 공경하여 동방예의민족이 되었고, 밖으로는 다른 민족들보다 강하고 뛰어나다는 민족적 자부심을 바탕으로 스스로를 '태가(teca/대가(大加)/신성한 자)'라고 불렀던 분들이었다. 그런 위대한 선조들의 후예가 민족의 상징이자 나라의 얼굴인 태극을 이웃 나라에서 베껴왔다고?

무엇인가 잘못 알려져도 크게 잘못 알려졌을 것이다. 이러한 중국 기원설에 대하여 제일 먼저 의문을 제기하기 시작한 사람들은 일부 재야 사학자들이었다. 그들은, 삼국시대에 그렇게 광대한 영토와 많은 인구수를 자랑하던 우리민족이 10세기 이후 청천강 이남의 한반도라는 작은 영토만을 차지한 소수민족으로 급변했던 우리의 고대사에 무엇인가 크게 잘못 알려진 점이 있을 것이라고 짐작했던 것과 마찬가지로, 우리의 태극이 주돈이의 태극도설에서 유래되었다는 이야기에도 무엇인가 크게 잘못된 점이 있을 것이라고 이의를 제기하기 시작했다.

● 유물에 새겨진 음양태극

나라의 상징인 태극기가 중국에서 유래되었다는 것을 인정할 수 없었던 재야 사학자들은 통일신라시대까지 거슬러 올라가며 태극의 유래를 고대 유물에서 찾기 시작했다. 그들은 아래와 같은 유물들을 발견하여, 우리의 음양태극은 조선왕조 태극팔괘기의 동심원 태극을 보고 만든 것이 아니라, 이미 고대부터 우리선조들이 사용해 왔던 것이라고 주장하기 시작했다. 그들이 내세운 증거는 다음과 같은 유물에 새겨진 태극들이었다.

태조 이성계의 능(1408년)

양주 회암사(1328년)

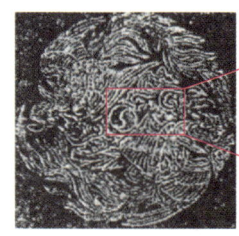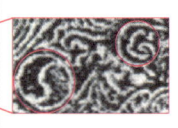
허재 석관(1144년) (부분 확대)

통일신라 감은사(682년)

백제고분(660년 이전)

첫 번째 사진은 조선왕조를 창건했던 태조 이성계의 능(동구릉 소재)의 테두리 돌에 새겨진 태극이고, 두 번째는 1328년에 건축된 경기도 양주 회암사 돌계단에 새겨진 태극이며, 세 번째는 고려 인종 때 호부상서를 지내고 1144년에 죽은 허재(許載)의 돌로 된 관에 새겨진 태극이다. 그리고 네 번째는 신라 신문왕이 삼국통일의 대업을 이룬 아버지 문무왕의 업적을 기려 창건했던 경주 감은사의 주춧돌에 새겨진 태극문양이고, 마지막 사진은 전남 나주 복암리의 백제시대 무덤에서 발굴된 나무에 그려진 태극문양이다. 신라 감은사의 주춧돌과 백제고분에 나타난 태극은 음양태극이 아니라 사태극 문양이다.

그런데 우리나라 사학계는 앞의 유물들에 나타난 태극을 우리 태극의 기원으로 인정하지 않았다. 마지막 두 개의 유물은 음양태극이 아니라 사태극 문양으로 모양이 다르기 때문이었고 앞의 세 유물은 음양태극으로 모양은 같지만 시기적으로 주돈이의 태극도설이 나온 이후의 유물이기 때문이었다. 허재의 석관조차 주돈이가 죽은 지 무려 71년이나 지난 뒤의 유물이기에, 이 또한 중국의 태극문양에서 비롯된 것으로 볼 수 있다는 것이었다.

그런데 여기서 주목할 부분이 있다. 고려시대 축조된 허재의 석관(石棺), 양주 회암사의 돌계단, 그리고 태조 이성계의 능에 새겨진 태극문양은 분명한 음양태극으로, 오늘날 우리 태극기의 태극과 정확하게 같다. 허재의 석관에 나타난 음양태극은 박영효의 태극기보다 무려 738년이나 앞서고, 정조의 태극팔괘기보다도 660여 년 앞선다. 이 유물들은 우리선조들 사이에 음양태극이 이미 오래전부터 존재하고 있었다는 부인할 수 없는 증거들이다. 따라서 우리의 음양태극은 정조의 태극팔괘기를 보고 박영효가 창안한 것이 아니라, 훨씬 오래전부터 우리 역사 속에 전해내려 오던 것이었다.

그럼에도 불구하고 지금까지 사학자들은 우리 태극의 기원으로 이와 같은 유물을 외면하고, 굳이 중국 것을 모방한 정조의 태극팔괘기의 동심원 태극을 들고 있는 이유는 무엇일까? 여기서 아이러니한 점이 있다. 우리의 태극이 중국의 태극도설에서 시작되었다고 설명하는 학자들은 중국 학자가 아니라 오히려 우리나라 학자들이라는 사실이다. 우리나라 학자들 사이에 떠도는 이야기가 있다.

> 우리나라 사학자들은 유물을 보지 않는 것이 문제이고, 고고학자들은 고대 역사서를 읽지 않는 것이 문제이다.

이 말은 2014년 가을 동북아역사재단 학술발표장에서 모대학 사학과 교수님이 소개한 말로서, 필자도 그 자리에서 직접 들은 이야기이다. 만약 이 말이 사실이라면, '오직 문헌으로 기록된 내용만이 역사이다'라는 그들만의 연구 풍토가 사학계 내에 자리 잡고 있다는 이야기가 된다. 따라서 위와 같은 유물에 나타나는 음양태극을 태극의 기원으로 보지 않는 사학계의 태도는 이러한 그들만의 연구 풍토 탓일 수도 있다.

과연 역사란 무엇일까? 문헌 기록만이 역사인가? 아니다. 그럴 수는 없다. 역사란 지나온 인간 삶의 총체적 모습이다. 역사에는 사건의 기록만이 있거나 왕족을 비롯한 지배계층의 이야기만 있는 것이 아니다. 그 속에는 수많은 세월 동안 이어져 온 백성들의 온갖 풍습(생활풍습, 놀이풍습, 신앙풍습 등)이 있고, 긴 세월 동안 끊임없이 변해온 언어도 있으며, 중요한 순간을 기념하거나 종교나 사상을 반영하여 제작된 유물도 있다. 이 모든 것이 총체적으로 뭉쳐져 역사가 되었다.

따라서 우리민족 고대사를 제대로 이해하려면 역사서뿐 아니라 민족 고유의 언어, 풍습, 유물, 신앙 등을 총체적으로 살펴보아야 한다. 기록이 기록자의 역사관이나 개인적 편견에 좌우될 수 있다는 점에서 볼 때, 유물은 기록보다 더 정확한 역사서라고 해야 할 것이다. 더구나 고유 문자가 없던 고대 우리선조들의 이야기를 기록으로 남긴 사람들은 주로 중국 사가(史家)들로서, 그들이 기록할 때 이용한 자료들은 그들의 시각을 통해 선별된 극히 적은 양의 정보였고, 때로는 그들의 입맛에 맞게 왜곡되기도 했다는 사실을 감안해 보면, 우리 선조들이 직접 남긴 유물은 우리민족 고대사를 제대로 알 수 있는 중요한 열쇠라고 해야 할 것이다.

따라서 유물에 새겨진 태극을 외면하고, 모양이 완전히 다른 조선왕조 태극팔괘기의 동심원 태극을 우리 음양태극의 시작이라고 설명해 온 사학계의 설명은 편향된 연구 풍토에서 비롯된 잘못된 이야기라 할 수밖에 없다.

혹시 이런 잘못된 설명을 지금까지 펼쳐온 동기가, 태극기의 음양태극 주변에 나타나는 사괘(四卦)가 원래 중국에서 시작되었다는 믿음 때문은 아닐까? 사괘는 태극팔괘기의 팔괘(八卦)를 줄여서 만든 것이고, 이 팔괘는 중국 문왕이 만든 후천팔괘를 그대로 모방했다고 알고 있기 때문이 아닐까?

● 태호복희의 선천팔괘와 태극기의 사괘

문왕의 후천팔괘는, 기원전 2800여 년경에 살았다는 태호복희의 선천팔괘를 모방하여 그 순서만 살짝 바꾼 것이다. 아래 팔괘들을 비교해 보면 이러한 관계를 쉽게 이해할 수 있다.

이 그림을 비교해 보면 조선왕조 태극팔괘기의 팔괘는 문왕의 후천팔괘와 배열 순서가 정확하게 같아서, 그것을 그대로 모방했다는 것을 확인할 수 있다. 그리고 앞에서 이야기했듯이, 우리 태극기의 사괘는 태극팔괘기의 팔괘를 줄여서 만든 것이라고 지금까지 알려져 있다.

그런데 필자는 여기서 정말 이상한 점을 발견했다. 우리 사괘의 배치도는 후천팔괘가 아니라 선천팔괘의 배열순서와 같다는 사실이다. 이것을 이해하려면 태호복희와 문왕의 '동서남북'에 대한 생각의 차이부터 알아야 한다. 다음 그림에서 보듯이, 복희는 남쪽을 양(陽), 즉 빛이 가장 강한 방향으로 생각하여, 양의 효 3개(☰)로 표시했고, 북쪽을 음(陰), 즉 어두움이 가장 강한 방향으로 생각하여, 음의 효 3개(☷)로 표시했다[9]. 그러나 문왕은 남쪽을 두 개의 양의 효 사이에 하나의 음의 효로, 북쪽은 두 개의 음의 효 사이에 하나의 양의 효로 나타내었다. 문왕은 양의 기운이 가장 강한 방향을 북서쪽으로 보아서, 북쪽과 서쪽 가운데에 양의 효 3개를 배치했고, 음의 기운이 가장 강한 방향은 남서쪽이라고 보아서, 남쪽과 서쪽 사이에 음의 효 3개를 배치했다.

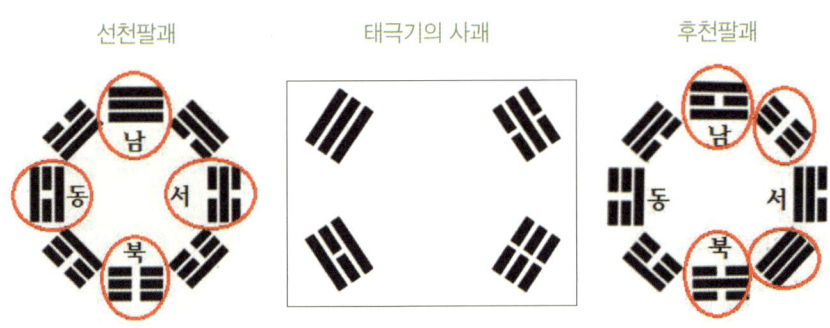

우리민족은 전통적으로 '동서남북'의 네 방향을 매우 중요시했다. 그 예로, 첨성대의 4각형 기단은 동서남북을 가리키고, 무당이 굿을 할 때에도 항상 네 방향을 주관하는 신에게 먼저 절을 올린다. 아메리카대륙으로 건너간 우리민족의 후예들도 네 방향의 신을 매우 중요하게 여겨, 인신공양을 할 경우에 그 피를 동서남북으로 뿌렸다[10]. 우리민족의 네 방향에 대한 사고방식은 '남쪽'을 가장 따뜻한 방향으로, '북쪽'을 가장 추운 방향으로 생각해 왔다.

이러한 우리민족의 사고방식을 반영한 것이 태극기의 사괘이다. 그런데 위

---

9 팔괘에 사용된 막대기를 효(爻)라고 한다. '▬'를 양의 효라고 하고, '▬ ▬'을 음의 효라고 한다.
10 Miguel Armas Molina, 「La cultura Pipil de Centro América」, Permalink, 1974, p.33.

에서 보듯이, 이와 같은 우리민족의 사고방식과 일치하는 것은 태호복희의 선천팔괘이지 문왕의 후천팔괘가 아니다. 예를 들어 태호복희가 가장 '따뜻하고 밝다'고 생각하여 3개의 양의 효를 그린 방향은 '남쪽'으로, 우리민족의 사고방식과 일치 한다. 그리고 선천팔괘는 하나씩 건너뛰면 우리 태극기의 사괘가 일정하게 나타나, 양의 기운이 최고조에 도달(양의 효가 3개인 곳)했다가 음의 기운이 최고조로 도달(음의 효가 3개인 곳)하는 곳으로 점진적인 변화를 거친 후, 다시 양의 기운이 최고조로 도달하는 곳으로 되돌아 가는 과정을 균형있게 나타낸다. 그러나 문왕의 후천팔괘는 그런 변화 과정을 균형있게 나타내지 못할 뿐 아니라, 우리 태극의 사괘가 한쪽으로 치우쳐 두 개씩 붙어버림으로써 동서남북의 균형이 무너져 있다(붉은 원 안의 괘를 비교해 보라).

따라서 지금까지 알려진 것과는 달리, 우리 태극기의 사괘는 문왕의 후천팔괘가 아니라 태호복희의 선천팔괘에서 유래했다는 것을 알 수 있다. 박영효가 태극기의 사괘를 만들 때, 후천팔괘를 그대로 모방한 태극팔괘기의 팔괘를 줄여서 만들었다는 이야기는 잘못 전해진 것이 분명하다. 이는 우리의 태극이 중국에서 비롯되었다는 선입관으로 시간상 전후관계만을 고려한 단순한 발상에서 비롯된 오류로서, '모든 것은 중국으로부터'라는 사대주의적 무지(無知)에서 비롯된 잘못 알려진 우리 역사의 한 단편일 것이다.

태극기의 사괘와 태호복희의 선천팔괘가 일치한다는 것은, 괘의 배열이 일치한다는 단순한 일치가 아니라, '양'과 '음'의 기운이 동서남북의 각 방향을 따라 돌면서 균형있게 변한다는 깊은 철학적 사고방식이 일치한다는 것을 의미한다. 중국인과 우리는 수천 년 동안 깊은 문화교류를 해왔음에도 불구하고,

중국 문왕의 후천팔괘에서 보았듯이 그들의 음양 변화 과정에 대한 철학적 사고가 우리와 달랐다. 그러나 태호복희와 우리는 같았다. 팔괘는 근본적으로 태양신 신앙과 밀접한 관련이 있으므로, 이러한 일치는 신앙적 일치도 포함하고 있다.

얼마나 놀라운 사실인가! 태호복희의 신앙적 철학적 사고방식이 중국인과는 어긋나 있으면서, 오히려 우리와 일치하고 있었다니! 중국인들이 자기네 선조라고 주장하면서 고대 중국의 가장 위대한 3황(三皇) 중 하나로 모시는 그의 사고방식이 오히려 우리선조들의 사고방식과 일치했다. 이것이 어떻게 된 일일까?

역사에는 절대로 변하지 않는 진리가 있다. 민족이 다르면 살아온 역사도 달라, 신앙과 가치관도 다를 수밖에 없다. 어떤 민족이 다른 민족을 정복하고 합병하여 자기네 백성으로 편입할지라도, 그것은 단지 '물과 기름을 같은 병에 넣어놓은 것'과 같을 뿐 물과 기름이 뒤섞여 하나로 되지는 않는 것처럼, 근본적으로 한 민족이 되지는 않는다. 각 민족은 그들의 근본과 연관된 전통적 신앙과 철학적 사고방식을 유지하며 산다는 것이 인류 역사가 보여온 진리이다. 태호복희가 창안한 팔괘 안에 담긴 신앙적 철학적 사고방식이, 중국인에게 이어진 것이 아니라 오히려 우리민족에게 이어져 있었다는 이 사실을 저 역사적 진리에 비춰볼 때, '그는 우리선조였다'라는 주장이 제기될 수밖에 없다. 그는 도대체 어느 민족의 선조였을까?

● 태호복희, 그는 누구인가

'태극기는 어떻게 시작되었는가'라는 의문에서 시작된 우리의 관심은 '태호복희는 누구인가'로 초점이 맞춰질 수밖에 없다. 우리선조들이 제작한 태극기가, 기원 이후 우리민족의 문화에 절대적인 영향을 끼친 중국인 문화의 후천팔괘를 건너뛰어, 태호복희의 선천팔괘로 이어졌으니, 그가 누구이며 우리와 무슨 관련이 있을까 궁금하지 않을 수 없다.

중국 고대 문헌에는 그에 대하여 다음과 같이 간단히 기록되어 있다. 아래 내용은 인터넷에 공개된 중국 「A의학백과(醫學百科)」 사전에 실린 '복희'에 관한 설명 중 일부이다[11].

> 太昊，古籍中或記為 太皞，是上古東夷部族的祖先和首領。東夷是上古在中原可堪與華夏抗衡的部族， … 東夷部族世居之地在今河南東部及山東、安徽一帶。… 東夷的祖先和首領太昊
> (태호, 고적중혹기위 태호, 시상고동이부족적조선화수령 동이시상고재중원가심여화하항형적부족…동이부족세거지지재금하남동부급산동, 안징일대…동이적조선화수령태호)

---

11 인터넷 주소는 다음과 같다: http://cht.a-hospital.com/w/%E9%A6%96/%E9%A1%B5. 중국에서 출판된 「중국역대제왕록」에도 태호복희는 동이족이었다고 설명되어 있다. 「환단고기」의 '태백일사'편에는, 우리민족의 전설상의 시조인 '태우의 환웅'의 막내아들이 태호복희였다고 기록되어 있다(안경전역, 환단고기, 상생출판, 2005, p.323).

태호(太昊), 옛 기록 중에 어떤 곳에는 태호(太皞)라고 되어 있다. 아주 옛날 동이족의 선조로서 먼저 수령(족장)이 된 자이다. 동이족은 아주 옛날에 중원에 살면서 화하족에게 강력하게 대항하던 부족으로서, 그들이 오랫동안 살던 지역은 오늘날 황하강 남동쪽 지역으로 산동반도에 이르고 안징 일대에도 살았다. 동이족의 조상으로 처음 수령이 된 자는 태호였다.

이 기록에 따르면 태호복희는 산동반도에 살던 동이족 최초의 족장이었다. '동이'는 중국인들이 기원전 2세기까지 우리민족을 부르던 호칭이었다[12]. (그 후부터는 '예맥'이라 부르기 시작했다.) 따라서 이 기록은 선천팔괘를 남긴 태호복희가 우리선조였다고 말하고 있는 것이다.

따라서 앞에서 보았던 내용을 종합하면, 우리 태극기의 음양태극은 중국 주돈이의 동심원 태극에서 온 것이 아니고, 그 둘레에 있는 사괘도 중국 문왕의 후천팔괘에서 온 것이 아니었다. 오히려 태극기의 사괘는 동이족 조상인 태호복희의 팔괘에서 왔다는 사실이 밝혀졌다. 따라서 태극기의 모든 것이 근본적으로 우리민족 고유의 것이라는 사실을 의미하는 것은 아닐까?

이쯤에 독자들은 다음과 같은 의문을 가지게 될 것이다.

---

12 발해만 주변 지역과 산동반도는 동북아 역사가 시작된 이래 동이족이 살던 영토였다. 발해만 북쪽의 요동·요서에 살던 동이족은 기원전 2333년 우리민족 최초의 국가였던 '고조선'을 건국했고, 산동반도에 살던 동이족은 기원전 16세기에 '은나라(상나라)'를 건국하였다. 은나라는 중국인 선조인 화하족에 의해 기원전 11세기에 망했다. 그러나 그곳에 살던 동이족의 상당수는 기원후 9세기까지도 산동반도와 주변 지역에 남아 살았다. 통일신라시대 한반도 남해 진도에 청해진을 건설하여 해상무역을 했던 장보고도 어린 시절에는 산동반도에서 살았다고 한다.

첫째, 태호복희가 우리선조였다는 증거가 너무 미약하지 않은가? 다른 증거는 없는가?

둘째, 음양태극이 원래 우리민족의 것이라면 왜 고려시대 이전의 유물에는 없는가?

셋째, 우리선조들은 음양태극을 왜 굳이 올챙이 모양으로 그렸는가?

이 세 가지 질문은 우리 태극기의 근본에 관한 질문이다. 그러나 우리에게는 이 질문에 대하여 명쾌하게 대답해 줄 자료가 없다. 10세기 이전의 우리민족 고대사에 관한 기록이 거의 없고 민족의 뿌리 영토였던 만주대평원을 이민족에게 넘겨주었기 때문이다.

이 질문들은 모두 만주대평원을 중심으로 북쪽에 거주했던 우리선조들과 관련된 의문들이다. 태호복희는 우리선조들 가운데 발해만과 산동반도 일대에 살던 사람들의 족장이었고, 음양태극도 근본적으로 태양을 상징하는데, 이것은 만주대평원과 요동·요서에 퍼져 살던 부여·고구려계 선조들의 중심 신앙이었던 태양신 신앙과 관련된 것이다. 그런데 오늘날 그 땅이 중국인의 영토가 되어 우리 손으로 고대 유물을 발굴할 수 없고, 그곳에 살던 우리선조들은 대부분 민족 대이동으로 아메리카대륙으로 떠났다. 특히 기원후 3세기에서 7세기 사이의 400여 년 동안 1100만 명 이상이 그곳에서 사라져 대부분 아메리카대륙으로 건너갔다[13]. 따라서 이 의문을 설명해줄 역사적 자료가 우리에게 남

---

13 필자는 3세기에서 7세기 사이에만 만주대평원과 요동·요서 지역에서 사라진 우리선조들의 숫자가 대략 1100만 명이 넘고, 그 이후에도 지속적으로 사라졌는데, 대부분이 아메리카로 건너갔다는 사실을 밝혔다. (참고: 손성태, 「우리민족의 대이동/멕시코편」, 코리, 2014, p.424.

아있지 않는 것은 당연할 것이다.

그렇다면 이 의문들을 설명해줄 열쇠가 우리선조들이 대거 이동해 간 아메리카대륙에는 있다는 말인가? 있다! 왜 없겠는가, 아주 적나라하게 있다. 우리 선조들이 아메리카에 남겨놓은 증거들을 보면 태극의 탄생 과정과 그 진정한 의미가 무엇이었는지 알게 될 것이다. 음양태극의 의미가 우리민족에게 얼마나 '장엄하고 고귀한지', 그 역사가 얼마나 '아득하고 유구한지' 깨닫게 될 것이다. 아메리카에는 우리선조들이 음양태극을 올챙이 모양으로 그리게 된 동기도 나오는데, 그것을 알게 되면 그동안 태극의 기원을 주돈이의 동심원 태극이라고 펴온 설명이 얼마나 근거없고 어리석은 무지(無知)였는지 알게 될 것이다. 기원전 아득한 시대부터 '민족의 상징'으로 음양태극을 그린 것은 선조들의 자부심과 지혜에서 비롯된 것임에, 그 진정한 의미를 깨닫게 되면 음양태극이야말로 우리민족이 존재하는 한 대대손손 길이 후세에 전승해야 할 우리민족의 '신표'라는 것도 알게 될 것이다.

아메리카에 나타난 우리민족의 태극의 미스터리를 풀어줄 열쇠는 제2장에서부터 보기로 하고, 여기서는 중국에도 우리의 음양태극과 매우 비슷한 태극이 전해 내려오고 있다는 사실을 잠깐 살펴보자. 오른쪽 사진의 태극은 도교(道敎)의 상징으로 사용되는 태극으로, 우리 태극과의 차이점은 올챙이 머리에 찍힌 검은 점과 흰 점 뿐이다. 중국에서 이 태극을 처음 그린 사람은, 대대로 도교 사상을 연구하던 집안 출신으로, 11세기 송나라 시대 도교 사상가였던 진단(陳搏)이라

도쿄의 태극

고 한다[14].

그런데 필자가 지적하고 싶은 것이 있다. 도교의 발생지는 산동반도였고, 그 첫 시작도 은나라의 후예, 즉 동이족에 의해서 시작되었다는 사실이다. 그렇다면 도교의 태극도 우리민족의 태극에서 비롯되었다는 말인가? 필자의 생각은 "왜 아니겠는가!"이다. 올챙이 문양에 점이 찍힌 것 또한 원래 우리에게 있었다. 이에 대해서는 제5장에서 곡옥의 미스터리를 설명할 때 같이 설명하겠다.

---

14 중국 사전에는 다음과 같이 기록되어 있다: 太極圖 據傳是宋朝道士陳摶所傳出(태극도 거전시 송조도사 진단 소전출) "태극도는 송나라 시대 도사 진단이 처음 그렸다고 전해지고 있다."

02. 고대 아메리카에 나타난 우리민족의 태극

● **아메리카에 나타난 우리민족의 태극**

◆ **유목생활과 정착생활**

　아메리카대륙으로 건너간 우리선조들은 광활한 대륙을 자유롭게 옮겨 다니며 유목생활을 하는 집단과, 살기 좋은 곳에 모여 농사를 지으며 정착생활을 하는 집단으로 나뉘었다. 오늘날 미국 영토에 해당하는 지역은 유목 집단이 된 우리민족이 살던 대표적인 곳이었다. 그들은 씨족 또는 작은 부족 단위로 나뉘어 주로 강을 따라 내륙의 넓은 곳으로 옮겨 다니며 콩, 호박, 옥수수 등 간단한 농사를 짓고, 조개와 어류를 잡고 사냥을 하며 생활했다. 이런 지역에서는 국가를 건설할 수 있는 큰 사회 조직이 형성될 수 없었고, 잠시 멈추어 사는 곳의 자연환경에 그때그때 적응하며 살게 되어, 시간이 지날수록 생활은 점점 단순해졌다. 그래서 원래 가지고 갔던 민족 고유의 신앙, 전통, 풍습도 점점 잊어

버리게 되었고 문화적 후퇴도 피할 수 없었다.

그러나 정착생활을 하던 지역에서는 달랐다. 이런 지역은 농업이 발달하여 많은 사람들이 함께 모여 지역별 공동체를 이루어 살았고, 공동체 구성원들 사이에 자연스럽게 연대감이 생겨 그 집단 고유의 신앙, 전통, 풍습을 잊지 않고 유지하였다. 또 시간이 지나면서 그곳 환경에 맞는 새로운 풍습이 생겨, 옛 풍습과 새로운 풍습이 혼합된 새로운 문명이 발달하기도 했다. 이러한 대표적인 지역이 오늘날 멕시코 수도인 멕시코시티 지역과 유카탄반도, 그리고 남미의 잉카문명이 꽃폈던 페루 해안 지역이었다.

고대 인간의 역사를 들여다보면, 유목생활을 하던 집단들은 이곳저곳을 떠돌다 문명이 발달한 지역으로 몰려들곤 했다. 동북아에서도 유목생활을 하던 북방의 여러 민족들이 중국 중원으로 몰려들었고, 아메리카대륙에서도 기원전부터 기원후 13세기까지, 오늘날 미국땅에 해당하는 북미 지역에서 유목생활을 하던 집단들 가운데 많은 집단들이 멕시코 중부 지역으로 몰려 내려갔다. 멕시코 중부 지역은 오늘날 멕시코의 수도 멕시코시티가 있는 지역을 말한다. 그곳은 넓은 평야 가운데 태흐고고(Texcoco/태스고고/태양의 곳곳)라고 불리던 큰 호수가 있어, 그 호수 주변으로 많은 집단이 몰려와 각자 부족국가 혹은 도시국가를 건설하며 살기 시작함으로써, 일찍부터 문명이 발달했다. 일찍이 태오티와간(Teotihuacan/태양신의 터와 족장)문명이 기원전 1세기부터 시작하여 기원후 8세기까지 발달했고, 새로운 유목집단이 북쪽에서 몰려 내려오자, 그들과 함께 건설한 돌태가(Tolteca/돌의 신성한 사람)문명이 9세기에서 11세기까지 발달했으며, 마침내 아사달(아스땅 Aztlán)에서 820년경에 출발한 후 500여 년 동안 유목생활을 했던 맥이족이 13세기 말에 합류하여, 14세기에 아스태가제국을 건설했던 곳이었다.

이 지역에 살던 사람들은 식량으로 옥수수, 콩, 호박, 고추, 토마토, 오이 등을 경작했는데, 특히 옥수수는 그들의 주된 식량으로 수경재배(水耕栽培)까지 할 정도로 널리 재배되었다. 아래 사진은 그들이 주변의 호수와 강에 치남이틀(Chinamitl)이라는 뗏목을 설치하여 옥수수를 비롯한 채소를 수경재배하던 모습이다.

치남이틀 위에서 밭을 만드는 모습

Construcción del montículo 1, de Terremote Tlaltenco (interpretación), *Presente, Pasado y Futuro de las Chinampas*, 1995, p. 49.

물 위에 떠있는 치남밭

치남이틀(Chinamitl)이라 불리던 이것은 긴 통나무들을 새끼줄로 묶어 틀을 짠 것인데, 틀 위에 작은 나뭇가지와 풀을 깔고 그 위를 흙으로 덮어 물 위에 떠있는 뗏목밭을 만들었다. 이 밭을 치남바(Chinampa)라고 불렀다.

치남바(Chinampa)와 치남이틀(Chinamitl)은 모두 우리말이다. 치남바는 '물위에 뜨는 채소밭'을 뜻하고, 치남이틀은 '물위에 뜨는 채소밭을 만들기 위한 틀'

을 뜻하는 말로서, 우리말 고유 형태소로 구성되어 있다[1]. 북한에서는 지금도 채소를 '남새'라고 한다. 따라서 지금부터 불과 60여 년 전까지만 해도 우리와 교류한 적이 없는 멕시코 원주민이 저와 같은 순우리말을 사용했다는 것을 볼 때, 그들은 아메리카로 이동해간 우리민족의 후예라는 것은 분명하다. 더구나 그들의 말에는 우리말 고유의 음운규칙까지 발견되므로, 그들이 우리민족의 일파였다는 사실은 부인할 수 없다[2].

언어는 다른 민족의 언어와 우연히 일치하는 법이 없다. 모든 민족의 어휘는 그 민족 언어 고유의 형태소로 구성되는데, 전 세계 어떤 민족의 언어도 다른 민족 언어와 형태소까지 우연히 일치하는 경우는 없다. 형태소까지 같다면, 그 어휘는 상호 문화 교류를 통해서 차용되었거나, 아니면 같은 민족일 수밖에

---

1 치남바(chinampa)는 다음과 같은 우리말 형태소로 구성되어 있다.
  치남바 → 치(chi)+ 남(nam)+ 바(pa)
  '치(chi)'는 우리말 '치솟다, (눈을) 치뜨다, (속이) 치밀다'라는 말에서처럼 '위로, 위에'라는 뜻이 있고, 물가의 땅을 '둔치'라고 하는 것을 볼 때, '물위에 뜬' 혹은 '수면보다 높은'을 뜻하는 말이고, '남(nam)'은 우리말 고어에서 '채소'를 뜻한다. 북한에서는 아직도 채소를 '남새'라고 한다. '바(pa)'는 우리말 '밭'이다. 스페인어로 표기된 멕시코 원주민 말은 대부분의 경우에 받침소리가 생략되었다. 여기서도 받침소리 'ㅌ'이 생략되어 '바'가 되었다.
  치남이틀(chinamitl)은 다음과 같은 우리말 형태소로 구성되어 있다.
  치남이틀 → 치(chi)+남(nam)+이(i) +틀(tl)
  '치(chi)'와 '남(nam)'은 앞에서 설명한 그대로이고, '이(i)'는 명사와 명사를 연결할 때 사용되는 우리말 고유의 관형격 접사이고, '틀(tl)'은 '창틀, 문틀, 가마니틀' 등에서 보듯이, '구조물이나 도구'를 뜻하는 순우리말이다. 특히 관형격 접사 '이'는 '영순 + 옷 →영순이 옷/ 갑돌 + 책 → 갑돌이 책/ 철수 + 옷 → 철수 옷'에서 보듯이, 앞 어휘가 받침소리가 있을 때만 사용되는 접사로서, 다른 민족은 절대로 모방해서 사용할 수 없는 우리말의 특징적 요소이다. 멕시코 원주민들의 말이 이러한 문법규칙까지 우리말과 같다는 것은 '그들이 우리민족이다'라는 절대적인 증거 가운데 하나이다.
2 예를 들어, 주(1)에서 설명한 관형격접사 '이'가 다음과 같은 말에서는 나타나지 않는다.
  마까기틀 → 마(ma)+까(ca)+기(hui) +틀(tl)
  '막 까는 도구'를 뜻하는 이 말에서 '마까기'와 '틀' 사이에는 관형격 접사 '이'가 사용되지 않았다. 그 이유는 우리말 관형격 접사는 앞의 말이 자음으로 끝난 경우에만 사용되고, 모음으로 끝난 경우에는 사용되지 않기 때문이다. 이것은 우리말 음운규칙(문법규칙)으로서, 치남이틀과 마까기틀을 비교해 보면, 이 음운규칙이 멕시코 고대어에서도 정확하게 지켜지고 있었다는 것을 알 수 있다.

없다. 따라서 치남이틀(Chinamitl)과 치남바(Chinampa)라는 말은 태흐고고(Texcco) 호수 주변에 살던 신대륙 발견 이전의 멕시코 원주민들이 우리민족의 후예였다는 부인할 수 없는 중요한 증거이다.

◆ 고대 아메리카에 나타난 우리민족의 태극

신대륙의 발견으로 유럽인들이 몰려가기 이전, 오늘날의 멕시코 전역에는 태흐고고(Texcoco) 호수 주변처럼 우리민족의 후예들이 각자 독립적인 집단을 이루어 정착해 살고 있었다. 우리민족이 만주대평원을 대규모로 떠났던 절정기는 기원후 5세기부터 7세기 사이였지만, 일찍 떠난 집단은 기원 훨씬 이전에 출발했고, 늦게 떠난 집단은 기원후 10세기경에 출발했다. 따라서 각 집단은 만주대평원에서 떠날 때의 시기가 달랐고, 중간에 머문 곳도 달랐으며, 아메리카에 도착한 시기도 달라, 아메리카에 도착한 이후에는 각각 독자적인 부족을 형성하였다. 즉 떠날 때 함께 이동한 무리가 도착한 후에 하나의 부족이 되었고, 부족 간의 교류가 거의 없는 상태에서 수백 년 이상의 세월이 흐르자, 각 집단은 마치 원래부터 다른 민족이었던 것처럼 언어도 조금씩 달라졌고 문화도 다른 점이 생겼다[3].

---

3 고대 사람들은 비록 같은 민족일지라도 지역별로 방언 차이가 심했다. 우리민족의 경우에는 고유 문자가 없어서 그 차이가 특히 심했다. 그리고 민족 대이동으로 아메리카로 건너간 우리민족의 후예들은 오랫동안 부족별로 각자 독자적인 유목생활을 함으로써, 방언 차이는 더욱 심해졌다. 그래서 신대륙 발견으로 아메리카에 온 초창기 유럽인들은 그들을 수많은 종족(부족)으로 분류했고, 각기 다른 종족 명칭을 붙여 부르기 시작했다. 유럽인들은 원주민 말을 알아듣지 못하여, 그들의 언어에 많은 공통 어휘가 있고 언어 구

우리민족의 초기 이동루트

멕시코 중부 지역에도 북쪽에서 내려온 이러한 부족들이 정착하여 독립적인 도시국가를 건설한 곳이 많았다. 그 가운데 한 곳이 멕시코 동쪽 바닷가 지역으로, 오늘날 베라크루스(Veracruz) 지역이다. 준비중인 「미국편」에서 자세히 설명하겠지만, 아메리카에 도착한 우리선조들의 최초의 이동 흔적은 퓨제사운드에서 미국 오대호 아래 오하이오주 주변으로 이어졌고, 그 다음 미시시피 강을 따라 남하하여 멕시코만에 도착한 후, 해안선을 따라 남하하여 멕시코 동해안으로 이어졌다. 위 지도에서 볼 수 있듯이, 멕시코 동해안에는 멕시코에서 가장 오래된 올메카(Olmeca)문명의 발상지가 있다. 이 문명은 오늘날 아메리카 학자들이 '아메리카 원주민 문명의 요람'이라 일컫는 문명으로, 기원전 10세기경부터 기원전 1세기까지 이어졌던 문명이다. 그리고 그 북쪽에 기원후 1세기부터 피라밋을 건축하며 독자적인 부족국가를 건설하여 살던 사람들이 있었다. 바로 토토나가(Totonaca)라고 불렸던 사람들로서, 그들이 살던 곳을 토토나가판(Totonacapan)이라고 불렀다.

바로 이 두 지역의 유물에서 필자는 우리민족의 음양태극을 발견했다. 다음 사진은 올메카문명이 남긴 돌거울과 토토나가판에 세워진 신상(神像)이다. 음양태극은 돌거울에 그려져 있거나 신상에 조각되어 있었다.

조와 문법규칙이 같다는 사실을 깨닫지 못했다. 그래서 그들을 각기 다른 종족으로 분류했던 것이다. 원주민에 대한 초창기 유럽인들의 이러한 잘못된 판단은 그대로 이어져, 오늘날까지도 아메리카 인디언들을 수많은 종족으로 분류하고 있다.

올메카문명의 돌거울[4]

토토나가판의 신상[5]

태극이 나오는 곳

확대

　신대륙에서 가장 오래된 문명은 기원전 1천 년경에 시작되었다는 멕시코의 올메카(Olmeca)문명과 남미 페루의 차빈(Chavin)문명이다. 위 사진의 음양태극을 남긴 올메카문명은 멕시코와 유카탄반도의 중간 지점에서 발달했던 문명이었다.

　올메카문명의 돌거울은 기원전 4~5세기 것으로, 위 사진에서 보듯이 우리의 태극문양이 선명하게 그려져 있고, 심지어 채색까지 비슷하다. 토토나가판의 신상에 새겨진 태극문양도 너무나 뚜렷하여, 마치 앞에서 본 태조 이성계 능 테두리에 새겨진 태극을 그대로 옮겨 놓은 듯하다.

4　Henri Stierlin, 『The art of the Maya, from the Olmecs to the Toltec-Maya』, Macmillan London Limited, 1981, p.19. 올메카문명의 중심 유적지 라벤타(La Venta)에서 발굴되었다.
5　Davis M. Jones & Brian L. Molyneaux, 『Mythology of the American nations』, Hermes House, 2006, p.125.

여기서 독자들은 한 가지 의문을 품기 바란다. 오늘날 우리 태극기의 음양태극은 두 올챙이가 '위아래'로 서로 감싸고 있는 반면, 태조 이성계 능이나 토토나가판 신상의 음양태극은 두 올챙이가 '좌우'에서 서로 감싸고 있다. 왜 이러한 차이가 생겼을까? 이 의문은 지금까지 아무도 제기하지 않았지만, 음양태극의 탄생의 비밀, 즉 음양태극이 근본적으로 무슨 의미였는가 하는 미스터리와 관련 있다.

● 올메카, 우리민족의 후예

음양태극이 그려진 올메카문명의 돌거울은 12cm 정도 크기의 오목거울로서, 신에게 바친 여러 가지 제물과 함께 발견되었다. 멕시코 학자들은 이 거울을 신에게 제사 지낼 때 햇빛을 모아 불을 지피는데 사용되었던 것이라고 설명했다.

올메카인들은 신에게 제사를 올릴 때 향을 피우기 위해 불을 지폈는데, 그 신성한 불을 피우기 위해서 태양빛을 이용했고, 그 빛을 모으기 위해서 이 오목거울을 사용했던 것이다. 태양빛을 모으기 위해 사용된 거울에 태양을 상징하는 태극을 그렸다는 것은 올메카인들이 태양신 신앙을 태극으로 나타내었다는 의미일 것이다. 고구려 시조 주몽이 '나는 태양신의 아들이다'라고 외쳤듯이, 고대 우리선조들은 태양신 신앙을 깊게 믿었다. 그리고 그 신앙을 반영한 것이 우리의 태극이다. 즉 올메카인과 고대 우리선조들은 같은 태양신 신앙을 믿었고, 같은 태극으로 그것을 나타내었다. 그들과 우리는 신앙도 같았고, 그것을 나타내는 방법도 같았던 것이다. 따라서 이것은 그들과 우리선조들의 정신세계가 일치했다는 것을 보여주는 하나의 증거로 보아야 하지 않을까?

올메카인들이 우리민족이었다는 증거는 다양하다. 먼저 시간적으로 올메카문명은 기원 1천 년 전까지 거슬러 올라간다. 우리민족의 이동루트였던 춥지·캄차카 반도에 인간이 최초로 거주했던 흔적도 기원 1천 년 전까지 거슬러 올라가는데, 그 흔적들의 주인공이 우리선조들이었다는 많은 증거들이 있다. 알류산열도에서 발굴된 기원 1천 년 전의 온돌도 그 증거들 가운데 하나이다. 온돌은 전 세계가 인정하는 우리민족 고유의 난방 방식이다. 앞에서 제시한 지도에서 볼 수 있듯이, 우리선조들의 초기 이동은 미국 서해안의 퓨제사운드(Puget Sound)에 도착한 후 미국 오대호 지역으로 이어졌는데, 그곳에는 미국 인디언 최초의 문명이라는 아데나(Adena)문명 유적지가 있다(자세한 것은 「미국편」에서 다루겠다). 역시 기원 1천 년 전까지 거슬러 올라가는 문명이다. 따라서 아메리카로 건너간 초기 우리선조들이 춥지·캄차카 반도에, 알류산열도에, 그리고 미국 오대호 주변 지역에 남긴 흔적의 시기와 올메카문명의 시작 시기가 모두 기원전 1천 년까지 거슬러 올라간다는 점에서 시간적으로 일치한다.

올메카인들이 남긴 유물 중에는 우리선조들의 유물과 같은 것들이 많다. 대표적인 것이 콩과 같은 곡식을 갈던 갈판과 고인돌 무덤이다. 다음 사진들은 우리의 갈판, 멕시코 갈판, 올메카 갈판을 비교한 것이다. 한눈에 모양이나 사용 방법이 같았다는 것을 짐작할 수 있다. 미국 인디언들이나 마야문명의 주인공들도 같은 모양의 갈판을 사용했다.

우리나라 갈판

멕시코 갈판

올메카 갈판

고인돌은 고대 우리선조들의 가장 특징적인 무덤 양식이다. 고고학자들에 의하면 전 세계 고인돌의 대부분이 만주와 한반도에 남아 있고, 그 수도 수만 기에 달해, 우리민족을 '고인돌의 민족'이라 불러도 될 정도라고 한다.

올메카의 고인돌

왼쪽 사진은 올메카인들이 남긴 고인돌이다. 모든 돌이 사각형 기둥 모양인데, 그 이유는 이 고인돌이 발견된 곳이 호수 안의 작은 섬이었기 때문이다. 올메카인들은 호수 밖 4km나 떨어진 곳에서 이 돌을 캐서 호수 안으로 가져와야 했는데, 돌이 너무 무거워서 사진에서처럼 잘라서 옮길 수밖에 없었다[6]. 다음 사진들은 고조선의 중심지였던 요동, 미국 인디언 최초의 문명 발상지라는 일리노이, 그리고

---

6 손성태, 같은 책, pp.205~208. 좀 더 자세한 설명은 여기서 참조하세요.

남미 콜롬비아의 고인돌이다. 콜롬비아에는 이런 고인돌이 많은데 우리민족의 다른 흔적과 함께 나타난다.

우리나라(요동)

미국(일리노이)

콜롬비아(산아구스틴)

올메카인들이 우리민족이었다는 또 다른 증거는 전기 마야문명이 일어났던 곳의 지명이다. 기원전 1세기경 올메카문명이 무너지자, 올메카인들은 오늘날의 과테말라 국경 지역으로 집단 이주하여 새로운 문명을 일으켰는데, 이를 전기 마야문명이라고 한다. 그리고 전기 마야문명이 무너진 기원후 10세기경 그들은 다시 유카탄반도로 이주하여 문명을 일으켰다. 이를 후기 마야문명이라 한다.

오른쪽 지도에서 보듯이, 전기 마야문명은 과테말라 북부 지역을 흐르는 매우 큰 강 주변에서 발달했다. 그런데 그 강의 이름이 '우수마신따(Usumacinta)'이다. '물 마신 땅'이라는 뜻의 우리말이다. '우수(Usu)'는

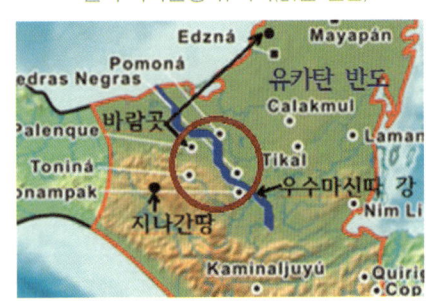
전기 마야문명 유적지(붉은 원안)

몽골어로 '물'을 뜻하고[7], 나머지 부분은 우리말 그대로 '마신 땅'이다.

고대 어느 지역에 누가 살았는가를 밝혀주는 가장 정확한 증거가 바로 지명(地名)이다. 지명이 우리말이라는 것은 그곳에 오랫동안 거주했던 집단이 바로 우리민족이었다는 것을 의미한다. 올메카의 후예들은 전기 마야문명 지역에서 거의 1천여 년 동안 살았다. 그리고 그곳에 '우수마신따'라는 우리말 지명을 남겼던 것이다.

올메카인들이 우리민족의 후예였다는 또 다른 증거가 있다. 방패를 든 전사(戰士) 모습의 석상(石像)이다. 이 전사가 들고 있는 방패에는 우리가 절대로 잊지 말아야 할 매우 중요한 기호가 새겨져 있다. 그 기호는 고대 우리선조들이 우리민족을 상징하기 위해 창안했던 것으로, 음양태극의 탄생과도 연결되는 매우 중요한 기호이다. '태극의 시작-기원과 의미'를 다루는 제4장에서 보기로 한다.

● **토토나가, 신성하고 신성한 우리민족의 후예**

우리의 음양태극이 새겨진 두 번째 유물은 토토나가판의 석상(石像)이다. 멕시코 동부 해안의 베라크루스(Veracruz)지역, 옛 토토나가판(Totonacapan)땅에 세워진 신상(神像)으로, 멕시코 학자들은 이 석상이 기원 전후부터 그 지역에 정

---

7 '우수'는 '물'을 뜻하는 몽골어 '우스(yc)'이다. 오늘날 몽골인들은 '오스'라고 한다.

착하기 시작했던 토토나가인들이 세운 꽤잘꼬아들Quetzalcoatl) 신상이라고 설명하고 있다[8]. 앞의 사진에서 보았듯이 이 신상 아랫부분에는 우리의 태극이 선명하게 조각되어 있다.

독자들 중에는 모양만 같다고 신상에 새겨진 문양이 우리의 음양태극이라고 단정하는 것은 성급한 판단이고, 올메카의 경우처럼 그들도 우리민족이라는 다른 증거들도 함께 나타나야 한다는 의견을 제시할 사람도 있을 것이다.

토토나가인들이 우리민족의 후예라는 다른 증거들은 매우 많다. 먼저 언어이다. 같은 민족임을 판단하는 근거들 가운데 가장 중요한 것이 언어이다. 언어는 우연히 일치하는 법이 없기 때문이다. 고대로 거슬러 올라가면 갈수록 언어가 같으면서 다른 민족인 경우는 없다. 따라서 같은 민족이기 위해서는 언어부터 일치해야 한다.

오늘날의 토토나가

멕시코 동부 해안은 옛 지명과 종족 명칭부터 우리말이다. '토토나가판'이라는 지명은 그곳에 살았던 원주민들을 토토나가(Totonaca)라고 부른 데서 유래되었다. 즉 토토나가판은 그들의 말로 '토토나가의 땅'이라는 뜻이다. 멕시코 역사에 따르면, 토토나가인들은 오늘날 멕시코시티 북동쪽 50km 거리에서 발달했던 태오티와간(Teotihuacan)문명의 사람들과 매우 밀접하게 교류하며 살았다고 하고, 일부 문헌에 따르면 그 문명을 처음 건설하기 시작했던 사람들도 토토나가

---

8 꽤잘꼬아들은 '꽤 잘 꼬는 것들'이라는 뜻의 우리말로서 '뱀용'을 뜻한다. 멕시코에서는 이 신을 모시는 높은 무당도 역시 꽤잘꼬아들이라고 불렀다. 고대 우리선조들은 '신'의 명칭을, 그 신을 모시던 무당의 칭호로 사용하던 언어습관이 있었다. 만주대평원에 살던 우리선조 고리족은 뱀용을 '물의 신, 비의 신'으로 숭배했다.

인들의 일파였다고 한다[9]. 필자가 「우리민족의 대이동/멕시코편」에서 설명했듯이, 태오티와간은 '태양신의 터와 족장'이라는 뜻의 고대 우리말이고, 이 문명을 건설했던 사람들도 우리민족의 후예들이었다[10]. 따라서 '태오티와간'을 처음 건설하기 시작한 사람들이 토토나가인들이었다는 것은 토토나가인들이 우리민족이었다는 또 하나의 단서가 된다.

어떤 말이 우리말인지 아닌지 알아보는 가장 정확한 방법은 우리말 형태소로 분석해 보는 것이다. 형태소 분석이란 어휘를 각 구성 요소, 즉 형태소로 나누어 각각의 뜻과 발음이 우리말과 일치하는가를 확인하고, 그 형태소들의 결합 방식과 결합 후 형성된 어휘도 뜻과 발음에서 우리말인가 알아보는 연구 방법이다. 다른 민족의 언어가 우리말 형태소로 분석되는 경우는 없다. 더구나 그 형태소들이 결합하는 방식이나 결과적으로 형성된 어휘가 우연히 우리말이 되는 경우도 절대로 없다.

이러한 언어학적 지식을 바탕으로, '토토나가'를 우리말 형태소로 분석해 보면 다음과 같다.

토토나가(Totonaca) → 토(to) + 토(to) + 나(na) + 가(ca)
　　　　　뜻　　　　　신성한　신성한　　나　　　사람

---

[9] José Luis Melgarejo Vivanco, 「Totonacapan」, Talleres graficos del Gobierno del estado, 1943, pp.119~120.
[10] 즉 멕시코의 중부 내륙 지방에 거주하며 태오티와간문명, 돌태가문명, 아스태가문명을 순차적으로 건설했던 모든 사람들이 우리민족의 후예였고, 동부 해안 지역에 거주했던 토토나가판 사람들도 우리민족이었다. 또 서부 해안 지역에 살았던 사람들도 우리민족이었다는 많은 증거들이 있다. 예를 들어, 서부 해안가의 미초아간 지역의 지명 '미초아간'도 우리말이고, 그 지역을 지배하던 대족장의 이름 '잔소리(chansori)'도 우리말이다. 따라서 멕시코의 동서남북 모든 지역에 우리민족의 후예들이 살았다.

토(to)는 '태(Te)'의 변이형이다[11]. '태'는 '신성한'을 뜻하던 고대 우리말로서, 우리 고대 역사에도 많이 나오는 '태왕(太王), 대가(大加), 태자(太子)' 등의 '대/태(大/太)'가 그것이다[12]. 나(na)는 우리말 1인칭 대명사 '나'이고, '가(ca)'도 '사람'을 뜻하는 우리말로서, 오늘날 경상도 사투리 '가가 가가'라는 말 속의 '가'가 그것이다[13]. 따라서 토토나가(Totonaca)를 이루는 모든 형태소는 우리말이다. 또한 형태소들의 결합 방식, 즉 수식하는 형태소가 앞에 오고 핵심 형태소가 맨 마지막에 오는 결합 순서도 우리말 어순과 같으며, 이렇게 하여 형성된 어휘 '토토나가'도 '신성하고 신성한 나의 사람'이라는 뜻의 우리말로 자연스럽게 해석된다는 점에서, 이 어휘는 우리말이라는 것을 알 수 있다.

멕시코시티 지역에 살던 원주민들은 스스로를 '태가(teca)'라고 불렀는데, '신성한 사람'이라는 뜻의 우리말이었다. 그런데 동부 해안 지역 사람들은 '자기들이 더 신성한 사람'이라는 뜻으로 '토토나가'라고 불렀던 것이다.

멕시코 원주민들은 어떤 말을 강조할 때 두 번 반복해서 사용하던 언어 습관이 있었다. '토토'가 바로 그 예이다. 고대 우리선조들은 친족이나 동족을 '나의 사람'이라고 표현하곤 했다[14]. 독자들은 오늘날 우리가 사용하는 '친척, 친

---

11 멕시코 돌태가(Tolteca)문명을 일으킨 지도자 이름이 토필친(Topiltzin)이다. '신성한 피의 사람'이라는 뜻의 우리말이다. 그런데 그의 이름은 태필친(Tepiltzin)이라고도 기록되어 있다. 여기서 '토(To)=태(Te)'라는 것을 알 수 있다. 함경도 심마니들은 '불'을 '토하리'라고 했다. 필자는 이 말의 '토'가 바로 고대 멕시코에서 사용된 '토(to)'라고 본다. '하리'는 원래 '할+이'로서 '할'은 '해'의 방언이고, 마지막 '이'는 우리말에서 특징적으로 사용되는 '이'일 것이다 (예: 갑돌 → 갑돌이, 갑순 → 갑순이). 즉, '토하리'의 정확한 뜻은 '신성한 태양'이라는 뜻이다. 그리고 함경도에서 '불'의 의미로 알려진 이유는, 우리민족은 오랫동안 '태양'과 '불'을 같은 존재로 여겼기 때문이다. 그래서 '태양'을 '불타다'의 의미로 '태워(Teo)'라고 했다는 흔적이 멕시코에 남은 것이다. 아메리카 원주민들은 태양과 불을 같은 말로 불렀다.
12 이에 대한 자세한 설명은 손성태, 「우리민족의 대이동/멕시코편」, pp.291~299 & 452를 참조하세요.
13 「삼국지」위지동이전 부여 편에는 부여 사람들이 신분이 높은 사람을 '가(加)'라고 불렀다고 기록되어 있다.
14 '손성태, 「우리민족의 대이동/멕시코편」, pp.322~325를 참조하세요.

족, 동족, 동포' 등과 같은 말은 모두 중국 한자에서 온 말이라는 사실을 기억하기 바란다. 따라서 '나의 사람'이라는 뜻의 '나가(naca)'는 한자를 도입하여 사용하기 이전의 우리선조들이 동족이나 친족을 뜻하기 위해 사용하던 말일 것이다.

이 말은 우리민족의 흔적을 따라 광범위하게 발견된다. 아무르강 하류 길약족의 명칭 '니브히(Nivkh)/나브히(Navkh)'는 원래 '나 분'이라는 말로서 '나의 사람'을 뜻했다. 아스태가제국의 수도 명칭 '태노치티땅(Tenochtitlán)'은 '신성한 나의 사람의 터땅'이란 뜻으로, 여기서 '노치(noch)'도 '나의 사람'을 뜻하는 고대 순우리말이었다. 이것을 정리하면 다음과 같다.

친족, 동족, 민족을 가리키던 고대 우리말: 나가(naca)
노치(noch)
니분(nivkh)/나분(navkh)

'토토나가판'은 '토토나가'에 '판'을 더한 말로서, '신성하고 신성한 나의 사람들의 '땅'을 뜻한다. '판(pan)'은 '벌판, 모판, 모래판'에서 볼 수 있듯이, '장소'를 뜻하는 순우리말이다. 토토나가인들이 살던 지역의 주요 지명도 우리말로 된 것이 많다. 예를 들어 센포알라(Cempoala)나 파판따(Papantla)는 모두 우리말로서, 다음과 같은 우리말 형태소로 분석된다.

센포알라(Cempoala) → 센(cem) + 포(po) + 아(a) + 라(la)
뜻   센   폭포   와   땅

파판따(Papantla) → 파판(papan) + 따(tla)
　　뜻　　　　　판판한　　　땅

센(cem)은 우리말 '센, 세다'이다. 센(cem)은 미국 인디언과 멕시코 원주민이 남긴 말에 자주 등장한다. 멕시코에서는 '센 아가(cen aca), 센 아나왁(cem anahuac)' 등과 같은 고대 어휘에서 볼 수 있다[15]. '센 아가'는 말 그대로 '튼튼한 아기'를, '센 아나왁'은 '센 우리나라'를 뜻하는 순우리말이다. '폭포'의 순우리말은 '포'이다. 멕시코뿐 아니라 미국 인디언들도 이 어휘를 매우 많이 사용했다. 아(a)는 우리말 공동격 조사 '와'가 변화된 것이고, '라(la)'는 '땅'을 뜻하는 단어 '땅(tlan)'이 변화된 것이다[16]. 따라서 센포알라는 '센 폭포와 땅'이라는 뜻의 우리말이다. 센포알라는 우리선조들이 이동할 때 지나갔던 미국 동부 지역의 지명으로도 나온다. '포와땅(Powatan)'이란 지명으로 「미국편」에서 다시 설명을 하겠다.

파판(papan)은 '판판'이라는 순우리말에서 'ㄴ'소리가 탈락한 형태로, '평평한'을 뜻한다. 우리는 '높낮이 없이 고르고 평평한것'을 '판판하다'라고 말한다. 파판따(Papanta)는 '평평한 땅'을 뜻한다. 또 토토나가인은 그들의 땅을 '토토나고(Totonaco)'라고도 불렀는데, 이 말도 '신성하고 신성한 나의 곳'이라는 뜻의 순우리말이다.

---

15 '센 아가'는 글자 그대로 우리말 '센 아가, 건강한 아가'를 뜻한다. 톨텍가문명의 지도자였던 토필친(Topiltzin/신성한 피의 사람)의 아기 때 별명이었다. 그는 장성한 후에, 그가 태어나기 직전에 아버지를 죽이고 왕좌를 뺏어간 삼촌을 죽여 복수를 했다. '센 아나왁'은 '센 우리나라'라는 뜻이다. 자세한 것은 '손성태, 「우리민족의 대이동/멕시코편」, p.485'를 참고하세요.

16 이 단어의 변화 과정은 다음과 같다: tlan(땅)〉llan(란)〉lla(라)〉la(라). 보다 자세한 설명은 '손성태, 「우리민족의 대이동/멕시코편」, p.442'를 참고하세요.

토토나가인들이 우리민족의 후예였다는 언어적 근거로 지명(地名)만 있는 것이 아니다. 일상생활에서도 우리말을 사용했다는 증거가 있다. 그들은 누군가와 작별하고 어디로 갈 때 '가줘/가주(cachu)'라고 말했고, 때로는 '가로(caró)'라고 말했다고 한다.[17] 멕시코 학자들은 '가로'는 '가줘/가주'를 잘못 발음한 말이라고 설명하고 있다. 이 말은 '가다, 가줘, 가라'와 같은 우리말이 분명하다. 그들은 태양신에게 제사를 올릴 때, 모든 사람들이 모여 앉아 하루 종일 높은 무당으로부터 강연을 듣곤 했다. 스페인인들의 기록에 따르면, 강연은 오전 10시경에 시작하여 오후 5시까지 계속되었고, 강연이 지속되는 동안 모든 사람들은 물 한 모금조차 마시지 않은 채, 매우 경건한 자세로 강연이 끝날 때까지 그대로 앉아 들었다고 한다. 태양신 신앙에 대한 강연은 스페인에 정복된 이후에도 계속되었던 것이다. 이 강연이 끝난 뒤에 원주민들이 자주 사용한 말이 '지친이(chichini)'였다고 스페인 사람들은 기록했다[18].

독자들 중에 '지친이'라는 말을 이해 못 할 사람은 없을 것이다. 식사는커녕 물 한 모금조차 마시지 않고 무려 7시간 동안 앉아 계속 강연을 듣는다면, '지치지' 않을 사람이 누가 있겠는가! 우리나라 사람은 누구나 이 말을 듣자마자 바로 그 뜻을 이해하고, 다음과 같은 형태소로 이루어져 있다는 것도 짐작할 수 있다.

---

17 José Luis Melgarejo Vivanco, 「Totonacapan」, Talleres graficos del Gobierno del estado, 1943, p.74.
18 José Luís Melgarejo Vivanco, 같은 책, p.108.

지친이 → 지치(chichi) + ㄴ(n) + 　　이(i)
　뜻　　　지치다　　　관형격 접사　이/사람 → 지친 사람

그런데 멕시코에서는 초기 스페인인들의 기록에 의거하여 아직도 이 말을 '태양신'을 뜻한다고 알고 있다. 그들은 형태소 분석은커녕, 뜻도 제대로 알지 못하고 있는 것이다. 태양신에 대한 강연이 끝난 뒤에 사용된 말이므로 태양신을 뜻하는 말인가 보다 하고 추정했던 것이다. 500여 년 전까지 멕시코 동부 지역에 거주했던 토토나가인들이 했던 말이지만, 멕시코 학자들은 제대로 이해하지 못하고 있다. 그러나 우리나라 사람들은 누구나 듣자마자 그 뜻을 바로 깨닫고 형태소 분석까지 쉽게 이해할 수 있다. 우리말이 아니라면 이런 일이 어떻게 가능하겠는가!

언어는 우연히 일치하는 법이 없다. 민족이 다르면 언어도 반드시 다르다. 그리고 다른 민족의 언어가 우리말 형태소로 분석될 수 있는 경우란 없다. 토토나가인들은 그들 자신을 가리키는 명칭에서부터 살던 곳의 지명, 그리고 일상생활에서 사용하던 말까지도 우리말이었다는 증거들을 이렇게 남겼다.

언어만이 아니다. 고대 우리 선조들의 장례풍습에는 부자인 경우 저승길 노잣돈으로 죽은 자의 입에 옥구슬을 넣어 주던 풍습이 있었는데 토토나가인들에게도 같은 풍습이 있었다. 죽은 자가 사후세계에서 사용하도록 넣어 준 것이라고 멕시코 학자들도 설명하고 있다[19]. 일부 옹기관 속에는 유골과 함께 돈도

---

19 Elizabeth P. Benson & Elizabeth H. Boone, 「Ritual human sacrifice in Mesoamerica」, Dumbarton Oaks Research Library and Collection, 1984, p.108~109.

들어 있었다고 한다[20]. 또 사체를 집안 바닥에 묻었던 거실장 풍습도 있었는데, 고구려 시대의 장례풍습 가운데 하나가 거실장이었다. 거실장의 경우 나중에 사체의 뼈를 모아 옹기 속에 넣어 밖에 내다 묻기도 했는데, 바로 우리민족의 옹기관 풍습이다[21]. 이 모든 장례풍습이 고대 우리선조들의 풍습이었다.

멕시코에서의 옹기관 장례풍습은 동부 토토나가판 지역뿐 아니라 중부 지역, 그리고 서부 태평양 연안 지역에서도 발견되었다. 그리고 남미에서는 콜롬비아, 브라질, 페루에서도 발견되었다.

우리나라의 옹기관

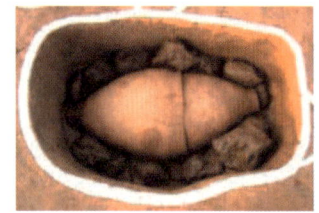

멕시코의 옹기관[22]

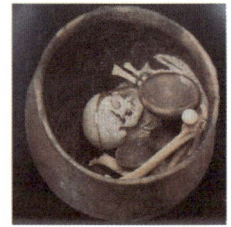

---

20 José Luis Melgarejo Vivanco, 「Totonacapan」, Talleres graficos del Gobierno del estado, 1943, p.120.
21 José Luis Melgarejo Vivanco, 같은 책, 같은 페이지.
22 Brigitte Boehm de Lameiras(Ed.), 「El Michoacan antigüo」, Gobierno del Estado de Michoacán, 1994, p.42.

또 멕시코 학자들은 토토나가인들의 신앙에 대하여 다음과 같이 기록하고 있다[23].

토토나가인들은 아주 오래전부터 죽은 자를 숭배했다. 죽은 조상 숭배 흔적은 그들이 세운 도시 태오티와간(Teotihuacan)에서부터 발견된다. 그들은 무덤 지하에 뼈를 모아두는 납골당을 축조하기도 했고, 아침의 떠오르는 태양을 숭배했으며, 산신(山神)을 숭배하여 어린 아이들을 인신공양으로 바치기도 했다.

이 인용문은 토토나가인들이 죽은 조상을 신(神)으로 모셨고, 피라밋을 만들고 그 속에 뼈를 모아 묻었으며, 태양신과 산신을 숭배했고, 인신공양까지 했다는 것을 기록하고 있다. 이 모든 풍습은 고대 우리선조들의 풍습이었다. 우리선조들은 아주 오래전부터 죽은 조상은 소멸되는 것이 아니라 저승세계로 가서 신이 되어 계속 산다고 믿어, 성대한 장례식을 치르고 생전에 사용하던 모든 것을 함께 묻어주거나 불태워 주었다. 또 죽으면 일단 집안 바닥에 묻었다가 나중에 뼈를 모아 밖에 묻어주던 2차 장례풍습도 널리 행했고, 경주 우물아이 유골이 발견됨으로써 인신공양까지 했다는 사실이 확인되었다.

그네 타는 토토나가인들

토토나가인들은 일상생활에서도 다양한 우리민

---
23 José Luis Melgarejo Vivanco, 같은 책, p.119.

족 고유의 풍습을 가지고 있었다. 우리와 마찬가지로 숫자 3을 중요시 했고[24], 그네타기, 굴렁쇠놀이, 공기놀이, 연날리기, 팽이치기 등 우리민족의 온갖 민속놀이도 했다. 앞의 사진은 그네 타는 모습을 빚은 흙 인형으로 기원후 3세기~9세기의 것이다[25].

이렇게 그들이 남긴 지명뿐 아니라 생활언어도 우리말이었고, 장례, 신앙, 놀이풍습도 우리와 같았다. 특히 언어의 일치나 장례풍습과 생활풍습의 일치는 수천 년 동안 인접해 살면서 끊임없이 교류해온 중국, 일본, 몽골에서는 찾아볼 수 없는 일치이다. 지리적으로 인접한 이웃 민족에게서도 나타나지 않는 우리민족 고유의 흔적이 지금까지 우리와 거의 접촉한 적이 없는 멕시코 동부 해안 일대의 원주민 옛 문명에서 발견되고 있는 것이다.

이것을 우연(偶然)의 일치라고 할 수 있을까? 역사는 기록으로 남기지 못했지만, 그들과 우리 사이에는 부인할 수 없는 필연(必然)으로 연결되어 있음이 분명하다. 그런 그들이 우리민족의 음양태극을 석상(石像)에 새겨 놓았던 것이다.

앞에서 본 인용문은 우리에게 중요하고 흥미로운 사실 하나를 더 밝히고 있다. 태오티와간을 건설한 사람들이 토토나가인들이라고 하여, 태오티와간인들과 토토나가인들이 같은 종족이었다고 설명하고 있다. 태오티와간문명은 멕시

---

24 제사 지낼 때, 무당이 향불을 태양을 향해 3번 들어 올리고, 그 향로를 가지고 신상 앞에 가서 연기로 3번 신상을 씻는 동작을 했다. 그리고 3년마다 아이 3명을 태양신에게 인신공양으로 바쳤다. (José Luis Melgarejo Vivanco, 「Totonacapan」, Talleres graficos del Gobierno del estado, 1943, pp.104 & 106.). 우리도 제사를 올릴 때, 술을 잔에 세 번 나눠 따르고, 그 잔을 향불 위에 세 번 돌린 후에 상 위에 올린다.

25 Federación Mexicana de juegos y deportes autóctonos y tradicionales, A,C,(Ed.), Juegos y deportes autóctonos y tradicionales de México, Editorial Trillas, 2009, p.10.

코 중부 내륙 지역에서 일어난 최초의 문명으로서, 필자는 「멕시코편」에서 그 문명을 건설한 주체가 우리민족이었다는 다양한 증거를 제시했고[26], 여기서는 토토나가인들이 우리민족이었다는 증거들을 제시했다. 멕시코 학자들은 그들의 고대 기록을 바탕으로 두 지역의 사람들이 같은 종족이라 설명했는데, 필자는 두 지역에서 발견되는 우리말과 우리민족 고유의 풍습을 바탕으로, 두 지역 사람들이 모두 우리민족이라는 사실을 밝혔다.

조금 더 설명하면, 앞의 지도에서 잠시 보여주었던 것처럼, 필자는 그동안의 연구를 바탕으로 초기 우리선조들의 이동루트는 '알류산열도→퓨제사운드→미국 오대호→미시시피강을 따라 남하→멕시코 동부 해안 지역→올메카문명'으로 이어졌다고 본다. 그리고 멕시코 학자들은 동부 해안가의 토토나가인들이 내륙으로 이동하여 태오티와간문명을 건설하기 시작했다고 말하고 있다. 필자가 밝힌 우리민족의 초기 이동루트와 멕시코 학자들이 설명하고 있는 토토나가인들의 이동루트 사이에 어긋남이 없고, 태오티와간 건설자와 토토나가인들이 같은 민족이었다는 멕시코 학자들의 설명과, 그들 모두 우리민족이었다는 필자의 설명 사이에도 어긋남이 없다. 멕시코 학자들과 필자의 유일한 차이점은 '그들이 모두 우리민족이다'라는 최종적인 판단 여부인데, 멕시코 학자들은 우리말이나 우리 고유의 신앙, 장례풍습, 민속놀이 풍습 등을 모르고 우리 태극에 대해서도 모르기 때문에 '그들은 코리언의 후예였다'라는 필자와 같은 결론까지는 도달할 수 없었던 것이다.

---

26 손성태, 「우리민족의 대이동/멕시코편」, 코리, 2014, pp.218~227.

결국 멕시코 중부 내륙 지방, 즉 오늘날 멕시코의 수도 멕시코시티와 가까운 태오티와간에 거대한 태양의 피라밋을 건축했던 사람들과, 멕시코 동부 해안 베라크루스 지역에 살면서 음양태극을 신상에 조각하며 '지친이'라는 말을 사용했던 사람들, 그리고 음양태극이 그려진 돌거울을 남긴 올메카문명의 건설자들은 모두 우리민족이었던 것이다. 이 사실은 기원전부터 기원후 8세기까지 멕시코 중부 내륙 지역과 동부 해안 지역에 거주하며 문명을 일으켰던 모든 사람들이 우리민족이었다는 것을 의미한다.

지금까지 필자는 우리의 음양태극이 발견된 올메카와 토토나가판에는 음양태극뿐 아니라 유물, 지명, 생활언어, 풍습, 신앙에 이르기까지 매우 다양한 고대 우리선조들의 흔적이 남아 있다는 것을 보여주었다. 그리고 필자가 찾아낸 초기 우리민족의 이동루트와 멕시코 학자들이 제시한 멕시코 안에서의 토토나가인들의 이동 흐름이 일치한다는 것도 보았다.

● 마야달력 속의 태극

마야문명의 달력

　우리민족의 태극은 올메카문명이나 토토나가판과 같은 멕시코 동부 해안 지역에서만 나오는 것이 아니다. 둥근 태양 모양의 완성된 형태는 아닐지라도 태극문양은 멕시코 고대 문명이 남긴 많은 유물에 그림이나 조각으로 남아 있다. 오른쪽은 마야문명이 남긴 달력 가운데 하나이다[27]. 로페스 아우스틴(A. López Austin)은 이 달력에 대하여 흰색은 '밝음, 깨끗함'을 검은색은 '어두움, 더러움'을 나타내어 서로 대조된다고 했다[28].

　어두움과 밝음을 나누는 가운데 자리는 언제나 태양의 자리이다. 그런데 이 달력의 외형은 어렴풋한 둥근 형태를 이루고, 그 가운데에 두 개의 고리 모양의 기호가 서로 감싸며 돌고 있는 모습이 보이는데, 그 모양은 태양의 둥근 원 속에 음양태극을 그린 우리민족의 태극문양과 정확하게 같다. 나중에 보겠지만 이러한 형태로 남겨진 태극문양은 신대륙 발견 이전의 멕시코 고대 유물과 유적에 매우 많다.

　이렇게 멕시코 고대 문명에는 우리민족의 음양태극이 완전한 형태로 혹은

27　멕시코-마야 문명이 남긴 달력은 크게 세 가지 종류로 본다. 1년을 260일로 보는 달력, 365일로 보는 달력, 그리고 한 주기를 5128년으로 하는 마야인들이 남긴 13박툰 달력이 있다. 그러나 점을 치는데 사용하던 260일 달력은 그 종류가 너무나 많아, 멕시코의 것만 20여 종으로, 메소아메리카 전체적으로는 적어도 60여 종에 이른다고 한다. (참조: Pridense M. Rice, 「Maya calendar origins」, University of Texas Press, 2007, p31.)

28　Alfredo López Austin외, 「Calendario, astronomía y cosmovisión」, UNAM, 2014, p.204.

태극문양으로 매우 흔하게 존재한다. 그리고 태극이 남아 있는 곳에는 언제나 우리말과 우리민족 고유의 생활풍습, 장례풍습, 놀이풍습이 함께 발견된다. 즉 우리민족의 태극과 우리민족의 언어와 풍습이 공존하는 일치를 보여주는 것이다.

지금까지 아메리카 원주민 문명은 1만 5천 년 전 빙하기에 아시아에서 건너온 원시 고아시아인의 후예가 독자적으로 발달시켜 온 문명이라고 설명하고 있는 전 세계 학자들이 이러한 동시다발적인 일치를 알게 된다면, 어떤 논리로 오직 우리민족과 아메리카 인디언 문명, 특히 신대륙 발견 이전의 멕시코 문명과의 일치를 설명할 수 있을까? 100여 년 전의 제섭북태평양탐험대가 잘못 내린 결론, 즉 '아메리카대륙의 모든 문명은 자생적으로 발달한 문명'이라는 결론은 잘못 끼워진 첫 단추처럼, 이렇게 곳곳에서 어긋난다. 태극을 비롯한 이 모든 것은 기원전부터 대거 아메리카로 건너간 우리선조들이 남겨놓은 흔적이고, 우리민족의 대이동 외에 다른 어떤 역사적 논리로도 설명할 수 없을 것이다.

오늘날 중국의 일부학자들은 아메리카 원주민들의 조상이 중국인이라고 주장하고 있다. 유럽 및 미국 학자들 가운데도 이에 동조하는 이가 상당수 있다. 영국의 가빈멘지재단 (www.gavinmenzies.net)은 아예 전세계에 대놓고 아메리카대륙을 발견한 것은 중국인이라고 선전하고 있

가빈멘지재단 홈페이지 바탕화면
'1421년 중국이 신대륙을 발견했다'고 적혀있다

다. 최근 전 세계에 널리 퍼져가는 이야기도 아메리카 인디언의 시작은 '중국인들이 건너갔다'는 중국 기원설이지, '우리민족이 건너갔다'는 코리아 기원설이 아니다.

그런데 만약 저들의 주장이 옳다면, 멕시코 원주민이 입고 다녔던 두루마기와 검은 갓은 무엇이고 여인들네들의 색동저고리와 쪽진머리에 비녀는 무엇이란 말인가! 멕시코의 고대 지명으로 남은 그 수많은 우리말은 무엇이고, 제7장에서 보듯이 '달집태우기'를 비롯한 우리민족 고유의 온갖 놀이풍습이나 생활풍습이 어떻게 멕시코 고대 풍습으로 남아 있을 수 있단 말인가! 아메리카 원주민의 조상이 중국인이라면 올메카의 돌거울에 왜 우리의 음양태극이 그려져 있단 말인가.

우리의 음양태극을 신상에 새긴 토토나가판인들은 '지친이'와 같은 우리말을 사용했고, 그들이 남긴 지명도 우리말이었지 중국어가 아니었다. 더구나 「미국편」(준비 중)에서 보면 알겠지만, 미국 인디언들이 남긴 그 많은 지명들도 순우리말이지 중국어 지명은 한 곳도 없다. 따라서 아메리카 원주민의 조상은 우리선조였고, 중국인과 관련이 없다.

● **태호복희의 의미**

이제 앞에서 제기했던 의문 가운데 하나로, 태호복희(太昊伏羲)라는 이름의 의미를 알아보도록 하자. 이 이름을 아직까지 제대로 설명한 학자는 없다. 필자는 '태호(太昊)'가 '태양의'를 뜻하는 고대 우리말이라고 판단한다. 독자들은 「우리민족의 대이동/멕시코편」, 463쪽에서 아스태가(Azteca)인들이 제국의 수도 태노치티땅(Tenochtitlán)을 둘러싸고 있던 호수를 태흐고고(Texcoco/Tehcoco)라고 불렀는데, '태양의 곳곳'이라는 뜻의 순우리말이라고 했던 필자의 설명을 기억하기 바란다. 아스태가도 '하얀 신성한 사람'을 뜻하는 우리말이고, 태노치티땅도 '신성한 나의 사람의 땅'이라는 우리말이다. 아스태가인들이 '무당'을 '태굿들이(Tecutli), 태흐굿들이(Tehcutli) 또는 태구흐들이(Tecuhtli)'라고 불렀다는 것도 기억하기 바란다. 모두 '신성한 굿의 사람'이라는 뜻의 고대 순우리말이다[29]. 따라서 우리는 다음과 같은 대응 관계가 있다는 것을 쉽게 알 수 있다.

    태흐고고 →태흐(teh) +고고   '태양의 곳곳/ 신성한 곳곳'

    태흐굿들이 →태흐(teh) +굿들이   '태양의 굿 사람/ 신성한 굿 사람'

    태호복희 →태호(太昊)+복희   '태양의 복희/ 신성한 복희'

이 대응 관계를 보면, 독자들도 멕시코의 '태흐(teh)'라는 말과 중국인들이 기록한 '태호(太昊)'라는 말이 같은 말이라는 것을 짐작할 수 있을 것이다. '태흐'는 '고고/굿들이'를 수식하는 말로, '태양'을 뜻하던 우리말 동사 '태워, 태우, 타'에

---

29 '흐(h)'는 오늘날 우리말의 속격조사 '의'에 해당한다. 이 조사는 명사와 명사를 연결하는 요소로, 가끔 생략되기도 한다(예: 철수의 옷 = 철수 옷). 그래서 멕시코로 간 우리민족의 후예들은 '태굿들이(Tcutli)'처럼 아예 '흐'를 생략해서 말하기도 했고, '태흐굿들이(Tehcutli)/태구흐들이(Tecuhtli)'에서처럼 '흐'를 사용하기도 했다. 15세기 우리말에는 아직까지 제대로 설명되지 못하고 있는 'ㅎ종성체언'이라는 것이 있는데, 멕시코의 '흐(h)'는 이것과 관련 깊은 것으로 보인다.

서 비롯된 말이다. 원래 '태양(신)'을 가리키던 말이었으나, 나중에 '신성한'이라는 뜻으로도 많이 사용되었다.

'태호복희'의 '태호'도 역시 수식어로서 태흐고고(Texcoco/Tehcoco)나 태흐굿들이(Tehcutli)의 '태흐'와 같은 의미이다. 이러한 판단의 근거는 다음과 같다. 첫째, 중국 문헌에는 태호복희가 가끔 그냥 '복희'라고만 기록되어 있다. 이것은 '태호'가 이름의 일부가 아니라 수식어라는 증거이다. 둘째, 복희는 태양신을 믿었던 사람으로서 태양의 움직임을 팔괘로 표현했다. 그가 태양신을 믿었다는 증거는 잠시 후의 별도 페이지에서 보기로 한다. 셋째, 고대 중국인들이 우리말을 한자로 기록할 때에는 주로 차음(借音)으로 기록했다. 차음 기록은 '발음만 같은 어휘'를 사용하는 것으로, '뜻은 달라도 발음이 같은' 여러 한자로 기록되었다는 특징이 있다. '태호'도 문헌에 따라 '太昊(태호)'로 기록되기도 했고, '태호(太皞)'라고 기록되기도 했다. '복희'도 역시 '伏羲/伏犧/庖犧' 등의 글자로 기록했다. 넷째, '昊(호)'든 '皞(호)'든 중국 고대 발음은 '호'보다는 '흐'에 더 가깝다. 따라서 멕시코에 남은 우리말 태흐(teh)와 복희의 '태호(太昊)'는 발음과 뜻에서 같은 우리말이고, '태호복희'는 '태양의 복희' 혹은 '신성한 복희'라는 순우리말 고어로 된 이름이라는 것을 알 수 있다.

필자의 이 해석이 옳다는 것을 증명해주는 문헌이 중국과 우리에게 있다. 기원전 1세기경에 편찬된 사마천의 「사기(史記)」 '삼황본기'편 주해(註解)에 '동방에 위치하고 태양과 같이 밝으므로 태호(太皞)라고 하는데, 호(皞)는 밝음이다' 라고 설명했다[30]. 이 설명은 '태호'가 '태양'과 관련된 어휘임을 밝힌 것이다. 또

---

30 「사기(史記)」 정교(精校) 단구(斷句) 방전본(仿殿本), 중화도서관 간행. 「이십오사(二十五史)」, 상해고적출

「환단고기」에도 "태호복희는 동방 구이(九夷)족 중, 풍이(風夷)족 출신으로 제5대 환웅천황 '태우의'의 12번째 막내아들로 태어났다. '매우 밝다'는 뜻의 이름을 가진 복희씨는 지금의 행정관에 해당하는 우사(雨師)의 직책을 맡았으며, 팔괘를 처음 그렸다"라고 기록되어 있다. 이것은 모두 '태호(太昊)'가 필자의 해석대로 '태양의'를 뜻한다는 것을 보여주는 기록들이다.

복희는 동이족 최초의 족장으로서 기원전 2800년경 사람으로 전해지고 있다. 그 당시의 족장들은 모두 '제사장(무당)'으로, 백성의 지도자이자 '굿'으로 질병을 치료해주던 의사였고, 사람들의 앞날의 운명을 미리 알려주던 예언가였다. 그래서 일반 백성들은 그들을 '신성한 신(神)'으로 추앙했다. 아메리카로 건너간 우리선조들은 지도자였던 무당을 '신성한 굿의 사람'이라고 부르곤 했는데, 같은 신앙적 사고방식이 그들의 머릿속에 자리 잡고 있었기 때문이었다. 그런데 복희의 이름 앞에도 '태호(太昊)'라는, 멕시코 원주민들이 사용하던 것과 같은 말이 수식어로 붙어 있다. 고대 멕시코 원주민의 언어에 남아있던 우리선조들의 언어습관이 태호복희라는 이름에도 반영되어 있는 것이다.

언어습관도 민족의 특징 중 하나로서, 오랜 세월에 걸쳐 형성된 정신세계의 일부분이다. 지도자 무당을 '신성한 존재'로 인식하여, 그 이름 앞에 '태호/태흐'라는 수식어를 사용한 것은 고대 우리선조들의 언어습관이자 정신세계이다. 그가 중국인의 뿌리 민족인 화하족(華夏族)이었다면, 어떻게 그의 이름에 우리말 수식어와 우리민족 언어습관이 함께 나타날 수 있단 말인가! 중국 고대사에는 화하족 최초의 족장으로 '황제(皇帝)'라는 전설적인 인물이 있다. 중국인들

판사 1986년판, 361쪽.

은 그를 중국 고대사에서 가장 으뜸가는 인물로 높이 받들고 숭배한다. 그럼에도 불구하고 황제라는 이름 앞에 '신과 같을 정도로 높다'는 의미의 '태호'라는 수식어를 사용하지 않았다. 이 사실은 황제와 태호복희는 그 출신이 근본적으로 달랐다는 것을 의미한다. '복희'라는 이름 앞에 '태호'를 붙여 불렀던 사람들은 우리선조 동이족이었던 것이다.

태양신 신앙은 고대 우리선조들의 중심 신앙이었다. 부여의 역대 왕들은 '동명성왕(東明聖王/태양의 신성한 왕)'이라 불렸고, 고구려의 시조 주몽은 '나는 태양신의 아들이다'라고 외쳤다. 우리 역사에는 선조들의 태양신 신앙의 흔적이 실로 거대하지만, 안타깝게도 아직까지 이 흔적을 제대로 주목한 학자는 없다. 필자는 '우리민족의 태양신 신앙과 아메리카 이동'을 다루는 제6장에서 그 내내용을 자세하게 설명하겠다.

앞에서 필자는 중국 사전을 인용하여, '태호복희가 동이족 족장'이었다는 사실을 언급했다. 그런데 지금까지 그가 동이족이라는 사실을 밝혀주는 근거로는 이 기록 외에 다른 것이 없었다. 그래서 오늘날 태호복희를 우리선조라고 하는 주장은 국수주의자(國粹主義者)의 편견으로 치부되기도 한다.

그런데 필자는 태극기의 사괘와 태호복희의 선천팔괘를 비교하여, 그의 팔괘가 우리 태극기 사괘의 뿌리였음을 밝힘으로써, '그가 중국인의 선조가 아니라 우리선조였다'는 사실을 간접적으로 증명했다. 그리고 그의 이름을 분석하여 '태호'가 고대 멕시코인들이 매우 자주 사용하던 순우리말 '태흐'였다는 것도 밝혔다.

이것으로 필자는 우리 태극기의 음양태극의 기원에 대하여, 박영효가 조선

왕조의 태극팔괘기를 바탕으로 1886년에 처음 제작했다거나, 11세기 중국 주돈이의 태극도설의 태극을 모방해서 만들었다는 설(說)이 근본적으로 잘못되었음을 밝혔다. 오늘날 우리가 가지고 있는 태극 유물은 고려시대 이후의 것이지만, 민족 대이동으로 아메리카로 건너간 우리 태극은 기원 1세기 이후에 세워진 꽤잘꼬아들 신상에도 새겨져 있고, 기원전 5세기 올메카문명의 돌거울에도 그려져 있다. 주돈이의 태극도설이나 진단의 도교 태극보다 무려 1600여 년이나 앞선 태극이다.

　　꽤잘꼬아들 신상을 남긴 토토나가판 사람들은 일상생활에서 '지친이, 가라'와 같은 우리말을 사용했고, 그들이 살던 지역의 지명들이 우리말이었으며, 장례풍습, 놀이풍습, 신앙풍습도 우리민족 고유의 풍습이었다. 특히 멕시코 학자들은 그들이 태오티와간문명의 주인공들과 같은 종족이라고 설명했는데, 태오티와간이라는 명칭 자체가 '태양신의 터와 족장'이라는 뜻의 우리말이라는 사실은, 그들 모두가 우리민족이었다는 것을 의미한다.

방패를 든 올메카 전사

　　기원전 5세기의 돌거울에 태극을 그렸던 올메카인들은 '고인돌' 무덤을 축조했던 사람들이었다. 고인돌은 우리선조 고유의 무덤 양식이었다. 그들은 우리선조들이 사용하던 것과 같은 갈판도 사용했다. 그리고 그들이 남긴 '방패를 든 올메카 전사' 조각상을 보라. 그의 방패에 무엇이 새겨져 있는가? 앞에서 본 마야달력의 한가운데에 그려져 있던 바로 그 기호가 새겨져 있지 않은가! 필자는 그동안의 많은 연구를 통하여 고리모양의 저 기호야말로 고대 우리선조들이 우리민족을 나타내기 위해 창안했던 기호로서, 우리민족의 정체성과 관련되며 음양태극과도 불가분의 관계가 있다는 사실을 알았다. 저 기호가 올메카 방패에 새겨져 있다는 것은 올메카인들이 우리민족이라는 단적인 증거라고 할 수 있다. 제4장에서 구체적으로 보기로 한다.

앞에서 설명했듯이, 올메카의 후예들이 과테말라 국경 지역으로 옮겨가 새롭게 시작했던 전기 마야문명, 그 마야문명 유적지의 한가운데로 흐르는 강의 명칭이 '우수마신따(Usumacinta/물 마신 땅)'라는 우리말이다. 방패의 기호뿐 아니라 지명까지도 그들의 뿌리가 우리민족임을 말하고 있다!

과테말라에는 우수마신따강에서 그리 멀지 않는 곳에 오래된 마을이 있는데, 그 마을 이름이 '지나간땅(Zinacantan)'이다. 글자 그대로 '지나간 땅'이라는 우리말이다. 그 마을을 통과하는 길은 아주 먼 고대부터 멕시코와 중남미 지역을 이어주던 통로였다. 아마도 우리선조들이 멕시코와 중남미를 오갈 때 그 마을을 지나가면서 남긴 명칭일 것이다.

여담으로, 필자는 수년 전 과테말라 청년을 만난 적이 있다. 그에게 '우수마신따'와 '지나간땅'의 의미를 설명해 주자, 그는 즉시 충격을 받아 호기심 가득한 눈으로 필자를 한참이나 물끄러미 쳐다보았다. 과테말라 학자들뿐 아니라 전 세계 학자들 가운데 어느 누구도 고대로부터 내려오는 그 강과 마을 이름을 지금까지 해석한 사람이 없었기 때문이었다. 그 후 그 청년은 필자와 필자의 가족에게 오랫동안 매우 친절하게 대해 주었다. 그는 지금도 코리안을 만나면 가슴으로부터 따뜻하게 대할 것이다.

'우수마신따(Usumacinta)'나 '지나간땅(Zinacantan)'과 같은 명칭, 우리나라 사람치고 이 명칭의 의미를 알아차리지 못할 사람이 있겠는가! '우수'가 몽골어로 '물'이라는 것만 알면, 누구든지 필자처럼 그 의미를 외국인들에게 설명할 수 있을 것이다. 평생을 바쳐 마야어를 연구해온 세계적으로 저명한 학자들조차 설명하지 못한 미스터리 지명도, 우리 코리언들에게는 그저 평범한 말일 뿐이다. 이것이 우연일 수 있을까?

● 숭고한 국기, 태극기

우리의 음양태극은 적어도 기원전 5세기 이전부터 우리선조들이 사용하던 기호였다는 사실이 밝혀졌다. 중국인들은 11세기 중국 도교 사상가 진단이 처음 음양태극을 그렸다고 주장하지만, 올메카 돌거울에 그려진 태극은 이보다 무려 1600여 년 앞서고, 토토나가판의 태극도 적어도 수백 년은 앞선다. 필자는 도교의 음양태극조차 원래 우리선조들이 사용하던 기호였고, 중국 도교에서 모방해 갔다는 증거를 제5장 '곡옥의 진실'에서 밝히겠다.

오늘날 지구상에는 약 200여 개의 나라가 있고, 나라마다 국기를 가지고 있다. 대부분의 국기들은 15세기 신대륙 발견으로 바다의 시대가 시작되자, 배의 국적을 밝히기 위한 목적으로 만들기 시작했던 깃발이 유래가 되어 18세기 이후에 만들어 졌다. 그 역사가 길어야 300년이다. 그러나 우리의 태극은 기원전 아득한 시대의 선조들로부터 물려받은 것으로, 올메카문명이 남긴 돌거울에 그려진 태극을 볼 때 그 역사는 적어도 2500년 이상 되었다.

　이 세상에서 우리 외에 어떤 민족이 기원전 아득한 시대부터 전해 내려오던 기호를 사용하여 국기를 만든 민족이 있겠는가! 인간의 지식이 아직 문명의 눈을 뜨기 이전부터 우리선조들은 민족의 상징 음양태극을 가지고 있었다. 그리고 그 음양태극을 중심에 두고 민족의 깃발 태극기가 창안되었다. 그래서 우리 국기는 '태극기', 즉 '신성한 깃발'인 것이다.

　우리민족은 아이가 태어날 때 어머니와 연결된 줄을 '탯줄', 즉 '신성한 줄'이라고 부른다. 고대 우리선조들은 스스로를 '대가(大加)', 즉 '태가(Teca)'라고 불렀다. '신성한 사람'이라는 뜻이다. 따라서 우리민족은 '신성한 줄을 따라 태어나, 신성한 자가 되어, 신성한 깃발을 나라의 상징으로 삼은 민족'인 것이다.

　참으로 안타까운 점은, 멕시코인들은 오래전부터 올메카의 돌거울과 토토나가판의 석상을 잘 알고 있었지만, 석상에 새겨진 조각이 '코리안'의 음양태극이라는 것은 지금까지도 모르고 있다는 현실이다. 그들은 머리에 상투를 하고 검은 갓 모자를 썼으며 흰 두루마기를 입었던 자기네 선조들의 풍습이, 한복을 입고 쪽진 머리에 비녀를 꽂았던 여인네들의 모습이, 윷놀이, 공기놀이, 줄넘기, 죽마놀이, 자치기 등 그들의 선조들이 하던 온갖 놀이들까지 모든 것이 코리안들의 고대 풍습이었다는 것을 아직도 전혀 모르고 있다. 전쟁할 때 휘두르던 몽둥이 무기 '막까기틀'이 코리안의 언어이고, 강과 호수에 띄워 옥수수를 키웠던 뗏목 밭 '치남바'도 코리안의 언어이며, 왕을 부르던 호칭 '다도안이'도

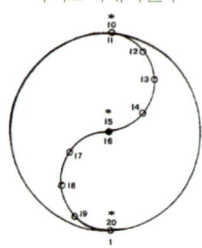
멕시코의태극연구

코리안의 언어이고, 심지어 멕시코라는 국명조차 코리안의 언어라는 사실을 그들은 아직 모른다.

　더욱 놀라운 일로서 멕시코의 한 학자는 그들의 유물에 새겨진 우리의 태극을 달력으로 오인하여, 왼쪽 사진에서처럼 날짜를 기입하며 연구하기도 했다[31]. 만약 그들이 이 모든 것에 대한 진실을 알게 되는 날이 온다면, 그리고 그들의 조상들이 석상에 새겨놓은 기호가 바로 코리안을 상징하는 음양태극이라는 사실까지 깨닫는 그날이 온다면, 우리를 둘러싼 세상은 어떻게 변할까? 우리가 저들을 저들이 우리를, 남처럼 무심히 대할 수 있을까? 이제 이 모든 것이 밝혀질 날이 눈앞으로 다가오고 있다. 음양태극을 가슴에 달고 서로의 가슴에 흐르는 태극의 피를 알아보는 날이 다가오고 있다.

31　Tezcatl Iztac, 「Descodificacion del calendario azteca」, Edición especial del autor e Impresor asociado, 2002, p.77.

복희여와(伏羲女媧) 그림의 미스터리

오늘날 태호복희와 관련되어 전해지는 것은 두 가지이다. 하나는 선천팔괘이고, 다른 하나는 복희여와도(伏羲女媧圖)이다. 팔괘는 인생의 길흉화복을 점치는 수단으로써, 그 쓰임은 주역(周易)으로 인해 널리 알려져 있다. 두 벌의 8괘를 가지고 두 개씩 조합하여 64괘를 만든 후에, 이것으로 점을 치고 나온 점괘를 주역으로 해석한다. 그런데 복희여와도는 남과 여가 뱀처럼 아랫도리를 서로 꼬고 있는데, 그 의미가 무엇인지 아직 제대로 설명된 적이 없다.

오른쪽은 중국 곳곳에서 볼 수 있는 태호복희의 동상으로, 그의 가슴에는 선천팔괘와 음양태극이 새겨져 있다.

태호복희와 선천팔괘도 안의 음양태극

이런 동상을 본 독자들은 음양태극도 팔괘처럼 아주 오래전부터 중국에서 전해 내려오던 것이 아닐까 생각할 것이다. 그러나 이런 동상들은 모두 비교적 최근에 건립된 것이다. 앞에서 이미 밝혔듯이, 동상의 가슴에 새겨진 태극은 도교의 음양태극으로, 11세기경 송대 도교(道敎) 사상가였던 진박(陳搏)이 처음그렸고, 태극 주변에 팔괘를 함께 그린 것은 12세기 송나라 학자 조중선(趙仲全)이 그린 고태극도(古太極圖)가 처음인데, 사진에서 보듯이 여기에는 8방위가

고태극도

포함되어 있다. 태호복희 동상 가슴에 새겨진 태극도처럼 8방위가 생략된 오늘날의 태극도는 14세기 말경의 조겸(趙謙)이 처음 그렸다고한다.

'태호복희는 중국인이 아니라 우리선조이다'라는 주장이 제기되기 시작한

배경은 앞에서 설명했듯이, 중국 고대문헌에 '그가 동이족 최초의 족장이었다'는 기록에서 비롯되었다. 이 의문이 심각한 논쟁으로 전개되기 시작한 것은 2006년 중국 서쪽 신장자치구(일명 위구르)에서부터였다. 한 도굴꾼에 의해 7~8세기 무덤에서 새로운 복희여와도가 발견되었던 것이다.

신장성은 중국의 가장 서쪽 땅으로, 불과 120년 전까지만 해도 중국 영토가 아니었다. 고구려가 망한 후 당나라 장군이 된 고구려의 후예 고선지가 실크로드를 따라 가면서 회교도와 전쟁을 치르기 위해 잠시 점령한 적은 있었지만, 곧 통치권을 상실하였고, 1884년 청나라가 다시 점령하여 신장성을 설치할 때까지 중국 영토가 아니었다. 따라서 역사적으로 중국인과 거의 연관성이 없는 곳에서 복희여와도가 발굴되었던 것이다.

신장성에서 발굴된 복희여와도는 당나라 때부터 전해 내려오던 복희여와도와 중요한 부분에서 상당히 달랐고, 중국인의 특징이 아니라 우리민족의 특징이 뚜렷하게 나타나서 논란이 커졌다.

백문이불여일견(百聞不如一見), 백 번 듣느니 한 번 보느니만 못하다고 했다. 이 두 지역의 복희여와도를 비교해 보자.

신장성 복희여와도   중국 당나라 시대 복희여와도

신장성에서 발굴된 그림과 중국 당나라 시대의 그림을 비교해 보면 여러 면에서 다르다. 첫 번째 차이점은 의복이다. 중국 윗옷은 특유의 넓은 소매로 끝동이 매우 넓어 늘어지는데 비해, 신장성 그림에서 보이는 저고리의 소매는 끝동이 좁아지는 우리민족 전통 의상의 특징을 보이고 있다. 또한 신장성의 저고리는 여며지는 가슴 부분 가장자리에 무늬를 넣은 다른 천을 두껍게 대어 멋을 더했다. 바로 고구려 의복의 특징으로, 오른쪽 5세기 초 고구려 무용총의 수렵도의 옷과 비교해 보면 그 특징을 쉽게 이해할 수 있을 것이다.

무용총의 수렵도

두 번째 차이점은 붉은 볼연지이다. 중국 복희여와도(가운데)에는 볼연지가

02. 고대 아메리카에 나타난 우리민족의 태극   75

없는 것도 있다. 마지막으로, 가장 중요한 차이점은 머리 위의 그림과 뱀꼬리로 표현된 다리 밑의 그림이 다르다. 이 차이점을 좀 더 주목하기 위하여 머리 위의 그림부터 비교해 보자.

신장성의 머리 위 그림

중국의 머리 위 그림(삼족오)

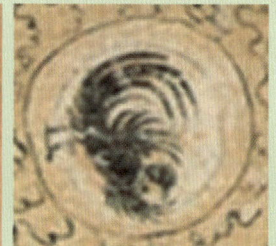

이 비교로 알 수 있듯이, 머리 위에 그려진 신장성의 태양에는 태양을 상징하는 붉은 원과, 사방으로 퍼져나가는 햇살을 상징하는 선이 그어져 있지만, 중국의 태양에는 삼족오(三足烏)가 그려져 있다. 삼족오는 '발이 세 개인 까마귀'로서, 고대 중국인들이 태양의 상징으로 생각하던 새이다.

아랫부분에 그려진 그림도 다르다. 신장성의 그림에는 머리 위와 마찬가지로 다리 밑에도 태양이 그려져 있지만 중국의 그림에는 달이 그려져 있다.

| 신장성 그림의 아랫 부분 | 중국 그림의 아랫 부분(원 안은 두꺼비) |

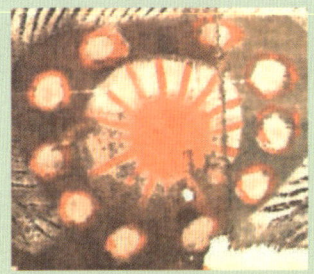 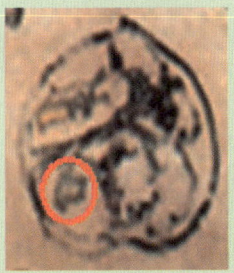 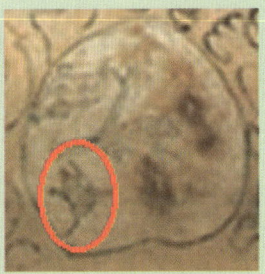

우리민족은 달 속에 토끼 한 마리가 산다고 믿어, 가끔 토끼 한 마리를 달 속에 그렸다. 그러나 중국인들은 달에 토끼뿐 아니라 두꺼비를 항상 그린다. 중국인들이 두꺼비를 그리는 이유는 그들의 고대 전설 때문이다. 고대 중국에 활의 명수 예(羿)라는 사람이 있었는데, 그의 아내였던 항아가 남편 예가 구해 온 불사약을 혼자 먹으려고 그 약을 가지고 달로 도망쳤다가 두꺼비가 되었다는 내용이다.

이렇게 중국의 복희여와도에는 중국인의 신화와 전설을 담은 삼족오와 두꺼비가 나오지만, 신장성의 그림에는 전혀 나오지 않는다. 신장성 자치구에서 복희여와도가 발견되자 태호복희가 어느 민족의 선조였는가 하는 논란이 다시 일기 시작했는데, 그 이유는 신장성의 그림이 시기적으로 중국 것보다 약간 앞설 수도 있다는 의견 때문이었다. 시기적으로 앞선다는 의미는 신장성의 복희여와도가 원형이고 중국 것은 모방이라는 이야기가 된다. 특히 중국에서 발견된 복희여와도 중에는 아랫부분에 달이 아닌 다른 사물이 그려진 것도 있어서, 통일성이 없다는 지적과 함께 모방 가능성이 더욱 커졌다.

논란은 커졌지만, 복희여와도가 원래 우리민족의 것이었다는 주장에도 문제가 많았다. 그 중 가장 큰 문제는 '왜 우리선조들이 살던 만주나 한반도와는 너무나 멀리 떨어진 신장성 자치구에서 발굴되었는가' 하는 의문이었다. 따라서 복희여와도가 어느 민족의 것인가, 즉 태호복희가 어느 민족의 선조였는가 하는 문제는 제대로 설명되지 못한 채 덮혀 버리고 말았다.

여기까지였다. 지금까지 중국 학자든 우리나라 학자든 복희여와도를 보고 내놓은 설명과 논란은 여기까지가 전부였다. 이런 설명은 시각적 관찰로 알아낼 수 있는 깊이의 한계로, 정작 복희여와도가 나타내고자 한 진정한 의미를 깨닫지는 못했다. 양국의 어느 학자도 복희여와도의 진정한 의미를 깨닫지 못했기에, 아랫부분의 태양이 달로 바뀐 복희여와도가 나타나도 어느 것이 원형인지 알 수 없었다. 그러한 까닭에 중국인들이 당나라 시대에 그려진 복희여와도를 들고 나오면서 태호복희는 자기네 선조라고 주장해도 우리들은 끌려 다닐 수밖에 없었다.

현기(賢氣) 넘치던 위대한 우리선조가 남긴 유물의 진정한 의미는 이렇게 왜곡되고 잊혀진 채 민족중흥의 새로운 전기가 도래할 때를 기다렸던 것일까? 필자는 아메리카대륙에 광범위하게 남겨진 우리선조들의 태양신 신앙의 흔적을 발견한 후, 우리 고대사에서 그 근원을 찾는 과정에서 태호복희라는 이름에서 '태호'의 의미를 알게 되었고, 마침내 복희여와도의 진정한 의미도 깨달을 수 있었다.

신장성에서 발굴된 복희여와도를 보면, 남과 여의 머리 위에 태양이 있고 다리는 뱀의 형태로 남과 여가 서로 꼬고 있다. 새끼줄처럼 꼬인 이 모습은 뱀의 암컷과 수컷이 교미할 때의 모습으로, 생명 잉태를 의미함과 동시에 '탯줄'을 의미한다. 오른쪽의 탯줄 사진을 보라. 사람의 탯줄도 새끼줄처럼 꼬여있다. 탯줄은 '신성한 줄'을 뜻하는 순우리말이다.

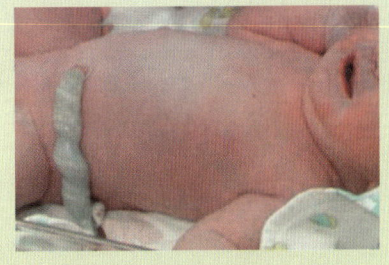
신생아의 탯줄

복희여와도는 네 부분으로 구성되어 있다. '머리 위의 태양', '남과 여', '새끼줄처럼 꼬인 아랫도리', 그리고 ' 다리 아래 태양'이 그것이다. 따라서 이 그림의 진정한 의미를 알기 위해서는 각 부분의 의미부터 먼저 알아야 한다. 그리고 각 부분의 의미를 종합하여 나온 의미는 논리적이며 체계적으로 함축된 내용이어야 함과 동시에 태호복희의 사상과도 일맥상통해야 할 것이다. 특히 필자는 앞에서 태호복희가 우리선조였다는 다양한 증거를 제시했으므로, 그 의미는 중국민족이 아니라 우리민족의 정신세계와 불가분의 관계가 있어야 할 것이다.

복희여와도의 각 부분이 전하는 의미를 알려면 고대 우리선조들의 태양신 신앙과 순우리말을 먼저 알아야 한다. 고대 우리선조들은 태양을 '아버지 태양신'으로 믿어, 모든 생명의 원천으로 생각했다. 즉 인간은 태양신으로부터 태어나 이 세상에서 살다가, 죽으면 태양신이 주관하는 세계로 되돌아간다고 믿었다. 미국 인디언들도 태양을 아버지 태양신으로 믿었고[1], 멕시코 원주민이나 남미 페루 잉카인들도 그렇게 믿었다. 그들은 용감한 전사나 신에게 인신공양으로 죽은 자들은 동쪽 어딘가에 있는 아버지 태양신의 세계로 가서 존귀한

---
1 Cheri C. Madison Ed., 「Southwestern Indian Ceremonials」, KC Publications, 2001, p.38.

자가 된다고 믿었다[2].

이와 같은 믿음은 원래 우리선조들의 태양신 신앙으로, 민족 대이동으로 아메리카에 전해진 것이다. 고구려 시조 주몽은 '나는 태양신의 아들이다'라고 외쳤다. 이 말은 모든 생명이 태양신으로부터 태어남을 의미한다. 한자를 동반한 불교문화가 퍼지기 전인 6세기 초까지, 고구려 지배계층의 무덤 입구는 모두 서쪽을 향해 축조되었다. 이것은 무덤을 향해 갈 때 태양이 뜨는 동쪽을 바라보도록 함으로써, 사람이 죽으면 떠오르는 태양신의 세계로 가게 된다고 믿던 우리선조들의 태양신 신앙을 반영한 것이었다(보다 자세한 설명은 제6장에서 다루기로 한다.) 따라서 우리민족의 태양신 신앙은 '모든 생명은 아버지 태양신으로부터 남녀의 교미로 탯줄을 통하여 태어나고, 죽으면 태양신의 세계로 되돌아간다'는 내용으로 요약된다.

이러한 우리선조들의 태양신 신앙에 복희여와도를 비추어 보면, 첫 세 단계의 의미는 자연스럽게 이해될 것이다. 먼저 머리 위의 태양은 아버지 태양신으로 모든 생명의 원천을 표현한 부분이고, 남과 여는 부모이고, 뱀처럼 꼬인 아랫도리는 교미이면서 동시에 탯줄을 의미한다. 따라서 자연스럽게 마지막 부분에 대하여 다음과 같은 의문이 떠오를 것이다.

그렇다면, 아기의 모습이 나타나야 할 자리에 그려진 태양은 무슨 의미인가?

---

2 Juan de Tovar, 「Historia y creencias de los indios de México」, Miraguano, 2001, p.32.

당연한 의문이다. 머리 위에 떠 있는 아버지 태양으로부터, 남녀가 어울려 사랑을 나누면, 탯줄을 통하여 새로운 생명인 아이가 태어난다. 그런데 아이가 아니라 또 다른 태양이 그려져 있다. 이것은 무슨 의미일까? 이 비밀을 푸는 열쇠는 바로 고대 우리말 '아해'이다.

'아이'의 옛말은 '아해' 혹은 '아희'였다. 그리고 '해'는 '태양'을 가리키는 순우리말이고, '희'는 '해'의 방언이다. 그리고 '아'는, 「우리민족의 대이동/멕시코편」, 474쪽에서 설명했듯이, 고대 우리선조들이 '우리'라는 뜻으로 사용하던 말이었다.

'아이'의 고어 → 아해/아희: 아 + 해/희
                뜻   우리   태양

그렇다. '아이'의 고어 '아해/아희'는 원래 '우리 태양'이라는 뜻이었던 것이다. '아이'를 '아해/아희'라고 불렀던 것은 고대 우리선조들의 태양신 신앙에 의거한 '비유'였다[3]. 고대 우리선조들은 아이가 태어나면, 새로운 '우리 태양'이 태어났다고 생각했던 것이다. 그분들의 이러한 정신세계는 '아이는 태양신으로부터 남녀의 사랑에 의해 신성한 줄, 즉 탯줄을 통하여 태어난 새로운 태양'이라고 믿었던 신앙에서 비롯되었던 것이다. 따라서 복희여와도는 고유 문자가 없던 우리선조들이 태양신 신앙을 바탕으로 한 생명 탄생 과정을 상징적으로

---

3 우리 국어사전에는 '아해는 아이의 옛말이고, 아희는 아해의 방언'이라고만 설명되어 있다(국어대사전/이희승). 즉, '아해/아희'가 어떻게 '아이'가 되었는지는 설명되어 있지 않다.

나타낸 그림이었던 것이다. 아래는 복희여와도의 각 부분의 의미를 요약한 그림이다.

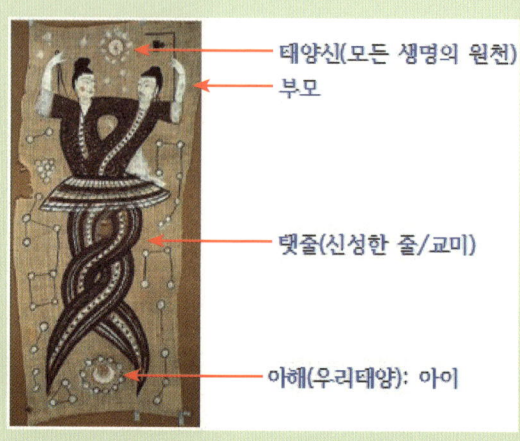

결국, 복희여와도는 태양신 신앙을 바탕으로 '생명탄생 과정'의 신비함을 알기 쉽게 설명해주는 그림이었다. 한 장의 그림으로 태양신 신앙 속에서 생명탄생 과정을 이보다 더 완벽하게 표현할 수 있을까? 필자는 이 그림의 진정한 오의(奧義)를 깨닫는 순간, 이 그림을 그렸을 먼 조상의 현기(賢氣) 앞에 감탄을 금할 수 없었다.

위대하고 현기 넘치던 우리선조는 태양신 신앙을 바탕으로 생명 탄생 과정을 한 폭의 그림으로 남겼다. 그러나 아메리카로 민족 대이동을 단행함으로써, 북방 역사의 맥은 끊어지고 선조들이 살던 땅도 이민족의 손에 넘어가, 모든 것이 잊혀지고 묻혀 버렸다. 그 와중에 복희여와도의 진정한 의미도 잊혀져 버린 채, 먼 과거의 유물이 되어 이방의 땅 박물관 한 켠에서 먼지 속에 퇴색된 그림으로 전락하고 말았다. 그리고 그 진정한 의미를 알 수 없었던 이방인(異邦人)들은 생명 탄생의 마지막 과정을 엉뚱하게 '달'로 바꾸어, 해석될 수 없는 '기이한' 그림으로 만들어버렸던 것이다. '태양' 하면 대칭적으로 '달'밖에 생각 못했던 그들의 무지(無知)가 의미 없는 모사품(模寫品)을 남김으로써, 어느 것이 진짜 복희여와도인지, 그 진정한 의미가 무엇인지 알지 못하게 했던 것이다.

기원전 아득한 시대부터, 태양신의 후예가 되어 하늘의 천문(天文)을 깨달아 드넓은 대륙을 질주하던 현자(賢者)들의 이야기는 그렇게 잊혀지며 왜곡되었고, '생명 탄생 과정'에 대한 그분들의 신앙을 전하던 그림도 이방인의 손에 넘어가 의미 없는 유물이 되어, 지나가는 눈길의 한갓 구경거리로 전락해 왔던 것이다.

그렇지만 이방인들이 가져가 제아무리 베껴댄들 복희여와도가 저들의 것이 될 수 있겠는가? 저 그림 속에는 주인공이 어느 민족인지 알려주는 지울 수 없는, '아해'라는 인(印)이 찍혀있는 것을! 저 그림이 전하는 생명 탄생의 진정한 의미는 바로 이 도장을 찍어야만 비로소 세상에 드러나게 되어 있었던 것이다. 결국 복희여와도는 오랜 세월 이방인의 무지와 왜곡에 갇힌 채, 선조의 현기를 이어받아 그 인(印)을 해석해 줄 때를 기다렸던 것은 아닐까?

이제 마지막 남은 의문을 들여다보자.

그렇다면 우리민족의 복희여와도가 어떻게 멀고 먼 이방인의 땅, 신장성 투루판 무덤에 남았는가?

고구려 백성의 유배자와 이동 방향

이 의문은 고구려 멸망의 역사를 알면 자연스럽게 설명된다. 당나라는 668년 고구려를 멸망시키고 보장왕을 비롯하여 고구려인 3만 8천 호(약 20만 명)를 강제로 잡아가, 왕족 일부만 수도 장안에 살게 하고 모든 사람들을 강회(江淮)와 산남(山南)으로 유배시켰다. 그러나 몇 년 후 만주대평원에서 안승과 건모잠을 중심으로 고구려 부흥세력이 일어나 당나라에 항거하자, 677년 보장왕과 백성 약 14만 명을 다시 요동으로 데려와 고구려 통치를 맡겼다. 되돌아온 보장왕과 고구려인들은 당에 반기를 들며 고구려를 다시 일으키고자 비밀리에 세력을 규합했다. 그러나 그 계획은 곧 발각되어, 보장왕과 그 백성들은 681년 다시 공주(邛州)와 농우(隴右)로 강제 유배되었다. 양자강 이남은 당나라 시대에 중국 영토로 편입되었는데, 강회(江淮)는 양자강 이남의 어느 지역으로, 오늘날 그 정확한 위치는 알 수 없다. 나머지 지역은 대략 지도에 표시된 위치이다.

역사 기록은 없지만, 유배된 고구려인들은 중국인의 간섭과 감시를 피하기 위하여 좀 더 먼 곳으로 집단 이주를 단행했을 것이다. 필자는 농우에 유배되었던 우리선조들은 돈황 지역으로, 산남에 유배되었던 선조들은 티벳과 인도 방향으로, 그리고 공주와 양자강 이남의 강회로 유배되었던 선조들은 아마도 운남성과 태국 북부 치앙마이 지역으로 이동하였을 것으로 추정한다. 이러한 추정의 근거는 돈황석굴에서 고구려인 모습의 벽화가 발견되었고, 인도 고어에는 우리말이 발견된다는 연구 보고서가 있으며, 중국 남부 운남성과 태국 북부 치앙마이 지역에는 우리민족의 풍습과 우리말 어휘가 발견되었다는 사실에 있다.

특히 우리선조들이 돈황 지역으로 이동했다는 것은 돈황석굴 안에서 새 깃털을 머리에 꽂은 고구려인 모습의 벽화가 무려 40여 점이나 발견되었다는 사실로 증명된다(경향신문 2013년 7월 7일 기사 참조). 앞의 지도에서 보듯이, 돈황은 신장 자치구와 인접해 있고, 복희여와도가 발굴된 투루판(吐魯番)과도 매우 가까우며, 돈황에서 투루판으로 이어지는 길은 옛날부터 '실크로드'로 동서양 상인들의 통로였다. 농우에 유배되었던 우리선조들이 돈황 지역을 거쳐 실크로드를 따라 트루판으로 이동했을 것이다. 투루판을 통과하는 실크로드는 카자흐스탄으로 이어지는데, 오늘날 카자흐스탄어에 우리말 어휘 몇 개가 있다. 대표적인 어휘가 '산'을 뜻하는 '태백'이다.

돈황석굴 벽화 속의 고구려인

따라서 신장 투루판에서 발굴된 복희여와도는 중국인이 남긴 것이 아니라, 유배되었던 우리선조들이 남겼을 것이다. 그런 이유로 복희여와도에는 의복이나 볼연지 풍습에서 우리민족의 특징이 나타나고, '아이'를 우리 태양 즉 '아해'로 비유한, 생명 탄생에 대한 우리선조들의 태양신 신앙이 반영되어 있는 것이다.

이로써 필자는 복희여와도에 관한 모든 의문을 풀었다고 본다. 오늘날 중국 영토 내에 여러 종류의 복희여와도가 전해 내려온다. 그러나 고대 중국인들은 그림 아랫부분의 '우리 태양'을 '달'로 바꿈으로써 태양신 신앙을 왜곡했고, 뱀 두 마리가 서로 꼬는 듯한 모습으로 전하던 '생명 잉태 과정'과 '탯줄'의 의미도 퇴색시켜, 결국 의미 없는 해괴한 그림으로 전락시켰다. 이것은 복희여와도가 저들의 것이 아니어서 그 진정한 의미를 이해하지도, 이해할 수도 없었기 때문임은 물론이다.

필자가 어떻게 이 그림의 진정한 의미를 찾아낼 수 있었을까? 그것은 필자가 아메리카로 이동했던 우리선조들의 흔적에서 태양신 신앙의 실체를 보았고, '아이'의 어원으로 알려진 고대 우리말 '아해'의 원래 의미가 '우리 태양'이란 뜻이었으며, 우리선조들 사이에는 새로 태어난 아기를 '태양'에 비유할 정도로 태양신 신앙이 널리 퍼져 있었다는 것을 깨달았기 때문에 가능했다. 만약 저 그림의 주인공이 우리선조가 아니었다면, 어떻게 '아해'로 저 비밀을 풀 수 있었겠는가!

오늘날 복희여와도는 중국인 손에 있다. 그러나 그림의 진정한 의미는 오직 우리의 태양신 신앙과 우리말 '아해'가 있어야 얻을 수 있다. 이는 곧 그들이 쥐고 있는 것은 빈 그릇일 뿐이고, 그 안에 담긴 옥(玉)의 주인은 영원히 우리민족이라는 것을 의미한다.

이제 독자들도 복희여와도와 태호복희의 팔괘가 서로 연관성이 있다는 것을 이해했을 것이다. 전자는 생명 탄생 과정을 설명하고, 후자는 태어난 새 생명이 겪을 '길흉화복'의 운명을 설명해주는 것이었다. 태호복희는 생명의 탄생에서부터 죽음까지 전 과정을 설명해 주던 현자(賢者)였고, 그가 '동이족 최초의 족장'이라고 기록했던 중국 고대 문헌은 진실이었던 것이다.

흥미로운 또 하나의 그림을 보면서 마치도록 하겠다. 다음의 그림은 남미 페루 잉카제국의 문장(紋章)이다. 1533년 잉카제국이 멸망한 후, 잉카 공주와 스페인 정복자 사이에 태어난 잉카 가르실라소 데 라 베가(Inca Garcilaso de la Vega)라는 인물이 '잉카의 역사서'를 쓴 후, 1609년 그 책을 출간하면서 표지에 남긴 문장이다. 비록 스페인의 영향으로 유럽풍의 조각이 반영되어 있기는 하지만, '두 마리 뱀이 아래를 서로 꼬고 위를 향해 쳐다보고 있는 모습'은 복희여와도를 연상하게 한다.

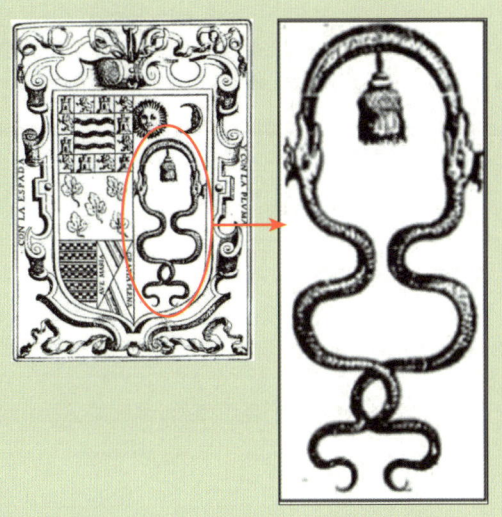

잉카제국의 문장에 나타난 꼬리를 꼰 뱀

03. 고대 우리민족의 상징 '고리 기호'

하나의 기호가 있었다. 골뱅이처럼 둥글게 휘어진 기호였다. 신대륙이 발견되자 아메리카대륙으로 몰려갔던 유럽인들은 원주민들이 사는 곳은 어디에서나 그 기호를 볼 수 있었다. 북으로는 에스키모들이 사는 극지방에서부터 남으로는 남미 잉카제국의 최남단에 이르기까지, 많은 사람들이 모여 높은 문명을 이루고 살던 거대한 제국의 중심부에서부터 문명과 동떨어져 소수의 사람들이 모여 살던, 외진 지역에서도 그 기호를 볼 수 있었다. 그 기호는 작은 토기와 같은 일상 생활도구에서부터 피라밋과 같은 거대한 기념물에까지 새겨져 있었고, 신으로 받들어 모시던 높고 위대한 지도자 모습의 조각상에는 이마, 가슴, 심지어 눈동자 속에도 새겨져 있었다.

오늘날의 미국땅을 점령한 프랑스, 영국, 네덜란드 사람들은 미국 인디언들의 그 기호에 관심을 기울이지 않았다. 그러나 멕시코땅을 정복한 스페인 사람들은 원주민들의 언어, 문화, 풍습 및 신앙을 조사하면서, 그들이 그 기호를 '고리(coli/colli)' 혹은 '골화(colhua)'라고 부른다고 기록했다. 그런데 원주민들도 조상 대대로 내려오는 기호로만 알고 있었을 뿐, 언제 누가 어떻게 시작했는지, 그 의미가 무엇인지 그들 자신도 모르고 있었다.

남북 아메리카의 광대한 지역에 흩어져 살면서, 교류는커녕 서로 만난 적도 없던 원주민 부족들이, 가까이 살더라도 끊임없이 경쟁하며 때로는 영토를 두고 치열한 전쟁까지 하던 집단들 사이에서도 골뱅이 모양의 그 기호만큼은 소중하게 여기던 풍습은 같았다[1]. 도대체 그 기호는 그들에게 무슨 의미가 있었을까?

---

1 북미 인디언들은 백인들이 오기 이전에는 부족 간에 전쟁을 하지 않았다. 그래서 무기가 발달하지 못했다. 멕시코에서는 아스태가제국이 제국 영토를 확장하고 인신공양의 제물을 확보하는 과정에서 먼저 건국된 부족국가들과 전쟁을 했다.

◉ 아메리카 원주민의 상징 골뱅이 기호

◆ 인디언 박물관의 상징 기호

미국 중북부에는 빙하기 때 형성된 수천 개의 청정 호수가 있는 미네소타주가 있다. 그곳 미네소타대학교에는 인디언 유물을 전시한 '사이언스박물관'이 있는데, 그 박물관의 상징이 아래 사진에서 보듯이 '골뱅이'처럼 휘어진 기호이다.

그런데 이 기호를 우리는 앞 장에서 이미 보았다. 올메카 전사가 들고 있는 방패에 새겨져 있었다.

미네소타대학교 박물관

상징 기호(확대)

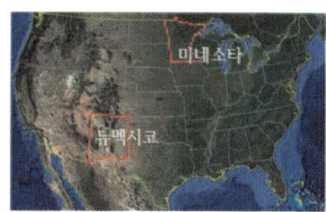

미네소타(Minnesota)는 '깨끗하고 푸른 물'을 뜻하는 인디언 말로, 원래 '므니소타(mnisota)'였다고 한다. 미네(minne)는 원래 '므니(mni)'였는데, 뜻은 '물'이라

고 미국 지명 사전에서 설명하고 있다[2]. 그런데 '미'든 '므'든 모두 물을 뜻하는 우리 옛말이다. '므니(mni)'는 '물'의 옛말 '믈'에 주격조사 '이'가 붙은 것으로, '므니'는 '믈이(므리)'이다. 용비어천가의 '새미 기픈 므른' 바로 그 '믈'이다.

물이 = 믈 + 이 → 므리 = 므니(mni)

'좋다'는 아메리카 인디언들이 매우 많이 사용하던 우리말로서, 발음은 '소타(sota)' 또는 '조타(zota)'였다. 따라서 므니소타는 '믈이 소타'라는 우리말 고어로, 현대어로는 '물이 좋다'이다. 우리는 깨끗한 물이 많을 때 '물이 좋다'라고 말한다. 미네소타주는 바로 옆의 노스다코타(North Dakota), 사우스다코타(South Dakota)와 함께 수(Sioux)족 인디언이 살던 영토이다. 수족의 원래 명칭은 '나도왔수(Nadouessioux)'로, 19세기까지도 우리민족의 다양한 흔적을 간직하고 있던 부족이다.

미네소타주에서 직선거리로 1500km 남쪽에 뉴멕시코주가 있다. 뉴멕시코주는 신대륙 발견 이후, 멕시코를 점령한 스페인 사람들이 북쪽으로 올라가 미국땅으로 진출하던 통로 가운데 하나였다. 19세기 서부 개척 시대에 떼 지어 다니던 야생말들은 이 지역으로 진출했던 스페인 사람들이 가져간 말들이 탈출하여 번식한 것이었다. 뉴멕시코주는 오늘날 미국에서 인디언 문화가 가장 많이 남아있는 곳 중 하나로, 북부 산타페(Santa Fe)시 주변에는 아직도 인디언 마을들이 남아 있다. 산타페 인디언 박물관 앞에는 다음과 같은 박물관 상징탑

---

2 https://en.wikipedia.org/wiki/Minnesota 에도 그렇게 설명하고 있다.

이 우뚝 서 있는데, 그 탑에 부착된 기호가 미국 북부 미네소타대학교 박물관 벽에 있는 기호와 같다.

산타페박물관 로고 기둥   뉴멕시코 책자 표지

　미국 학자들이 인디언 종족을 분류한 바에 따르면, 미네소타와 뉴멕시코의 인디언들은 서로 다른 종족이다. 그럼에도 불구하고 두 지역 인디언 유물을 전시한 박물관의 상징 기호는 같다. 뉴멕시코는 인디언 문화가 많이 남아 있는 지역답게, 그곳 인디언 문화를 소개하는 거의 모든 책자에도, 위 사진의 표지처럼 골뱅이 기호가 나타난다.

　페루 북부 람바예께(Lambayeque) 지역에는 카오(Cao)박물관이라고 있다. 그 박물관 입구 기둥에도, 다음 사진에서 보듯이 같은 기호가 새겨져 있다. 이 박물관에는 신대륙 발견 이전 그 지역에 살았던 인디언들의 유물들이 전시되어 있다.

카오박물관 상징탑　　　카오박물관 입구　　　(확대)

　람바예께의 카오박물관은 산타페에서 직선거리로 무려 5400km 거리에 있다. 신대륙 발견 직후 백인들이 확인한 바에 의하면 남미와 북미 사이에는 어떤 교류도 없었다. 페루의 원주민들은 북쪽에 거대한 북미대륙이 있다는 것을 몰랐고, 미국 인디언들도 남쪽에 역시 거대한 남미대륙이 있다는 것을 몰랐다. 남미 원주민들은 미국 인디언들의 존재는 고사하고 보다 가까운 멕시코에 아스태가제국이 있다는 사실조차 전혀 몰랐다. 그럼에도 불구하고 미네소타대학교 박물관, 산타페박물관, 카오박물관은 같은 모양의 골뱅이 기호를 박물관의 상징으로 내걸고 있다.

　박물관은 과거의 기억을 보존하는 곳이다. 그 기억은 인간 삶의 총체적 역사로, 박물관은 그것을 보존하고 보여주는 곳이다. 따라서 박물관의 로고(상징기호)는 그 나라 혹은 그 지역 역사의 대표적 특징을 반영하여 만들어진다. 우리나라 박물관은 우리민족의 풍습이나 대표적 특징을 반영하여 로고를 만들었고, 중국이나 일본 박물관도 그들의 특징적인 풍습이나 상징을 반영하여 로고를 만들었다. 그래서 박물관 로고는 그 지역 혹은 그 민족의 특징을 단적으로 표현한 상징일 수밖에 없고, 민족이 다르면 박물관의 로고도 반드시 다를 수밖에 없다.

그런데 이런 상식으로는 전혀 이해할 수 없는 곳이 아메리카대륙이다. 수천 킬로 거리로 떨어져 서로 왕래는커녕 존재 자체도 몰랐던 원주민들이 살았음에도 불구하고 박물관들의 로고는 같다. 미네소타대학교 박물관을 지었을 때, 산타페에 인디언 박물관을 지었을 때, 그리고 남미 페루 람바예께의 황량한 벌판에 카오박물관을 지었을 때, 각 지역의 인디언들은 언어, 문화, 역사가 서로 다른 종족이었다고 구별하면서, 아메리카 학자들은 왜 같은 로고를 붙였을까? 그들은 어떤 동기로 골뱅이처럼 생긴 같은 기호를 저 박물관들의 상징 로고로 정했으며, 무슨 뜻을 나타낸다고 생각했을까?

미국에서는 이 로고를 '회오리바람'을 상징한다고 해석했고[3]. 남미 페루에서는 '파도의 물결 문양'이라고 해석했으며[4], 멕시코에서는 '골뱅이'라고 부르면서 '세대를 이어가는 생명의 시작'을 나타낸다고 해석했다[5]. 심지어는 '인디언 무당의 상징'이라고 해석하기도 했다. 모두 외적인 모양만 보고 내린 자의적인 해석이거나 아무런 근거도 없이 인디언의 신앙과 연관지어 추정한 해석이었다.

'회오리바람'이 미네소타와 뉴멕시코와 페루 북부 역사의 공통점이라고? 미

---

3 Norman Bancroft Hunt, 「Gods and myths of the Aztecs」, Grnage Books, 1999, p.65.
4 Federico Kauffmann Doig,「Historia y arte del Perú antigüo」, La República, 2002, p.225.
5 Antigüo Colegio de San Ildelfonso(Ed.), 「Dioses del México antiguo」, Grupo Tribasa, 1995, p.106.

네소타나 뉴멕시코는 내륙 깊숙이 있어 바다와 먼 곳인데 '파도의 물결'이 그 지역 역사의 특징이라고? '골뱅이가 세대를 이어가는 생명의 시작'이라는 보편적 의미라면, 특정 지역의 역사나 풍습을 반영하는 상징기호가 될 수 있을까?

"시방 뭔 짓거리들이여!"

그들 멋대로 내린 이런 해석을 접했을 때, 필자는 저렇게 호통치고 싶었다. 단순히 '바람'이나 '파도'를 형상화한 문양에 불과하다면 올메카 전사의 방패에 그리고, 나중에 보겠지만, 멕시코·마야 신상의 이마, 가슴, 눈동자에 어떻게 나타날 수 있단 말인가! '세대를 이어가는 생명'이라는 식의 해석도 관련 없기는 마찬가지이다. 아메리카 학자들이 내놓은 이런 어이없는 해석들은 '그들이 이 기호의 진정한 의미를 전혀 깨닫지 못하고 있다'는 고백에 다름없었다.

◆ 멕시코·마야의 골뱅이 기호

1492년 신대륙을 발견한 스페인 사람들은 처음 20여 년 동안 쿠바를 근거지로 출발하여 남미로 이어지는 섬들을 주로 탐험했다. 쿠바를 점령한 스페인인들은 바로 옆의 아이티 섬으로 진출했고, 거기서 이상한 광경을 목격했다. 원주민들이 불을 지피고 잎이 넓은 풀을 그 위에 얹어, 피어오르는 연기를 코로 들이마시고 있었다. 원주민들은 그 연기가 질병을 치료하는 '약'이라고 설명했다. 호기심이 생긴 스페인인들도 그 연기를 코로 흡입해보았는데, 처음에는 머리가 어지러웠지만 취하는 효과가 있다는 것을 알았다. 그 풀이 바로 오늘날 커피와 함께 전 세계로 퍼져 사람들이 가장 애호하는 기호품이 된 담배였다.

스페인의 초기 진출방향

그렇게 섬 지역을 탐험하던 스페인인들은 1518년 어느 날, 쿠바와 가까운 유카탄반도에서 피라밋과 같은 높은 탑을 발견하고서, 대륙에 매우 발달된 문명이 있다는 것을 알게 되었다. 1519년 쿠바 총독 벨라스케스(Velazquez)는 자기 친구이자 부하였던 에르난 코르테스(Hernán Cortes)에게 508명의 병사와 16필의 말을 주면서 대륙을 탐험하도록 했다. 코르테스가 이끌던 배들은 오늘날 멕시코 서해안 베라크루스에 도착했다. 그곳은 바로 우리민족의 음양태극이 새겨진 꽤잘꼬아들(Quetzalcoatl) 신상을 세우고 살던 토토나가인들의 영토였다. 토토나가인들이 세운 그 신상에는 음양태극뿐 아니라, 다음 사진에서 볼 수 있듯이, 앞에서 본 여러 박물관의 상징 로고인 골뱅이 모양의 기호도 새겨져 있었다.

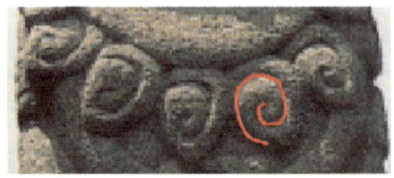

패잘꼬아들 신상 　 큰 목걸이 　 작은 목걸이

　이 석상에는 가슴까지 내려온 큰 목걸이 한 개와 작은 목걸이 다섯 개가 있다. 큰 목걸이와 작은 목걸이의 공통점은 가운데에 '골뱅이'처럼 둥글게 휘어진 고리 모양의 기호가 있다는 점이다(붉은 선으로 윤곽을 표시한 부분). 스페인 사람들은 이 목걸이에 주목할 수밖에 없었다. 그 이유를 그들이 남긴 다음과 같은 기록에서 볼 수 있다.

　태양신에 대한 강연이 있는 날, 모든 토토나가인들은 평소에는 입지 않는 깨끗한 새 옷으로 차려입고, 목에는 사슴가죽 끈으로 매단 '골뱅이 모양'의 조개 목걸이를 걸고 와서, 아주 경건한 자세로 하루 종일 강연을 들었다[6].

토토나가인들은 정기적으로 태양신 강연 모임을 가졌다. 강연이 열리는 날에는 평소에 입지 않던 깨끗한 옷을 입고 조개 목걸이를 착용했는데, 그 모양이 '골뱅이 모양'이라고 했다. 바로 앞의 조각상에서 본 목걸이였다. 멕시코 원주민들은 수많은 신상(神像)에 그 목걸이를 조각해 두었을 뿐 아니라, 이와 같이 실생활 속에서도 특별한 날에 그것을 착용하던 풍습이 있었던 것이다.

토토나가인들만이 골뱅이 모양의 목걸이를 착용했던 것이 아니었다. 제사를 올릴 때가 다가오면, 인신공양으로 사용 할 제물을 확보하기 위하여 토토나가인들의 영토를 자주 침략하기 때문에, 토토나가인들이 원수처럼 여기던 아스태가인들도 같은 목걸이를 착용했다[7]. 아래는 아스태가인들이 남긴 조개 목걸이와 그 조개 목걸이 모양을 새긴 돌조각이다. 조개 목걸이는 뿔소라를 잘라서 만들었다.

아스태가의 골뱅이 기호 목걸이

돌조각

뿔소라

---

6 José Luis Melgarejo Vivanco, 「Totonacapan」, Talleres gráficos del Gobierno del Estado, 1943, pp.108~109.
7 Norman Bancroft Hunt, 「Gods and Myths of the Aztecs」, Grange books, 1999, p.65.

첫 목걸이는 뿔소라의 앞면과 뒷면을 잘라서 만든 것이고, 두 번째 것은 앞면만 잘라 만든 것이다. 이 두 목걸이의 공통점은 '골뱅이 모양'으로 휘어진 문양이 보인다는 점이다. 목걸이의 바깥 부분이 툭툭 튀어나와 별처럼 보이는 것은 뿔소라의 겉모양이 그렇게 생겼기 때문이다. 돌조각도 가운데는 '골뱅이'처럼 휘어진 문양이고, 주변은 별처럼 생겨 토토나가판 신상의 큰 목걸이나 아스태가 목걸이의 외양과 같은데, 역시 뿔소라의 겉모양을 본떴기 때문이다.

그런데 골뱅이처럼 둥글게 휘어진 문양을 가진 이 목걸이는 단순한 장식이 아니었다. 아래 아스태가의 신상, 토토나가판의 신상, 마야의 신상, 그리고 마야의 탈을 보라. 같은 골뱅이 모양의 기호(혹은 고리 모양의 기호)가 신상의 이마와 가슴에 새겨져 있고, 심지어 눈동자 속에도 새겨져 있다(붉은 원 안).

아스태가 신상   토토나가판의 신상   마야 신상   마야 탈

   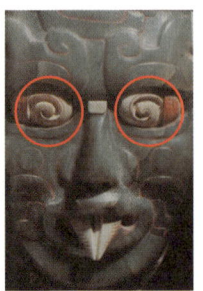

인간의 신체 부위 중 가장 중요한 부분이 머리, 가슴, 눈동자이다. 그런데

바로 그곳에 골뱅이 기호가 새겨져 있다. 이것은 멕시코와 마야 원주민들에게 이 기호는 이마에 새길 만큼 '높고 고귀한' 것이고, 가슴에 새길 만큼 '언제나 마음속에 간직해야' 하는 것이며, 눈동자에 새길 만큼 '항상 바라보아야' 하는 것을 의미한다. 즉 이 조각들은 저 기호가 그들의 정신세계에서 얼마나 중요했는지 보여주는 증거들이다.

앞에서 보았듯이, 오늘날의 학자들은 이 기호를 단순한 '회오리바람 문양'이라 하기도 했고 '파도의 물결 문양'이라고도 했다. 독자들도 이것이 얼마나 어이없는 해석이었는지 방금 본 조각들만 보아도 짐작할 수 있을 것이고, 버럭 호통칠 수밖에 없던 필자의 마음도 이해할 수 있을 것이다.

이 골뱅이 기호는 신상 조각에만 새겨져 있는 것이 아니었다. 신대륙 발견 이전의 멕시코와 마야의 수많은 건축물에도 새겨져 있었다. 멕시코와 마야뿐이 아니었다. 미국 인디언의 유물에, 남미 콜롬비아와 페루의 유물에도 새겨져 있었다. 먼저 멕시코와 마야의 유물부터 보기로 하자.

다음 사진들은 멕시코 서부 미초아간 지역의 피라밋, 멕시코 중부 태오티와간문명의 꽤잘꼬아들 신전과 돌태가문명의 성벽, 그리고 유카탄반도 마야문명이 남긴 '구굴칸(kukulcan)신전' 앞에 세워진 꽤잘꼬아들 신상이다. 모두 같은 기호가 새겨져 있다. 특히 멕시코 뱀용 꽤잘꼬아들 조각상에는 입가에나 눈 뒤에 반드시 이 기호가 새겨져 있다.

미초아간의 피라밋에 새겨진 골뱅이 기호   (확대)

태오티와간의 꽤잘꼬아들 신전의 뱀용에 새겨진 골뱅이 기호   돌태가문명 유적의 골뱅이 기호

유카탄반도 구굴칸 신전의 골뱅이 기호   (확대)

토토나가판과 미초아간이 어떤 곳인가. 토토나가판은 멕시코 동부 해안가에, 미초아간은 서부 해안가에 있는 지역으로 (앞 지도 참조), 그 사이에 거대한 아스태가제국이 있어 서로 왕래가 없었다. 신대륙 발견으로 스페인인들이 처음 멕시코에 갔을 때, 이 두 지역은 각자 양 방향에서 아스태가제국과 전쟁 중에 있었다. 그럼에도 불구하고 토토나가판과 미초아간은 가장 소중한 유물에 같은 '골뱅이 기호'를 새겼다. 앞의 유물 사진에서 보았듯이 토토나가인들은 그들의 최고 높은 신상에, 미초아간인들은 거대한 피라밋을 건축하고 거기에 유일한 표시로 그 기호를 새겼다.

멕시코 동부, 중부, 서부 세 지역의 공통점으로 골뱅이 기호만 같은 것이 아니다. 이 세 지역 사람들은 우리말을 사용했고, 우리민족 고유의 풍습으로 살았다. 지명만 보아도 알 수 있다. 토토나가판은 '신성하고 신성한 나의 사람의 땅'을, 미초아간은 '물고기와 족장' 혹은 '물고기와 땅'을 의미하고, 아스태가제국의 수도 태노치티땅은 '신성한 나의 사람의 땅'을 의미하는 말로서, 모두 순 우리말이다.

필자가 「우리민족의 대이동/멕시코편」, 210~212쪽에서 소개했듯이, 미초아간의 늙은 지배자는 바람둥이 사위에게 잔소리를 많이 했다고 하여 '잔소리(chansori)'라고 불리었고, 그곳 원주민들은 음식을 익힐 때 '끓인다(Curinda)'라는 우리말을 사용했다. 미초아간인들이 물고기를 잡던 호수의 이름은 지금도 '잡아라(Chapala)'이다.

골뱅이 모양의 기호는 신상이나 피라밋 같은 큰 기념물에서만 발견되는 것이 아니다. 일상생활 도구나 장식품 등 수많은 유물에서도 발견된다. 다음은 아스태가제국 황제의 집무실 벽에 걸린 벽걸이 장식, 세 발 그릇, 손잡이가 달린 국자 모양의 향로로, 역시 같은 기호가 그려져 있다.

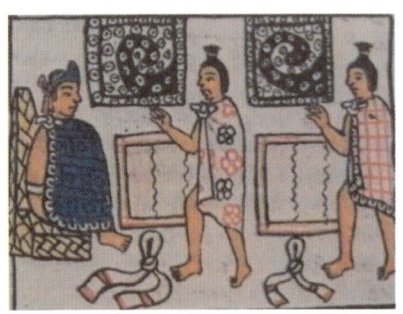
아스태가제국 황제 집무실 벽걸이

세 발 그릇

손잡이가 달린 향로

골뱅이 기호는 둥글게만 그려진 것이 아니다. 때로는 사각형으로 변형된 것도 있다. 또 많이 휘어진 것도 있고, 적게 휘어진 것도 있다(붉은 원 안). 그러나 모두 골뱅이처럼 휘어진 모양이다. 다음 사진에서 확인할 수 있듯이 어떤 건축물에는 이 모든 형태의 골뱅이 기호가 함께 조각되기도 했다.

사각형의 기호

많이 휘어진 기호

적게 휘어진 기호

다양한 모양의 골뱅이 기호들(마야 유적)

골뱅이 기호는 고대 멕시코의 어느 한 시대 유물에서만 나오거나 어느 특정 지역에서만 나오는 것이 아니라, 신대륙 발견 이전의 모든 시대에 걸쳐 모든 지역에서 나온다. 멕시코 중부지역 최초의 문명인 태오티와간문명에서부터 그 다음 일어난 돌태가문명(기원후 9세기~11세기), 그리고 마지막에 일어난 아스태가문명(14세기~16세기)에 이르기까지 나오며, 멕시코 최초의 문명이자 아메리카 최초의 문명이라는 동해안의 올메카문명(기원전 10세기~기원전 1세기)에도 나오고, 올메카문명을 이어받았다는 마야문명에도 나온다.

다음 사진은 제2장에서 보았던 올메카 전사상과 마야의 달력이다. 미네소타 대학교 인디언 박물관의 벽에, 뉴멕시코주 산타페 인디언 박물관의 상징탑에, 남미 페루 카오박물관의 입구 기둥에 새겨져 있고, 토토나가인들이 태양신 강좌에 참석할 때 착용했다는 목걸이와 그들의 신상 이마에, 미초아간의 피라밋에, 그리고 아스텍과 마야 신상의 이마, 가슴, 눈동자에 새겨져 있던 바로 그 골뱅이 기호가 전사의 방패와 달력의 한가운데에 새겨져 있다(붉은 원 안).

올메카 전사[8]   마야의 달력

다음 그림은 올메카인들이 바위에 새겨놓은 손자국이다[9]. 손바닥에 역시 골뱅이 기호가 새겨져 있다. 첫 그림에는 골뱅이 기호가 '고리' 모양의 문양으로, 나머지 두 그림에는 선으로 새겨져 있다. 바위에 새긴다는 것은 고대인들에게 쉽지 않은 작업이었을 것이다. 그럼에도 공들여 저 기호를 새긴 것은 그들에게 매우 중요한 의미가 있었기 때문일 것이다.

올메카의 바위그림

8 Norman Bancroft Hunt, 「Gods and myths of the Aztecs」, Grange books, 1999, p.31.
9 Maria del Pilar Casado & Lorena Mirambell, 「El arte rupestre en Mexico」, Instituto Nacional de Antropología e Historia, 1990, p.527.

멕시코 원주민들이 골뱅이 기호를 신상의 머리, 가슴, 눈동자에 새겼다는 사실로 그들에게 이 기호가 얼마나 중요했는지 알 수 있고, 태양신 신앙 강연을 듣는 날에는 모든 사람들이 다함께 이 기호가 새겨진 목걸이를 목에 걸고 경건한 마음으로 참석했다는 사실로, 지배계층뿐 아니라 일반 평민들에게도 단순한 장식이 아니라, 매우 특별한 의미가 있던 기호였다는 것을 알 수 있다. 또 기원전 1천 년경에 시작되었다는 올메카문명이 남긴 전사의 방패와 바위그림에서부터, 그 후에 일어난 멕시코와 마야의 모든 문명의 유물에 골뱅이 기호가 일관되게 새겨져 있는 것을 볼 때, 그 기호는 아메리카 원주민들이 처음 문명을 시작할 때부터 이미 있었고, 그 이후의 모든 문명에서도 매우 중요한 의미가 있었다는 사실을 짐작할 수 있다.

그리고 미초아간이나 토토나가판처럼 멀리 떨어져 서로 교류가 전혀 없는 집단들뿐 아니라, 인접해 살더라도 서로 적으로 대치하던 집단들까지도 각자의 중요한 유물과 유적에 그 기호를 새겨놓았다는 사실은, 그들 모두에게 그 기호만큼은 공통적으로 중요한 의미가 있었다는 것을 뜻한다.

그런데 아메리카대륙의 원주민들에게는 골뱅이 기호 외에도 다른 많은 공통점이 있었다. 바로 그들이 남긴 지명들이 우리말이고, '지친이, 끓인다'와 같은 생활용어도 우리말이며, 장례풍습이나 놀이풍습을 비롯한 다양한 풍습도 우리민족 고유의 풍습이었다는 사실이다. 따라서 우리는 다음과 같은 의문을 제기할 수밖에 없다.

골뱅이 기호도 우리선조들이 아메리카대륙으로 가져간 것은 아닐까?

이러한 의문을 제기하는 것은 당연하다. 어두움과 밝음이 둘러싼 가운데 자리는 원래 어떤 자리인가? '음'과 '양'의 중심은 언제나 태양의 자리이다. 그런데 마야달력에서는 그 자리에 태양이 아니라 골뱅이 기호가 그려져 있다. 이것은 태양과 골뱅이 기호가 원래 깊은 연관성이 있었다는 것을 의미한다.

그리고 골뱅이 기호를 남긴 멕시코와 마야 원주민들의 모든 흔적에 우리말과 우리민족 고유의 풍습이 함께 나온다는 사실로 미루어 볼 때 다음과 같은 내용을 짐작할 수 있다. 첫째, 골뱅이 기호는 고대 우리선조들과 깊은 연관성이 있었다는 것을 의미하고, 둘째, 우리 태극은 태양을 의미하고 마야달력에서는 태양의 자리에 골뱅이 기호가 나오므로, 태극과 골뱅이 기호는 같은 실체이거나 깊은 연관성이 있는 것이 분명하며, 셋째, 올메카의 기원전 5세기 돌거울에 음양태극이 그려져 있다는 것은 우리의 태극이 이미 그 이전부터 존재한 상태에서 아메리카로 건너갔고, 태극과 관련 깊은 골뱅이 기호도 역시 기원 훨씬 전부터 시작되었다는 것을 의미한다.

따라서 이 모든 것을 종합해 보면, 고대 우리선조들이 가지고 있던 골뱅이 기호와 태극 사이에는, 오늘날 우리가 알지 못하는 어떤 깊은 연관성이 있었다는것을 알 수 있다. 즉 마야달력의 태양의 자리에 그려진 골뱅이 기호와 태양을 상징하는 우리의 태극 사이에는 불가분의 연관성이 있었음이 분명하다.

이제 독자들도 짐작할 수 있을 것이다. 앞에서 제기한 '우리선조들이 골뱅이 기호를 아메리카로 가져갔는가'라는 의문은 단순한 문제가 아니라, '골뱅이 기호는 고대 우리민족을 둘러싼 어떤 거대한 미스터리와 연관되어 있다'는 것을 알게 되었을 것이다. '태극–골뱅이 기호–우리민족' 사이에는 어떤 연관성이 있었던 것일까? 그동안 누구도 상상하지 못했던 우리선조들에 관한 퍼즐 조각들이 멕시코와 마야문명의 유물을 통해 하나 둘 모습을 드러내고 있다.

이 미스터리를 풀기 위해서 앞에서 제기한 의문을 단순화해보자. 그러면 다음과 같은 의문이 될 것이다.

우리선조들도 골뱅이 기호를 유물에 남겼을까?
남겼다면, 고대 우리선조들에게 그 기호는 도대체 무슨 의미였을까?

이 의문을 다루기 전에 우리는 멕시코 외 다른 지역에도 골뱅이 기호가 나오는가부터 확인해 보아야 할 것이다. 왜냐하면 인간의 이동은 흔적을 남기기 마련이고, 필자는 줄곧 우리민족이 '만주대평원-아무르유역-춥지·캄차카 반도-알류산열도-캐나다 서해안-미국-멕시코-남미대륙'의 경로로 이동했다고 주장해 왔으므로, 골뱅이 기호가 우리민족과 깊은 연관성이 있었다면 이 모든 지역에 그 기호가 나타나야 할 것이기 때문이다.

◆ **미국과 캐나다 인디언의 골뱅이 기호**

캐나다 서해안과 미국은 알류산열도를 건넜던 우리선조들이 멕시코나 남미로 가기 위해 반드시 거쳐야 했던 이동루트이다. 따라서 우리선조들이 골뱅이 기호를 가지고 이동했다면 그 기호가 반드시 남아 있어야 하는 곳이다.

미국 인디언들도 많은 유물과 유적에 골뱅이 기호를 남겼다. 앞에서 이미 보았듯이, 미국 학자들이 북부 미네소타대학교의 박물관이나 남부 뉴멕시코주 산타페 인디언 박물관의 상징 로고로 선정할 정도로 골뱅이 기호는 미국 인디언 문화의 대표적 상징이었다.

미국 인디언들은 멕시코나 페루에서처럼 다양하고 많은 유물을 남기지는 않았다. 멕시코나 페루에서는 사람들이 정착생활을 함으로써, 큰 국가를 세웠기 때문에 거대한 유적과 신상을 비롯한 많은 유물을 남길 수 있었다. 그러나 미국 인디언들은 작은 집단으로 나뉘어 오랫동안 유목생활을 주로 했기 때문에, 큰 국가를 세우지도 큰 유적을 남기지도 못했다. 그래서 골뱅이 기호도 주로 일상생활에 사용하던 토기에 새겨져 있다. 아래 지도는 필자가 대략적으로 조사한 것으로, 골뱅이 기호가 새겨진 토기 유물들이 발굴된 미국의 주(州) 명칭들이다. 지도를 보면 골뱅이 기호가 새겨진 토기들이 주로 미시시피강 유역을 중심으로 출토되었다는 것을 알 수 있다. 이것은 그들이 강을 따라 유목생활을 했다는 증거이다. 또 미시시피강의 양쪽 지역에는 소위 '인디언 마운드(Indian mound)'라고 하는 거대한 흙무덤들이 있는데, 우리의 전남 나주의 흙피라밋이나 경주 왕릉과 매우 닮았다.

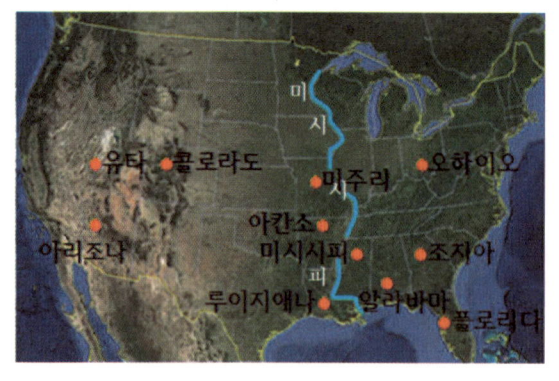

미시시피강을 비롯한 미국의 강 유역에는 인디언들이 남겨 놓은 조개무덤(패총)이 매우 많은데, 우리선조들이 남겨놓

은 조개무덤과 같다. 그들도 우리선조들처럼 팽이형
토기(우리나라에서는 빗살무늬토기라고 한다)를 사용했는
데, 모래밭에 불을 피우고 불 속에 뾰족한 팽이형 토
기를 꽂아 조개나 물고기를 삶아 먹었던 것으로 보인
다. 오른쪽 그림은 그러한 인디언의 생활을 보고 영
국인 존 화이트(John White)가 1588년경 그린 그림이
다[10].

존 화이트가 그린 팽이형 토기

다음 사진은 미국 인디언들이 남긴 토기 유물들이다. 모든 토기에 골뱅이 기호
가 선명하게 그려져 있다.

유타/콜로라도

아리조나

---

10 존 화이트는 영국인 최초로 오늘날의 미국땅을 밟았던 해적 쿠르티에 월터 랄리(Courtier Walter Raleigh)의 부하였다. 월터 랄리는 1570년대부터 영국도 국가적 차원에서 아메리카 진출을 서둘러야 한다고 주장하면서, 그 자신이 직접 1578년 부하들을 이끌고 오늘날의 노스캐롤리나(North Carolina) 해안 지역에 도착하여 영국인 최초의 정착촌을 건설했다. 랄리가 영국으로 돌아간 후, 정착촌에 남아 있던 영국인들은 식량이 떨어져 가자, 인디언 마을을 습격하여 옥수수등을 강탈하기 시작했다. 이 사건을 계기로 인디언들의 공격이 시작되었다. 이에 존 화이트가 식량을 가지러 영국으로 돌아갔다. 그러나 때마침 벌어진 영국과 스페인 무적함대 사이의 전쟁으로 그는 오랫동안 미국으로 돌아가지 못했다. 나중에 돌아가 보니 정착촌 문기둥에 '걸어와땅(Croatan)'으로 간다는 글만 남긴 채 모두 사라진 뒤였다고 한다.

03. 고대 우리민족의 상징 '고리 기호'

매우 흥미로운 유적이 있다. 오하이오주에는 기원후 3세기경에 축조된 거대한 마운드가 있다. '뱀 마운드(Serpernt Mound)'로 알려진 이 유적은 언덕 위에 흙과 돌로 축조된 뱀 모양의 둑으로 길이가 약 420m나 된다. 미국 인디언들이 남긴 가장 유명한 유적 가운데 하나로서, 다음 사진에서 보듯이, 입은 새알을 삼키려 하고 있고 꼬리 부분은 둥글게 말아서 골뱅이 기호를 형성하고 있다. 또 오클라호마주의 인디언 마운드에서는 반가부좌로 앉아 있는 사람 인형과 함께 새깃털을 꽂은 사람 얼굴 청동기가 발굴되었는데, 머리 뒤는 골뱅이 기호로 조각되어 있다.

오하이오 뱀 마운드　　　(윤곽도) 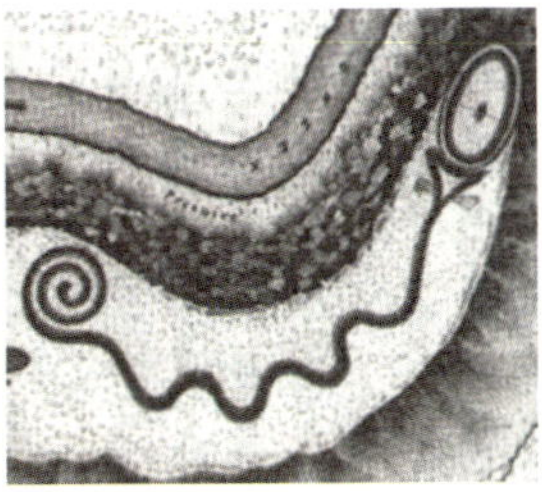　　　오클라호마

오늘날 미국 학자들에 따르면, 미국 인디언 최초의 문명이 시작된 곳은 오대호 남쪽에 위치한 오하이오주를 중심으로 한 오하이오(Ohio)강 주변 지역이었다고 한다. 바로 그 지역에서 미국에서 가장 오래된 토기들이 발굴되었는데, 시기적으로는 기원 1천 년 전까지 거슬러 올라간다고 한다. 그런데 그 토기의 모양이 팽이처럼 생겨, 한반도의 우리선조들이 남긴 '빗살무늬토기'나 고조선시대 사용했던 토기와 모양이 같다. 그리고 오대호 주변 지역뿐 아니라 미국 동북부 모든 지역에는 우리말로 된 고대 지명(地名)들이 매우 많다. 따라서 우리가 주목해야 할 점은 미국 인디언 최초의 문명이 시작되었다는 미국 동북부 지역에서 우리의 팽이형 토기뿐 아니라 우리말 지명과 골뱅이 기호가 함께 나온다는 사실이다. 이것은 멕시코와 마야 문명의 유적·유물과 마찬가지로 미국 인디언의 유적·유물도 우리선조들과 골뱅이 기호 사이에 어떤 깊은 연관성이 있었다는 것을 암시해주는 증거들이다.

　캐나다 에스키모들도 골뱅이 기호를 어김없이 남겼다. 아래 사진에서 보듯

03. 고대 우리민족의 상징 '고리 기호'　111

이, 캐나다 서해안에 사는 틀린깃족은 토템폴 중간에 두 개의 골뱅이 기호를 새겨 두었다. 1877년 퓨제사운드와 미국 서부지역을 탐사했던 미론 엘스(Myron Eells)는 미 서부지역의 또왔나(Twana)족 어린 아이가 아래 그림을 그리는 것을 발견하고서 비상한 관심으로 기록을 남겼다[11]. 이 그림에는 인디언들이 거의 2천여 년 전부터 많은 유물에 새겨놓은 골뱅이 기호가 볼과 꼬리에 그려져 있다.

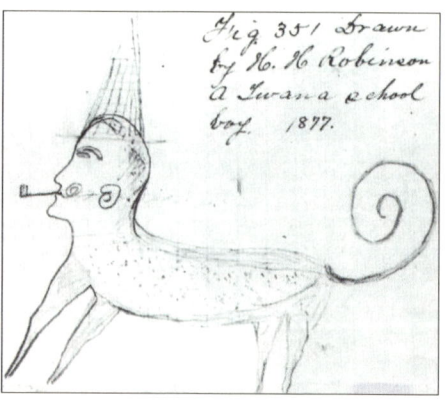

토템폴

또왔나족 아이가 그린 골뱅이 기호

---

11 George Pierre Castile, 「The indians of Puget Sound」, University of Washington Press, 1985, p.241.

112 고대 아메리카에 나타난 우리민족의 태극

◆ 남미 페루의 골뱅이 기호

　페루는 멕시코와 함께 아메리카 원주민 문명의 요람으로 알려져 있다. 페루의 차빈(Chavin)문명은 멕시코 올메카(Olmeca)문명과 마찬가지로 기원전 1천 년경에 시작되었다. 신대륙 발견 당시의 남미는 잉카(Inca)라는 거대한 제국이 오늘날의 페루를 중심으로 북으로는 에콰도르와 콜롬비아 일부, 남으로는 볼리비아와 칠레의 북부 모든 영토를 다스리고 있었다. 그래서 잉카인들은 미국 인디언들과 달리 거대한 유적과 수많은 유물을 남겼고, 멕시코 원주민처럼 골뱅이 기호가 새겨진 다양한 유물도 남겼다.

　남미대륙의 역사가 문명세계에 알려지기 시작한 계기는 다음과 같다. 신대륙을 발견한 이후 약 30여 년 동안 스페인인들은 쿠바를 비롯한 섬 지역을 주로 탐험했으나 이렇다 할 수확을 거두지 못했다. 그러나 1521년 코르테스(Cortes)가 멕시코 아스태가제국을 발견하여 정복함으로써 많은 부와 명예를 거머쥐자 상황은 급변했다. 그때부터 스페인 사람들은 넓은 아메리카대륙 어딘가에 아스태가제국과 같은 제국이 또 있을 것이라고 믿어, 그 제국을 찾아 먼저 정복하면 코르테스처럼 부와 명예를 차지할 수 있을 것이라 생각하기 시작했다. 그들은 너도나도 사람들을 모으고 무기를 갖추어 경쟁하듯이 신대륙으로 건너갔다. 세계 역사에서 태평양을 처음 발견했다고 알려진 발보아(Balboa)나 잉카제국을 정복한 피사르로(Francisco Pizarro)도 그런 자들 가운데 하나였다.

　부하들을 이끌고 파나마로 건너갔던 피사르로는 어느 날 남미대륙 서해안에 큰 나라가 있다는 소문을 듣자, 1532년 55세의 나이에 180명의 병사를 배에 태우고 오늘날의 페루로 향했다. 남미대륙 서해안의 광대한 영토를 지배하고 있던 잉카(Inca)제국을 정복하기 위함이었다. 그가 오늘날의 페루 해안가에 도착했을 때, 잉카제국은 두 왕자들 사이에 벌어졌던 왕위계승 전쟁이 막 끝난 시점으로 아직 나라가 안정되지 못한 상태였다. 피사르로는 1533년 잉카제국의 마지막 왕 아타왈파(Atahualpa)를 포로로 잡고 수도 구스고(Cusco)를 점령함으로써, 100여 년의 짧은 역사의 잉카제국을 멸망시켰다[12].

남미대륙은 안데스산맥을 중심으로 동부와 서부로 나뉜다. 안데스의 동쪽은 광대한 아마존 밀림이 펼쳐져 있어, 그곳에 사는 원주민들은 작은 집단으로 나뉘어 서로 교류도 없이 고립 생활을 했다. 그에 비해 서쪽 태평양 연안에는, 멕시코에서부터 중미지역을 거쳐 콜롬비아와 에콰도르를 통과하여 내려온 많은 사람들이 페루를 중심으로 몰려 살아서, 일찍부터 문명이 발달했다. 가장 먼저 일어난 문명은 차빈(Chavin)문명으로 기원전 10세기에

---

12 아타왈파(Atahualpa)의 뜻은 알려진 바가 없다. 필자는 이 이름을 '아타왈패'였을 것으로 본다. 뜻은 '우리의 신성한 왈패'일 것이다. 아(a)는 '우리', 타(ta)는 '신성한'을 뜻하는 고대 우리말이고, 왈패(Hualpa)도 '왈패'로서 '거친 남자'를 가리킬 때 사용하던 순우리말이다. 이 말은 미국 인디언 종족 명칭으로도 나온다. 구스고(Cusco)는 '굿의 곳', 즉 '굿하는 곳, 제사 올리는 곳'을 의미한다. 멕시코 아스태가제국이나 페루의 잉카제국은 '제사를 올리는 곳'에 큰 제단, 즉 피라밋을 건축하고 많은 사원을 지어, 그곳에 신격화된 왕이 살았다. 미국 인디언들도 제사 지내는 곳에 위가 평평한 피라밋 형태의 제단을 쌓았다. 그들은 평소에는 가족 단위로 주변의 넓은 지역으로 흩어져 살았지만, 제사를 올릴 시기가 다가오면 제단이 있는 곳으로 모이곤 했다고 한다.

시작하여 기원후 1세기까지 존재했다. 그 다음에 일어난 문명은 모체(Moche)문명으로 기원후 1세기부터 7세기까지 존재했으며, 마지막으로 잉카(Inca)문명이 13세기부터 16세기까지 발달했다.

멕시코, 마야, 미국 인디언이 남긴 유적과 유물에서 확인된 바와 같이 우리 선조들과 골뱅이 기호 사이의 연관성은 남미에서도 분명하게 확인된다. 가장 오래된 차빈문명의 유물에서부터 모체문명과 잉카문명에 이르기까지 골뱅이 기호는 우리민족의 특징적인 요소와 함께 나타난다.

골뱅이 기호를 보기 전에, 우리에게 매우 중요한 유물 하나를 먼저 보기로 하자. 이 유물은 잉카제국과 우리선조 사이의 불가분의 연관성을 단적으로 보여주는 유물이다.

오늘날 전 세계적으로 유명한 잉카인들의 유적을 꼽으라면 누구든지 마추픽추((Machu Picchu)를 먼저 생각할 것이다. 마추픽추는 안데스의 높은 산 위에 있는 공중도시로, 그곳으로 올라가기 위한 출발지가 아과스 깔리엔테스(Aguas Calientes)라는 마을이다. 이 마을에는 역대 잉카제국 황제 가운데 가장 훌륭한 황제로 알려진 제9대 잉카 파차굿태것(Pachacútec/1438년~1471년)의 동상이 서 있다.

그런데 그의 동상 머리에 올려진 왕관을 보라. 그리고 바로 옆에 길림성 집안에서 출토된 고구려 왕관 장식과 비교해 보라.

03. 고대 우리민족의 상징 '고리 기호'

파차굿태것의 동상
고구려 왕관[3]

　무슨 설명이 더 필요한가! 세 개의 새깃털이 잉카제국의 황제와 고구려 왕들의 왕관에 똑같이 나타난다. 중국 당나라 때의 것으로 주변 모든 나라의 사신들의 모습을 그린 왕회도(王會圖)라는 그림이 있다. 그 그림에 그려진 각국의 사신들 가운데 머리에 새깃털을 꽂은 사신은 고구려 사신이 유일하다. 신라의 화랑들도 머리에 새깃털을 꽂았다는 사실과 함께 생각해보면, 고대에 머리에 새깃털을 꽂았던 민족은 우리가 유일하다는 것은 분명하다. 그런데 마추픽추 아래 세워진 잉카 황제도 새깃털을 꽂았다. 그것도 고구려 왕관처럼 정확하게 세 개를, 꽂는 방법도 위로 향하면서 벌어진 형태로. 그리고 조금 더 자세히 관찰하면, 잉카 황제의 이마와 고구려 왕관의 가운데 깃털 윗부분에 '둥근 원'이 새겨져 있는 것을 볼 수 있다. 바로 '태양'을 상징하는 원이다. 잉카제국과 고구려는 세 개의 새깃털을 같은 모양으로 꽂았을 뿐만 아니라 태양을 상징하는 둥근 원까지 같다.

　잉카 황제와 고구려 왕이 같은 모양의 왕관을 썼다. 잉카제국과 우리의 고

13　김용화(발행), 「조선유물유적도감」, 제4권, 도서출판 민족문화, 1982, p.272.

대 국가 사이에 그리고 페루와 우리 사이에 연관성이 이것뿐일까? 한 가지 사실을 더 언급한다면 '페루(Perú)'라는 국명 자체도 우리말에서 유래되었다. '남미편'을 다루는 준비 중인 다른 책에서 자세히 보기로 하고, '골뱅이 기호'로 되돌아가기로 한다.

남미에서도 골뱅이 기호는 모든 지역 모든 시대의 유물에 나타난다. 가장 많이 발견되는 지역은 문명이 발달했던 잉카제국 영토이지만, 잉카제국의 지배가 미치지 않았던 아마존 밀림 여러 곳에서도 골뱅이 기호가 발견된다.

먼저 역사적으로 가장 오래된 차빈문명의 유물부터 보기로 한다. 페루의 차빈문명은 남미대륙에서 가장 오래된 문명으로, 멕시코의 올메카문명과 거의 같은 시기에 시작되었다. 다음 사진은 차빈문명이 남긴 돌기둥 2개와 그 삽화도, 사람과 짐승머리 돌조각, 그리고 흙으로 빚은 병이다. 사람 머리조각은 상투한 모습이다. 모든 유물에서 골뱅이 기호를 쉽게 확인할 수 있다.

기둥(1)   기둥(1)의 삽화

기둥(2)   기둥(2)의 삽화

상투한 인물[14]	짐승 머리	병

주목해야 할 부분이 있다. 기둥(1)의 조각상의 양쪽 가에는 위에서 아래로 새의 깃털처럼 길게 나온 부분이 있는데, 끝부분이 둥글게 휘어져 골뱅이 기호가 되어, 장식 문양처럼 새겨져 있다. 이런 장식 형태의 골뱅이 기호는 멕시코 태오티와간의 벽화에도 매우 많이 나타나고, 우리나라 가야의 청동기 유물에도 있다. 아래 태오티와간의 벽화는 기원후 1세기경에 그려진 여신의 모습으로, 붉은 볼연지를 하고 있는데, 왼쪽 가장자리에 골뱅이 기호가 위에서 아래로 그려져 있다. 두 마리의 닭이 부리를 맞대고 있는 가야의 청동기 유물에도 원래 양쪽 가에 골뱅이 기호의 장식들이 차빈문명의 기둥처럼 죽 있었는데(삽화 참고), 현재는 다 부러지고 하나만 남아 있다.

태오티와간의 벽화	(삽화)

---

14 Federico Kauffmann Doig, 「Ancestors of the Incas–the lost civilizations of Peru」, Wonders, 1998, p.142.

우리나라 청동기 유물(고성/가야)   (삽화)

　기원후 1세기부터 7세기까지 존재했던 모체(Moche)문명의 유물에도 곳곳에 골뱅이 기호가 새겨져 있다. 다음 사진에서 볼 수 있듯이, 짐승 탈을 쓰고 인신공양 제물의 목에 칼을 겨누고 있는 조각에는 귀에, 남녀가 사랑을 나누고 있는 조각에는 머리 위에, 달의 신전 벽에 조각된 펠리노(Felino) 신은 얼굴 주변에, 그리고 마지막 펠리노 신이 쓰고 있는 모자에 각각 골뱅이 기호가 새겨져 있다[15] (붉은 원 참조). 이 모자는 꼬리에도 머리가 있는 '양머리 뱀'처럼 생겼는데, 필자의 저서 「멕시코편」 (p.203)에서 설명했듯이, '양머리 뱀'은 우리선조들의 고대 문명이었던 홍산문화의 유물에서부터 나온다.

15　독자들은 펠리노의 모습에서 네 개의 큰 송곳니를 주목하기 바란다. 바로 이 송곳니도 우리의 고대 조각에 매우 많이 나타난다. 또 눈의 양쪽 끝이 위로 날카롭게 올라간 모습도 우리의 장승 '천하대장군, 지하여장군'의 눈매로서, 우리 유물에 매우 많이 보인다.

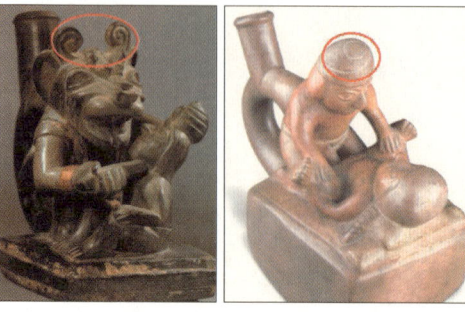
인신공양　　　　　성교　　　　　펠리노 신

펠리노 신상

    골뱅이 기호가 새겨진 모체문명의 유물 가운데 가장 중요한 것은 다음 조각상들이다. 사람이 뱀용 머리 모양의 탈을 쓴 것처럼 보이는 이 조각상들은 주둥이 끝부분이 위로 둥글게 말려 올라가 골뱅이 기호가 되었다. 그런데 오른쪽의 우리나라 뱀용 조각상을 보라. 같은 위치에 같은 방법과 모양으로 조각된 골뱅이 기호가 마치 보고 베낀 듯이 선명하게 조각되어 있지 않은가! 이 조각상은 고려 태조 왕건이 고려를 건국한 바로 이듬해에 개성 수창궁 마당에 설치한 것이다.

뱀용 머리 조각상[16]　　　　　　　고려시대 뱀용 신상

　마추픽추 아래 세워진 잉카 황제 동상의 왕관과 고구려 왕관의 새깃털도 정확하게 같고, 뱀용 신상의 주둥이 위에 새겨진 골뱅이 기호도 베낀 듯이 같다. 역사가 전하지는 않았더라도 페루 고대 문명과 우리 고대 문명 사이에는 절대로 부인할 수 없는 깊은 연관성이 있었다는 것을 유물들은 이렇게 전하고 있다. 그리고 거기에 골뱅이 기호가 어떤 신표처럼 함께 나온다. 멕시코에서와 마찬가지로 페루에서도 골뱅이 기호는 언제나 우리민족의 흔적과 함께 나타나고 있다.

　용머리처럼 길게 나온 주둥이에 코끝을 위로 말아 골뱅이 기호를 새긴 것은 페루의 조각만이 아니다. 멕시코에도 비슷한 유물이 있다. 장례식에 사용되었다는, 흙으로 빚은 오른쪽 신상의 모자로 만들어진 양 머리 뱀용에도 같은 위치에 골뱅이 기호가 새겨져 있다(붉은 원 안).

멕시코 양 머리 뱀

16　Federico Kauffmann Doig,『Historia y arte del Perú antigüo』, La República, 2002, p.225.

03. 고대 우리민족의 상징 '고리 기호'

아래는 모체문명 이후부터 잉카문명까지, 페루 각지에서 발달했던 문명의 유물들이다. 모든 유물에서 골뱅이 기호를 확인할 수 있다.

(1)번 그릇은 나스카(Nasca)지역의 유물이다. 나스카에는 사막에 돌과 흙으로 거대한 짐승들이 그려져 있는 유적이 있는데, 세계 7대 불가사의 중 하나로 알려진 곳이다. 그곳의 유물에도 골뱅이 기호가 선명하게 나온다. 나스카는 '나의 사람'이란 뜻의 우리말이다(필자 해석). (3)의 뱀용 머리는 멕시코의 꽤잘꼬아들과 매우 닮은 유물로서, 남미 원주민들은 멕시코에서 이동해온 사람들이라는 주장의 중요한 근거로 사용되고 있다. 우리나라에도 이와 비슷한 유물이 있

다. 제5장의 '용의 진실'을 다루는 곳에서 보기로 한다. ⑸는 '투미(tumi)'라고 부르는 칼인데, 인신공양에 사용되곤 했다. 이 칼은 우리민족의 반달형 돌칼이 아메리카로 건너간 뒤에 손잡이 부분이 변형된 것이다. 반달형 돌칼은 멕시코와 브라질 유물에도 있다. ⑹은 카오(cao)박물관에 전시된 토기 가운데 하나이다. 이 모든 유물의 공통점은 '골뱅이 기호'가 나타난다는 점이다.

◆ 남미 다른 나라의 골뱅이 기호

지금까지 우리는 멕시코, 유카탄반도, 페루를 중심으로 골뱅이 기호가 새겨진 유물을 살펴보았다. 이 세 지역은 신대륙 발견 이전의 아메리카대륙에서 문명이 가장 발달했던 지역으로, 골뱅이 기호는 이 지역 모든 시대의 유물에 새겨져 있다는 사실을 확인했다. 멕시코에서는 최초의 문명인 올메카문명에서부터 아스태가문명까지, 유카탄반도에서는 전기 마야문명에서 후기 마야문명까지, 그리고 페루에서는 차빈문명에서부터 잉카문명까지의 온갖 유물에 골뱅이 기호가 새겨져 있었다. 따라서 아메리카에서의 골뱅이 기호는 대략 기원전 10세기경부터 시작하여 신대륙이 발견된 기원후 15세기까지, 대략 2500여 년 동안 이어져 왔다고 보아야 할 것이다.

남미대륙에서 페루를 중심으로 한 잉카제국 영토를 제외하면 다른 지역은 문명이 발달한 곳이 없었다. 그렇다면 문명이 없었던 곳에서도 골뱅이 기호가 고대의 유물로 남아 있을까? 이 의문은 중요하다. 지금까지 살펴 본 모든 지역

은 골뱅이 기호가 어김없이 나타남으로써, 필자가 주장해 온 우리민족의 대이동과 불가분의 연관성을 보여 왔다. 따라서 문명이 발달하지 못했던 지역에도 골뱅이 기호가 나온다면, 우리선조들은 잉카제국 영토뿐 아니라 광대한 남미 영토 곳곳으로 이동했다고 추정할 수 있는 중요한 근거가 될 것이기 때문이다.

필자가 조사해 보니, 골뱅이 기호는 문명이 발달하지 못했던 지역에서도 유물로나 유적으로 분명하게 남아 있었다. 콜롬비아나 베네수엘라의 밀림지대에서도 나오며, 브라질의 아마존 원주민 토기에도 적지 않게 나오며, 심지어 잉카제국의 남서쪽 끝자락에 해당하는 볼리비아에도 나온다. 아래 유물들을 보자.

콜롬비아(1)   콜롬비아(2)   베네수엘라

브라질(1) 브라질(2) 볼리비아

　콜롬비아의 두 가지 유물은 멕시코와 관련 깊다. 콜롬비아(1)은 올빼미가 뱀을 물고 있는 모습으로, 아스태가제국 건설에 관한 이야기와 연관된다. 아메리카대륙으로 건너간 맥이족이 나라를 건국하기 위하여 땅을 찾고 있을 때, 지도자 무당의 꿈에 뱀을 물고 아침 태양을 향해 날개를 펴고 있는 독수리가 보여, 그러한 곳으로 찾아낸 곳이 아스태가제국의 수도이자 오늘날 멕시코의 수도 멕시코시티가 있는 곳이었다. 그래서 아스태가제국의 유물에는 독수리가 뱀을 물고 있는 모습이 자주 나타나는데, 콜롬비아 유물에서는 올빼미가 뱀을 물고 있다. 콜롬비아(2)는 황금유물로서, 유카탄반도 마야유적에서 발견된 오른쪽의 벽화와 매우 유사하다. 멕시코 학자들은 이 유물과 마야의 벽화가 모두 멕시코 태오티와간(Teotihuacan)문명에서 유래된 것이라고 설명하고 있다[17].

마야의 벽화

17　Mary Miller & karl Taube, 「An illustrated dictionary of The Gods and Symbols of Ancient Mexico and the Maya」, Thames & Hudson, 1993. p.49.

베네수엘라 원주민들도 많은 곳에 골뱅이 기호를 남겼다. 앞의 사진은 중부 밀림지대인 바리나스(Barinas)지역 숲 속 바위에 새겨진 골뱅이 기호이다. 브라질⑴은 현재 수도 상파울로 국립박물관에 소장되어 있고, 브라질⑵에는 골뱅이 기호가 가슴에 그려져 있는데, 가슴까지 내려온 골뱅이 목걸이를 그림으로 나타낸 것으로 추정된다. 우리는 멕시코와 마야의 신상 조각에서 가슴에 새겨진 골뱅이 목걸이를 보았다. 볼리비아 유적은 꼬께(Coque)사막 근처의 한 마을에 있는 것으로, 잉카제국 시대의 유물로 알려져 있다. 탑 위에 올려진 둥근 원반은 태양신을 상징하고, 그 앞에 제사를 올릴 때 음식을 차려놓는 상석(床石)이 있는데, 그 받침돌에 골뱅이 기호가 선명하게 새겨져 있다.

이것으로 신대륙 발견 이전의 아메리카대륙에는 문명이 발달했던 지역뿐 아니라 발달하지 못했던 지역까지도 골뱅이 기호가 널리 퍼져 있었다는 사실을 확인했다. 공간적으로는 미국·캐나다에서부터 남미까지, 시간적으로는 기원전 1천 년까지 거슬러 올라가는 올메카문명에서부터 신대륙 발견 이후까지, 아메리카 모든 지역과 문명에 골뱅이 기호가 두루 퍼져 있었다. 그리고 골뱅이 기호는 아메리카 모든 원주민들에게 단순한 장식이 아니라 매우 중요한 의미가 있는 기호였다는 사실을 우리는 멕시코·마야 유물과 그들의 제사 풍습으로 알 수 있었다. 그들은 가장 높은 신상의 이마, 가슴, 눈동자 속에까지 새겨 놓았을 뿐 아니라, 신대륙 발견 이후까지 이어졌던 태양신 제사에 참석했던 모든 사람들이 경건한 마음으로 그 기호의 목걸이를 목에 걸고 있었다.

그런데 신대륙으로 건너온 유럽인들은 북미와 남미의 문명이 매우 비슷하다는 사실을 발견했지만, 정작 남북 아메리카대륙에 살고 있던 원주민들은 서로가 서로의 존재를 모르고 있다는 사실에 매우 놀랐다. 즉 멕시코나 유카탄반도의 원주민들은 남쪽에 남미대륙이라는 거대한 땅덩어리가 있다는 사실도, 그곳에 잉카제국이라는 찬란한 문명의 거대한 제국이 있다는 사실도 전혀 모르고 있었다. 남미의 잉카인 역시 멕시코나 유카탄반도의 문명에 대해서 전혀 모르고 있었다. 그럼에도 불구하고 그들은 매우 유사한 천문학을 가지고 있었고, 같은 골뱅이 기호가 새겨진 뱀용 머리 조각상도 가지고 있었다. 특히 그들은 골뱅이 기호를 매우 소중히 여기며, 의미 있는 많은 유물과 유적에 새겨놓은 점까지 같았다.

시간이 지난 뒤에, 유럽인들은 아메리카대륙에서 문명이 발달했던 지역뿐 아니라 발달하지 못했던 베네수엘라나 브라질의 아마존 밀림에 살던 원주민들까지도 이 골뱅이 기호를 새기거나 그렸다는 사실을 확인함으로써, 그 기호가 아메리카 모든 원주민 문화의 공통 상징으로, 그들의 뿌리와 관계있을지 모른다는 생각을 하기에 이르렀다.

문명의 전파란 물과 같다. 물이 높은 곳에서 낮은 곳으로 흐르듯이, 문명도 발달된 곳에서 미개한 곳으로 전파되어 왔다. 유럽인들은 골뱅이 기호가 신대륙 발견 이전 시대에 원주민 문명이 가장 발달했던 아메리카 어느 지역에서 발생하여 다른 지역으로 점점 전파되었다고 가정하고 싶었지만, 그러한 기호가 아메리카대륙 북쪽 에스키모인에게서까지 나온다는 사실을 확인한 후에는, 그런 가정조차 포기하고 말았다. 왜냐하면 그 가정은 골뱅이 기호가 문명이 발달한 멕시코나 페루에서 발생하여 북쪽 에스키모인에게로 전파되었다는 것을 의미하는데, 아메리카 원주민들의 이동 경로는 항상 북쪽에서 남쪽으로 향하는 이동이었기 때문이었다.

그렇다고 유럽인들은 골뱅이 기호가 아메리카 원주민의 조상들이 동북아에서 살던 시대부터 가지고 있던 기호였고, 아메리카로 이동할 때 그것을 가져왔다고 가정하지도 못했다. 그들은 아메리카 원주민의 조상들이 아메리카로 건너온 시기가 마지막 빙하기로 대략 1만 5천 년 전이라 주장해 왔는데, 그 시대는 거의 원시 시대로서 인간이 그릇도 만들 줄 모르던 시대였다. 그런 시대에 골뱅이 기호 목걸이를 목에 걸고 왔다고 가정할 수는 없었기 때문이었다. 또한 그들은 아메리카 원주민 문명이 아메리카에서 독자적으로 발생하여 발달했다고 지금까지 주장해 왔으므로, 골뱅이 기호가 아메리카대륙에 원주민 문명 초기부터 이미 대륙의 모든 지역에 퍼져 있었다는 사실은 지금까지도 설명할 수 없는 미스터리가 되었다.

따라서 이제 우리는 다음과 같은 질문을 할 수밖에 없다.

그렇다면 골뱅이 기호의 기원은 어디인가?

필자는 페루의 유물을 소개하면서 고구려 왕관, 가야의 청동기 유물, 그리고 고려 태조 왕건이 남긴 뱀용 조각을 보여주었다. 필자의 의도는 멕시코뿐 아니라 페루에도 우리민족의 흔적이, 독자들이 상상도 할 수 없을 만큼 매우 많다는 것을 암시하기 위함이었다. 일부 독자들은 이 암시를 통하여 '골뱅이 기호는 원래 동북아에 살던 우리민족의 것이 아닐까', '우리선조들이 아메리카로 대이동하면서 그 기호도 가져간 것은 아닐까'라고 짐작하기 시작했을 것이다. 그 짐작이 옳다면 동북아에 남아있는 우리 유물에도 골뱅이 기호가 나타나야 하고, 그 시기는 멕시코나 페루의 것보다 훨씬 더 오래되어야 하며, 우리선조들이 지나갔던 이동루트 곳곳에도 남아있어야 할 것이다. 이러한 추론이 사실로 확인되면, 그 다음에 제기될 당연한 궁금증은, 앞에서 이미 제기했던, '우리선조들에게 골뱅이 기호는 무슨 의미가 있었는가'일 것이다.

우리선조들이 남긴 골뱅이 기호

우리 유적과 유물에 새겨진 골뱅이 기호

잘못된 지식은 눈을 가리고 진실을 흐리는 법, 1900년대 초 제섭북태평양 탐험대(Jesup North Pacific Expedition)가 아메리카 인디언의 기원을 조사한 후 내린 다음과 같은 결론이 문제였다.

> 아메리카 인디언은 빙하기 때 얼어붙은 베링해협을 건너 온 사람들의 후예로, 아메리카 인디언의 모든 문명은 독자적으로 발달했다. 아무르강 하류에서부터 춥지·캄차카 반도에 이르는 지역에 거주하는 사람들의 언어, 문화, 종교, 전설이 아메리카 인디언의 그것과 같은 이유는 아메리카 인디언들의

일부가 나중에 베링해를 건너 다시 되돌아갔기 때문이다.

절대 권력자에게는 그 권력의 정당성에 관계없이 아부하는 자들이 생기는 법이다. 학문의 영역에서도 다르지 않다. 100여 년 전 당시의 걸출한 학자 프란츠 보아스(Franz Boas)와 그의 동료들이 아메리카 인디언의 기원에 대하여 내린 저 결론은, 인류학이라는 새로 시작된 분야에서 학문의 절대 권력이 되었다. 그들이 내린 결론은 제자들에 의해 숭배의 대상이 되어, 지속적으로 보완되고 논리화되면서 점점 상아탑의 견고한 진리로 치장되었다. 그리고 오늘날 인류학과 세계사라는 학문 분야에서 견고한 절대 권력이 되어, 전 세계 강단에서 교육되고 있다.

골뱅이 기호가 아메리카 인디언의 독자적인 문명의 산물이라면, 가장 오래된 골뱅이 기호는 멕시코 올메카문명과 페루의 차빈문명 가운데 어느 문명에서 시작되었고 어떻게 퍼졌단 말인가? 두 문명은 서로 존재 자체도 모를 만큼 교류가 없는 사이였는데, 그 기호가 어떻게 북으로는 에스키모에게 남으로는 아마존 밀림과 볼리비아 사막 남쪽 지역까지 퍼졌다고 설명할 것인가? 의혹은 꼬리에 꼬리를 물고 이어질 수밖에 없다.

인류학의 절대 권력을 쥔 그들은 짐작도 못했을 테지만, 우리선조들이 남긴 유적과 유물에는 골뱅이 기호가 새겨진 것들이 수두룩하다. 가까이는 18세기 건축물에서부터 멀리는 기원전 1500년 이전, 심지어 기원 3000년 이전 시대까지 거슬러 올라가는 것도 있다. 만약 프란츠 보아스와 그의 동료들이 이제부터 필자가 소개할 다음의 유물들을 보았더라면, 과연 저렇게 무모하고 대담한 결론을 내릴 수 있었을까?

　우리 속담에 '첫 단추를 잘못 끼웠다'라는 말이 있다. 첫 단추를 잘못 끼우면 나머지 단추도 다 잘못 끼워진다. 시작이 잘못되면 결과를 반드시 그르치게 되는 것을 경계한 말이다. 필자가 보기에 제섭북태평양 탐험대의 결론은 잘못 끼워진 첫 단추였다. 인류학이라는 새로운 학문 분야에서 잘못 도출한 그들의 결론이 인류학의 첫 페이지를 얼마나 왜곡시켰고, 그것으로 인하여 그 이후에 집필된 세계사가 얼마나 잘못 기술되었는지 확인하기 위하여, 그 증거들을 지금부터 보기로 하자. 아래는 기원전 1500년 이전부터 조선시대까지 우리선조들이 남긴 골뱅이 기호가 새겨진 유물들이다.

(1)삼좌점 성터(기원전 20~15세기)

(2)평남 맹산군(기원전 5~7세기)

(확대)

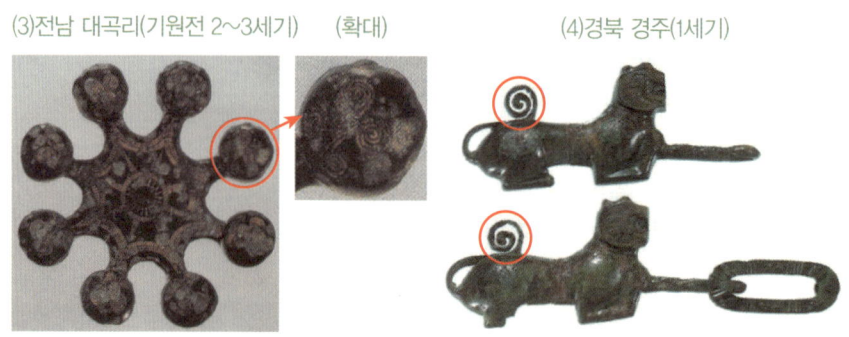

　(1)번 유물은 요하강 유역의 삼좌점 성터에서 발굴된 돌비석이다. 삼좌정 성터는 기원전 2000년경부터 기원전 1500년경까지 발달했던 하가점 하층문화

유적지에 있는 성터로서, 지름이 약 135m 정도 길이의 둥글게 쌓은 성이다. 요하강 유역은 우리선조들의 고대 문화의 요람이라고 할 수 있는 곳으로, 그곳에서 먼저 홍산문화(기원전 4500년~기원전 3000년)가 발달했는데, 하가점문화는 홍산문화의 후기 문화이다. 기원전 2333년 고조선이 건국된 지역이 바로 그곳이다.

(2)번 유물은 청동 거울을 만들던 거푸집으로, 그 뒷면에 세 개의 골뱅이 기호가 새겨져 있다. (3)은 청동 방울인데, 무당이 신(神)에게 굿을 올릴 때 사용했던 것으로 추정되는 유물이다. 여덟 개의 방울에 골뱅이 기호가 새겨져 있다. 고대 무당은 매우 높고 존귀한 신분으로서, 신앙적으로는 신의 대변자였고 정치적으로는 실질적인 통치자였다.

나머지 유물들 중에 특히 주목해야 하는 것은 (6)번과 (7)번 유물이다. (6)번은 통일신라시대의 짐승 무늬 기와인데, 짐승 얼굴 주변에 골뱅이 기호가 둘러져 있다. 이렇게 주변이 골뱅이 기호로 장식된 유물을 우리는 페루 차빈문명의 기둥과 가야 청동기의 유물에서도 보았고, 멕시코 태오티와간 벽화에서도 보았다. (7)번은 땅에서 기어 나오는 뱀용 머리 조각상이다. 이 조각은 수신상(水神像)으로, 918년 고려 태조 왕건이 나라를 건국하자마자 바로 이듬해에 설치한 유물이다. 그런데 뱀용 코 부분에 문제의 골뱅이 기호가 새겨져 있다. 우리는 앞에서 이것과 거의 같은 신상을 페루 모체문명 유물에서 보았다. (9)번 유물은 조선시대 건축된 대서문의 벽에 조각된 용머리이다. 개성의 뱀용처럼 머리 부분만 보이는데, 이것은 '비가 오면 땅굴에서 기어 나오는 뱀의 습성'을 반영한 것으로, 때를 맞춰 비가 오기를 기원하던 선조들의 신앙심이 반영된 것이다. 역시 두 개의 골뱅이 기호가 새겨져 있다. 나머지 (4), (5), (8)의 유물에도 골뱅이 기호가 선명하게 보인다.

◆ **골뱅이 기호의 중요성**

앞에서 살펴본 유물들을 보면, 동북아의 우리선조들도 기원 수천 년 전부터 이미 골뱅이 기호를 많은 유물에 남겼고, 그 전통은 우리민족의 맥과 함께 끊임없이 이어져 왔다는 것을 알 수 있다. 특히 고려 태조 왕건이 남긴 뱀용 머리 조각상을 보면, 동북아의 우리선조들도 골뱅이 기호를 매우 중요하게 여겼다는 사실을 알 수 있다. 그는 고려를 건국하고 이듬해에 개성에 수창궁을 지었는데, 그곳에 설치한 것이 이 조각상이었다. 우리가 주목할 것은 뱀용의 의미도 중요하지만, 긴 주둥이 바로 위에 문제의 골뱅이 기호를 새겼다는 점이다. 뱀용의 주둥이 윗부분은 가장 눈에 띄는 부분인데, 그곳에 골뱅이 기호를 새겼다는 것은, 그 기호가 고려왕조에 매우 중요한 의미가 있었다는 것을 암시한다. 고려왕조에 이어 조선왕조에까지도 골뱅이 기호는 이어졌는데, 이는 골뱅이 기호가 어느 특정 왕조나 특정 시대의 상징이라기보다 우리민족 자체와 깊은 연관성이 있었다는 것을 의미한다.

필자의 이 추정을 뒷받침해 주는 매우 중요한 유물이 있다. 1392년 조선을 창건한 태조 이성계의 무덤(동구릉 소재) 주변에는 호랑이 조각상 네 개가 무덤을 빙 둘러 지키고 있다. 그런데 아래 사진에서 볼 수 있듯이, 그 호석(虎石/호랑이 조각)의 앞다리 양쪽 겨드랑이에 문제의 골뱅이 기호가 선명하게 새겨져 있다.

이성계의 능의 호석   골뱅이 기호 (확대)

골뱅이 기호가 뱀용이나 호랑이와 원래 어떤 연관성이 있던 기호인가? 아니다. 전혀 관련이 없다. 그럼에도 불구하고 뱀용의 주둥이 위에 그리고 호랑이의 겨드랑이에 새겼다는 것은 '그 기호는 우리민족에게 특별한 의미가 있고, 선조들은 그 의미를 잘 알고 있었다'는 것을 뜻한다. 그런데 왕건과 이성계가 누구인가. 고려와 조선이라는 왕조의 창건자가 아닌가. 역대 왕조의 창건자들은 새로운 왕조의 창건이 자신의 뜻이라기보다 천명(天命), 즉 하늘의 명령이요, 피할 수 없는 운명(運命)이라고 생각했다. 수천 년 이어온 조상들의 얼이 정해준 길이라고 생각했다. 그런 왕조의 창건자들이, 동일한 기호를 한 분은 왕조를 창건하자마자 왕궁 마당에 새겼고, 한 분은 죽어 묻히는 곳에 새겼다. 비록 지금까지 아무도 이 기호를 주목하지 않았지만, 이 기호가 우리민족에게 매우 중요한 의미가 있었다는 뜻이 아니고 무엇이겠는가!

가야의 유물을 보면 이 사실은 더욱 분명해진다. 가야는 오늘날 우리가 설명하지 못하는 기이한 형태의 잔을 유물로 많이 남겼다.

(1)뿔잔은 꼭지 부분을 둥글게 말아 골뱅이 기호를 새겼고, (2)는 손잡이 부분을, 그리고 (3)은 두 개의 골뱅이 기호를 별도의 대를 세워 붙였다. 어느 것 하나 특이하지 않은 것이 없다. 뿔잔의 경우에는 그곳에 굳이 골뱅이 기호를

136 고대 아메리카에 나타난 우리민족의 태극

만들 필요가 없음에도 만들었고, 토기는 손잡이에 차라리 구멍을 뚫었더라면 잡기 편했을 텐데, 굳이 골뱅이 기호를 만드느라 사용하기에 더 불편하게 되었다. 바퀴 달린 잔은 가운데에 불쑥 튀어나와 그 자체로도 특이하다. 그리고 네 종류의 갑옷에 공통적으로 새겨진 골뱅이 기호를 보라. 이것이 단순한 장식이었겠는가?

특이하다는 것은 제작자가 그 부분을 '의도적'으로 만들었다는 뜻이다. '의도적'이라는 것은 사람들에게 보여 주기 위한 목적이 있었다는 뜻이고, 보여 주기 위함은 전달하고자 하는 '특별한 의미'가 있다는 뜻이다. 마지막 갑옷을 보면 이러한 의도가 더욱 분명하게 느껴진다. 오른쪽에 제시된 마지막 갑옷의 옆모습을 보면 목 뒤에도 두 개의 골뱅이 기호가 있다. 모양이나 위치로 보건대 이것
은 목을 보호하기 위한 실용적인 목적에서 만든 것이 아니다. 이 갑옷을 입고 전투를 한다고 상상해 보면 목 뒤로 삐죽 튀어나온 골뱅이 기호는 오히려 불편하고 거추장스럽다. 그럼에도 저 위치에 골뱅이 기호를 달았다는 것은 이 기호에 특별한 의미가 있었고, 그래서 측면에 있는 사람들도 이 기호를 볼 수 있도록 하기 위한 목적이 있었다고 짐작할 수 있다.

지금까지 관찰해 온 유물로 보건대, 이 기호는 문자가 없던 아득한 시대에 이미 시작되어 수천 년을 이어져 왔으므로, 삼국시대의 우리선조들은 그것이 의미하는 바를 누구나 상식처럼 알았을 것이다. 그래서 가야의 지배계층들은 저 갑옷을 입고 다녀 백성들이 앞이나 옆에서 그 기호를 보게 함으로써, 백성들이 그 기호가 의미하는 바를 잊지 않도록 했을 것이다. 고대의 모든 왕조는 백성들에게 왕조에 대한 충성심과 단결을 끊임없이 강요해 왔으므로, 골뱅이 기호는 그러한 목적에 매우 유용한 기호였을 것이다.

우리민족의 이동루트인 '만주대평원-아무르 유역-오호츠크해 연안-축지·캄차카 반도-알류샨열도-캐나다 서해안'으로 이어지는 지역에서 드러나는 증거들을 보면, 골뱅이 기호의 중요성은 더욱 분명해진다. 아래는 길약족의 전통 가구와 알류샨열도 원주민의 탈이다. 모두 골뱅이 기호가 선명하게 새겨져 있다.

길약족의 전통 가구

알류샨열도의 탈[18]

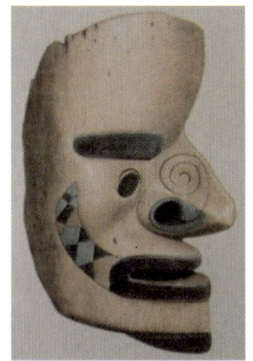

길약족의 골뱅이 기호에 대하여, 시베리아 소수민족 전문가 제임스 포르시스(James Forsyth)는 "길약족은 무엇보다 '회오리 문양'을 매우 좋아한다. 그들은 거의 모든 전통적인 도구와 의복에 이 문양을 새기곤 했다"고 말했다[19]. 그는

---

18 Lydia T Black, 「Aleut art」, Aleutian Pribilof Islands Association, Inc, 2003, p.82.
19 James Forsyth, 「A History of the peoples of Siberia」, Cambridge University Press, 1992, p.208./

골뱅이 기호를 '회오리 문양'이라고 했다. 이 설명으로 우리가 알 수 있는 것은, 아무르강 하류에 사는 길약족에게 골뱅이 기호는 그들의 전통과 깊은 연관성이 있었다는 사실이다.

알류산열도의 탈은 장례식에서 사자(死者)의 얼굴을 덮어주는 데 사용되었던 유물이다. 고대 우리선조들에게 죽음이란 '조상들 곁으로 간다'는 의미가 있었다. 따라서 장례식에서 골뱅이 기호가 새겨진 탈을 얼굴에 덮어주었다는 것은 그 기호가 죽은 사람을 조상들에게로 인도해 준다는 신앙적 의미가 있었을 것이라고 짐작할 수 있다.

골뱅이 기호는 우리민족의 이동루트였던 아무르강 하류와 알류산열도에서 이렇게 매우 중요한 의미로 남아 있었다. 그리고 이미 앞에서 보았듯이, 여기에 캐나다 서해안의 틀린깃족의 토템폴에 새겨진 골뱅이 기호와 미국 서해안의 인디언들이 그리던 골뱅이 기호를 연결해 보면, 우리민족의 이동루트에 해당하는 모든 곳에 문제의 골뱅이 기호가 남아 있었다는 것을 알 수 있다.

따라서 골뱅이 기호는 시기적으로 보나 이동루트에 남은 흔적으로 보나 우리선조들이 시작한 기호로서, 민족 대이동과 함께 아메리카대륙으로 건너갔음이 분명해진다.

매우 흥미로운 공통점이 있다. 두 개의 골뱅이 기호가 가야의 갑옷 가슴 부위에 새겨져 있는 것을 보았다. 그런데 다음 사진에서 볼 수 있듯이 아메리카로 건너간 우리선조들도 비슷한 흔적을 남겼다. 알류산열도 원주민들도 전쟁

같은 특징을 지적한 학자로 레빈(Levin)과 버솔드 로퍼(Berthold Laufer)도 있다. (참고: Levin, M.G., 「The peoples of Siberia」, The University of Chicargo Press, 1956, p.691./Berthold Laufer, 「The Decorative art of the Amur tribe」, AMS Press, 1975, p.13.

할 때 사용했던 나무 방패에 역시 두 개의 골뱅이 기호를 그렸고, 멕시코 아스태가 전사와 남미 페루 모체문명의 전사도 갑옷의 가슴 부위에 두 개를 그렸다. 모두 갑옷이나 방패에, 그것도 가슴 부위에 그렸다는 공통점이 있다. 따라서 가슴 부위에 그려진 두 개의 골뱅이 기호는 우리선조들에게 어떤 특별한 의미가 있었던것 같다. '전쟁의 승리' 혹은 '조상신의 보호'와 같은 의미가 있었던 것은 아닐까?

알류산열도 방패[20]

멕시코 아스태가 전사[21]

Pic 5: Francisco López de Gómara

페루 모체 전사[22]

페루 모체 전사[23]

지금까지 필자는 미국 북부와 남부 그리고 페루의 박물관 상징 기호가 모두 골뱅이 기호로서 같았다는 사실에서 시작하여, 그것이 남북 아메리카 모든 지역 거의 모든 부족의 고대 유물에 새겨져 있다는 사실을 밝혀냄으로써, 그것이

---

20 William W. Fitzhugh and Aron Crowell, 「Crossroads of Continents」, Smithsonian Institution, 1988, p.73.
21 http://www.mexicolore.co.uk/aztecs/moctezuma/last-mexica-princess-1. 설명에 따르면 프란시스코 로페스 고마라(Fráncisco López Gómara)가 그렸다고 한다. 그는 스페인 카톨릭 신부로서, 아스태가제국의 역사와 풍습에 관한 역사서를 쓴 사람으로 유명하다.
22 국립중앙박물관, 「태양의 아들, 잉카」, 페루 잉카 특별전 도록, 국립중앙박물관 편집부, 2009, p.78.
23 Wissenschaftliches Komitee, 「Inka Peru」, Verlag ernst wasmuth, 1992, p.145.

우연의 일치가 아니라 신대륙 발견 이전의 아메리카대륙 원주민들의 공통된 상징기호였다는 놀라운 사실을 밝혀내었다. 또 멕시코의 고대 기록을 바탕으로 태양신 강연이 있는 날에는 모든 사람들이 경건한 자세로 골뱅이 기호의 조개 목걸이를 걸고서 모였다는 기록을 찾아내어, 골뱅이 기호가 고대 멕시코 원주민들을 하나로 묶는 구심점 역할을 했다는 것을 알아내었다. 그리고 높은 무당이나 신상 조각의 이마, 가슴, 눈동자에 새겨져 있다는 사실을 바탕으로, 아메리카 원주민들에게 골뱅이 기호는 단순한 장식이 아니라 매우 소중하고 특별한 의미가 있는 기호였다는 것도 밝혀내었다.

그리고 그 골뱅이 기호가 만주대평원과 한반도의 우리 유물과 유적에도 수없이 많다는 사실을 확인했다. 골뱅이 기호가 새겨진 일부 유물의 경우에는 마치 보고 베꼈다고 할 정도로 동북아의 우리 유물과 아메리카 유물이 닮았다는 것도 발견했고, 특히 골뱅이 기호가 새겨진 뱀용의 경우에는 머리만 조각하던 풍습까지도 일치한다는 것을 확인했다. 그리고 시간적으로 골뱅이 기호가 새겨진 동북아의 우리 유물은 기원 수천 년 전까지 거슬러 올라가 아메리카의 것보다 훨씬 더 오래되었고, 우리민족의 이동루트에 해당하는 모든 지역에서도 나타난다는 사실을 바탕으로, 골뱅이 기호의 기원이 우리선조였고, 우리선조들이 살던 만주·요동·한반도가 근원지라는 사실도 밝혀내었다. 따라서 남은 의문은 다음 두 가지일 것이다.

우리선조들은 언제부터 골뱅이 기호를 사용하기 시작했는가?
우리선조들은 골뱅이 기호를 무슨 의미로 사용했는가?

골뱅이 기호의 시작

우리선조들이 골뱅이 기호를 언제부터 사용하기 시작했느냐 하는 것은 유물로 판단할 수밖에 없다. 고유 문자가 없던 우리선조들의 역사는 고대로 올라갈수록 유물 연구가 필수적이다. 선조들이 남긴 유물 가운데 가장 오래된 유물은 대부분 요동·요서 지역에 있다. 그곳은 우리선조들이 가장 먼저 문화를 일으켰던 곳으로, 멀게는 기원전 4500년~기원전 3000년까지 그 역사가 거슬러 올라가는 홍산문화가 일어났던 지역이다. 홍산문화가 소멸된 후에 그곳에서 우리민족 최초의 국가인 고조선이 건국되었다.

홍산문화 유적지에서 다음과 같은 옥기(玉器) 유물들이 대량으로 출토되었다. 그러나 홍산문화의 이 유물들이 무슨 용도였는지 제대로 설명한 학자는 아직까지 없다. 필자는 이 유물들이 바로 목걸이였고, 뿔소라를 횡으로 잘랐을 때 나타나는 모양을 본떠 만들었다고 판단한다. 이 판단의 근거는 홍산문화의 옥기와 뿔소라 조개로 만든 멕시코 아스태가 목걸이가 중요한 부분에서 일치한다는 데에 있다. 멕시코 아스태가의 목걸이는 뿔소라를 횡으로 얇게 잘라서 만든 것이다.

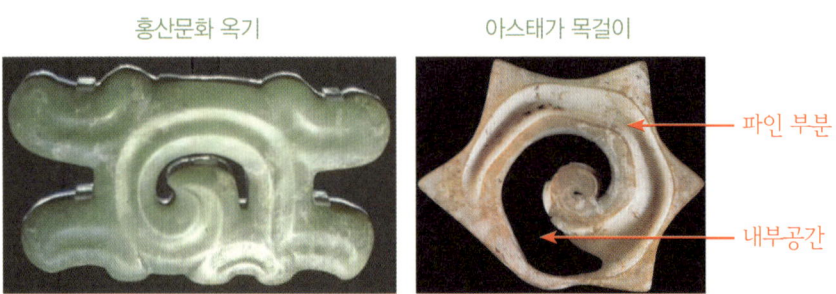

홍산문화 옥기 　　　　　아스태가 목걸이

이 사진을 비교해 보면, 파인 부분이 부드러운 곡선이면서 폭도 일정하다는 점에서 같고, 긴 고리처럼 휘어진 모양이 같으며, 내부에 생긴 공간도 소라 조개를 횡으로 잘랐을 때 생기는 곡선 모양으로 닮았다. 홍산 옥기를 연구했던 학자들이 설명하지 못했던 또 하나는 '옥기의 겉모양이 왜 그렇게 다양한가'였다. 아래 홍산 옥기들을 보라. 겉모양이 제각각이다.

홍산문화 옥기들

이 홍산옥기들의 공통점은 내부 공간으로 둘러싸인 가운데 부분의 끝이 살짝 휘어져 있다는 점이다. 필자는 끝이 살짝 휘어진 이 부분이 바로 골뱅이 기호의 원형이라고 본다. 그리고 홍산문화의 주인공들은 원래 멕시코 유물처럼 뿔소라를 잘라서 만든 목걸이를 착용하기 시작했고, 일부 지배계층은 나중에 귀한 옥을 같은 모양으로 깎아서 목에 걸고 다녔을 것이다. 홍산 옥기 목걸이의 겉모양이, 위의 사진에서 보듯이, 거칠고 다양한 이유는 다음 뿔소라를 보면 이해된다. 뿔소라는 종류도 많고 겉모양도 매우 다양한데, 바로 이 부분을 반영하여 만들었기 때문일 것이다. 이 홍산의 유물들이 목걸이였다는 근거는 옥기의 크기도 작지만, 윗부분에 보이는 작은 구멍들이다. 목에 걸기 위한 줄을 넣었던 구멍이 분명하다. 마지막 목걸이는 쇠로 된 것인데, 이는 철기가 시작된 기원전 3~4세기 이후에도 이런 형태의 목걸이를 계속 만들었다는 증거이다.

뿔소라

필자가 지금까지 아메리카대륙 전 지역에서 발견되는 골뱅이 기호를 관찰하는 동시에, 멕시코 아스태가 목걸이와 홍산 옥기 목걸이를 비교하여 도달한 결론은 이렇다: 기원 수천 년 전부터 요동·요서를 중심으로 문화를 일으키기 시작했던 우리선조들은 어느 시대부터 뿔소라를 잘라서 만든 목걸이를 목에 걸고 다니기 시작했을 것이다. 소라를 횡으로 자르면 나타나는 골뱅이 기호가 그들에게 특별한 의미가 있었기 때문으로, 그 의미는 모든 사람들이 상식처럼 알고 공감하던 의미였다. 골뱅이 기호의 목걸이를 착용함으로써 그들 모두는 어떤 동질감 혹은 일체감을 느꼈던 것이다. 즉 그 당시의 그들에게 골뱅이 기호는 동족 의식의 표현이었을 것이다. 그리고 일부 지배계층은 평민들과 달리 옥을 깎아 만든 골뱅이 기호 목걸이를 착용하기 시작했는데, 그것이 앞에서 본 홍산 옥기 유물들이다.

고구려(평양, 1세기)

필자가 이렇게 추정한 근거는, 첫째 멕시코로 건너간 우리민족의 후예들이 16세기 초까지도 뿔소라를 잘라 골뱅이 기호 목걸이를 만들어 착용하고 다녔고, 둘째 그것이 오랫동안 그들 사이에 대대로 전해 내려오던 전통적 풍습이었으며, 셋째 우리에게도 고구려 시대 유물로 소라를 잘라 만든 골뱅이 기호 유물이 있기 때문이다(오른쪽 사진)[24].

중국인들은 홍산문화가 그들 조상의 문화라고 주장하고 있다. 이에 반하여 우리 학자들은 그 당시의 요동·요서 지역이 우리선조들의 주된 터전이었다는 역사적 사실을 바탕으로 홍산문화는 우리민족의 고대 문화라고 주장해 왔다. 그런데 아메리카에 넓게 분포된 골뱅이 기호가 언제나 우리말, 우리 고유의 풍습과 함께 나타나고 있는 것으로 보아, 골뱅이 기호의 원형인 홍산 옥기의 주인공은 바로 우리민족이 분명하다[25]. 즉 우리선조들이 홍산문화를 일으킨 주인공들이었고, 그들은 그 일체감을 표현하기 위하여 하나같이 골뱅이 기

---

24 최동전(편), 「조선유적유물도감」, 2권, 동광출판사, 1990, p.158.
25 아메리카 학자들 가운데 멕시코 동해안의 올메카문명이나 중부 태오티와간문명에 중국 상나라의 특징적인 문양(紋樣)이 나타난다고 설명하는 학자들이 있다. 필자가 보기에도 유사한 점이 있다. 그러나 그곳에는 중국 한자는 전혀 나타나지 않고, 모든 지명과 기록으로 남은 생활용어가 우리말이고, 풍습도 우리민족 고유의 풍습이었다. 따라서 그 유사성은 오히려 상나라가 우리선조들이 건국한 나라였다는 증거가 된다. 중국 고대 문헌에도 상나라는 동이족이 건설한 나라라고 기록되어 있다. 필자는 고조선과 상나라는 모두 우리선조들이 건국한 나라로서, 같은 문화와 같은 문양을 사용했던 사람들이었다고 본다. 민족 대이동으로 고조선 사람들의 일부가 아메리카로 건너갈 때, 패망한 상나라 사람들 가운데 고조선 백성이 되었던 사람들도 함께 이동했을 것으로 본다.

호 목걸이를 착용했으며, 그 일체감이 점점 커지자 마침내 우리민족 최초의 국가 고조선을 건국하였을 것이다. 따라서 필자는 우리선조들이 골뱅이 기호를 의미 있는 목걸이로 착용하기 시작한 시기는 적어도 고조선을 건국하던 기원전 2333년 이전으로 판단한다.

  홍산문화의 목걸이는 나중에 아래와 같이 변했다. 이 목걸이들은 앞에서 본 옥기 목걸이를 좀 더 단순하게 만든 것으로, 만들기 힘든 뿔소라의 겉모양을 없애고 오직 '휘어진 모양', 즉 골뱅이 기호만을 나타내었다. 이 유물로 다시 확인할 수 있는 것은, 앞에서 본 옥기 목걸이에서 홍산문화의 주인공들에게 중요했던 부분은 '골뱅이처럼 휘어진 가운데 부분'이었다는 사실이다. 즉 골뱅이 기호였던 것이다.

홍산 옥기 목걸이

● 골뱅이 기호: 우리민족의 상징 '고리 기호'

사람들이 모여 큰 집단을 이루면서 문명을 처음 시작하던 시기에, 마치 약속이나 한 듯이 그 구성원들이 특별한 기호를 만들어 몸에 착용하고 다니기 시작했고, 그 후 수천 년 동안 후손들에게 전해져 내려왔다면, 그 기호는 단순한 장식이 아니라 그 민족에게 매우 특별한 의미가 있는 상징물이라고 보아야 할 것이다. 후예들이 수천 년 동안 그 기호를 수많은 유물에 끊임없이 새겨왔고, 역대 왕조 창시자들 또한 특별한 기념물에 새겨놓았다면, 그 기호는 그 민족의 근본 정체성과 관련된 상징물일 수도 있다.

골뱅이 기호는 우리민족에게 그런 기호였다. 비록 오늘의 우리는 그 의미와 전통을 완전히 잊어버렸지만, 우리선조들은 멀리는 기원 수천 년 전 만주대평원과 요동·요서에서 움집을 짓고 모여 살며 문화를 처음 일으키기 시작하던 시대부터, 가까이는 조선시대 후기까지 각종 유적과 유물에 골뱅이 기호를 끊임없이 새겨왔다. 고대 우리선조들은 그 기호를 목걸이로 만들어 목에 걸고 다녔다. 평민들은 뿔소라 조개를 잘라 만들었고, 지배계층은 그 모양을 본떠 옥으로 깎은 목걸이를 착용하고 다녔다. 그들은 서로의 가슴 앞에 매달린 골뱅이 기호로 같은 공동체의 구성원이라는 사실을 확인하고, 서로에 대해서 신뢰와 유대감을 드높였다. 그들에게 그것은 같은 '운명공동체'의 구성원이라는 소속감의 표현이었다.

민족 대이동으로 아메리카대륙으로 건너가 광대한 땅 곳곳으로 흩어졌지만 우리선조들은 골뱅이 기호의 전통과 풍습만은 잊지 않았다. 북미에서는 거대한 뱀용 언덕을 쌓아 그 꼬리에 골뱅이 기호를 남겼고, 멕시코에서는 거대한 피라밋과 각종 신상이나 뱀용 머리 조각에 새겼으며, 남미에서는 바위와 각종 유물에 새겼다. 우리선조들은 고유 문자가 없어 기록으로 남겨놓지 못했다. 그래서 아메리카대륙에 발을 디딘 후 천 년 이상 혹은 적어도 수백 년의 세월이 흐르자 모든 것이 희미해지고 잊혀져 갔다. 조상들이 어디에서 살다가 어디를 통하여 왔는지, 왜 골뱅이 기호를 목걸이로 만들어 착용하는지, 그 기호가 무엇을 의미하는지도 잊어버렸다. 그러나 그 후예들은 조상 대대로 하던 그대로 뿔소라를 잘라 골뱅이 기호를 만들어 목에 걸고 다녔다. 특히 각종 기념일이나 태양신 제사와 같은 중요한 날에는 깨끗한 옷을 입고 그 목걸이를 착용하고 행사에 참석하는 것이 풍습이 되었다. 아메리카에 건너온 후 지역에 따라 집단별로 독립된 국가를 건설하고 살게 됨으로써, 때로는 서로 적이 되어 끊임없는 전쟁을 치르는 사이가 되기도 했지만, 골뱅이 기호 목걸이만큼은 어느 부족에게든 귀중한 전통이 되었다.

　만주대평원을 이민족에게 넘겨주며 대부분의 선조들이 떠나던 시기에, 한반도에 남았던 선조들도 골뱅이 기호의 전통과 풍습을 가지고 있었다. 그러나 세월이 지나면서 그 기호의 기원과 의미를 잊어버리기는 이들도 마찬가지였다. 삼국시대부터 불교와 한자를 앞세우고 들어오기 시작한 중국 문화는 우리민족 수천 년의 전통 풍습과 신앙을 밀어내기 시작했다. 점점 발달해 가는 고대 국가를 체계적으로 통치하기 위하여 문서 기록이 필요하게 되자, 고유 문자가 없던 우리선조들은 최고 지배계층인 왕족들부터 한자를 배워 사용하기 시작했다. 한자는 불교의 경전으로 전해졌기에, 자연스럽게 불교가 선조들의 정신세계에 들어와 자리 잡기 시작하면서 전통 신앙을 밀어내었다[26]. 일부 왕자들은 아예 출가하여 불가의 승려가 되기도 했다[27]. 시간이 갈수록 불교와 한자가 점점 널리 퍼지면서 중국 문화의 영향도 점점 커졌고, 그에 따라 우리민족의 전통 풍습과 신앙은 더욱 위축되고 잊혀져갔다. 게다가 10세기에 일어난 고려왕조는 왕실이 나서서 불교와 한자를 장려함으로써, 그나마 이어져 오던 고대 풍습과 신앙의 명맥마저 사라져버리는 계기가 되었다. 바로 이러한 역사적 배경 속에서, 뿔소라를 잘라 목걸이를 만들던 풍습도, 그 안에 담긴 골뱅이 기호의 의미도 기억 저편으로 사라져 버렸을 것이다.

◆ **골뱅이 기호의 의미: 고리**

홍산문화에서부터 시작되어 수천 년 동안 고대 유물에 새겨져 오며 그 흔적을 남겼던 골뱅이 기호, 우리선조들이 서로에 대하여 '운명공동체'라고 처음으로 느끼며 목걸이로 착용하기 시작했던 그 골뱅이 기호의 명칭과 의미가 우리에게는 남아있지 않았으나, 멕시코 고대 문헌에는 기록되어 있었다. 820년경

---

26 원래 고대 우리민족은 가장 높은 무당이 최고 지배자였다. 그러나 불교가 들어와 왕족들이 불교를 믿고 전통 신앙을 버리자, 백성들과 왕족들 간에는 정신적 괴리가 생겼다. 즉 삼국시대 후반기는 왕족은 불교를, 백성들은 전통 신앙을 믿던 시대였다. 왕족과 백성들 간에 생긴 신앙적 괴리감은 왕실에 대한 백성들의 충성심이 약화되는 동기가 되었다. 필자는 우리선조들이 아메리카로 가장 많이 떠났던 시기가 삼국시대 후반기였던 것도 이러한 괴리감이 일부 원인으로 작용했기 때문이었을 것이라고 생각한다.
27 삼국시대 말기의 불교 승려로 후세에 이름을 남긴 원효대사나 의상대사는 이런 상황 속에서 승려가 되었던 왕자들이었다. 8세기 통일신라의 왕자였던 김교각은 중국으로 가서 지장보살이 되기도 했다.

요동의 아사달(아스땅)을 떠나 멕시코에 도착하여 아스태가제국을 건국했던 맥이족의 역사서 「보투리니 고문헌(Códice de Boturini)」에 골뱅이 기호(붉은 원 안)와 그것의 명칭이자 의미가 기록되어 있었다[28].

정복 당시의 스페인인들이 아스태가인들의 설명을 듣고 남긴 기록에 의하면, 이 그림의 내용은 다음과 같다[29].

맥이족은 원래 아스땅(Aztlán)에 살았는데, 그곳은 위가 평평한 피라밋이 있는 곳이었다. 그런데 무당 기질로포치들이(Huitzilopochtli)의 선동으로 새로운 땅을 찾아 떠났다. 그들은 걸어서 이동하기 시작했는데, 제일 먼저 도착

---

28 보투리니 고문헌은 아스태가제국이 정복당한 지 20여 년 뒤에 그려진 것으로, 현재 남아있는 것은 원본이 아니라 필사본이다. 원본은 사라져 제목조차 알 수 없고, 이 필사본을 수집했던 이탈리아 역사가 보투리니(Boturini)의 이름을 따서 부르고 있다. 그는 1736년 멕시코로 건너가 원주민들이 남긴 많은 책을 수집했으나, 썩거나 관리 부실로 사라졌다고 한다.
29 그림에서 배를 타고 있는 장면은 골화간에 도착한 지 오랜 시간 후의 이동 과정에 관한 설명이다. 이 그림에서 배 탄 장면이 골화간으로 이동하기 전에 먼저 그려져 있는 이유는, 500여 년 동안 떠돌이 생활을 하면서 입에서 입으로 역사가 전해지는 동안, 이야기 순서가 바뀌었기 때문이다. 자세한 것은 '손성태, 「우리민족의 대이동/멕시코편」, pp.264~265를 참고하세요.

한 곳이 골화(Colhua)족이 살던 곳으로, 그곳을 골화간(Colhuacan) 혹은 태오 골화간(Teo Colhuacan)이라고 불렀다.

맥이(mexi)족은 우리선조 '맥(貊)'족을 말하고, 아스땅은 고조선의 수도 '아사달(阿斯達)'을 말한다[30]. 우리선조들이 살던 요동과 남만주 일대에는 지금도 수만 기의 피라밋이 있는데, 모두 위가 평평하다. 지도자 무당의 이름 기질로포치들이(Huitzilopochtli)는 우리말로서 '기질, 북진사람'이라는 뜻이다[31].

중국 역사가들은 대략 기원전 2세기경부터, 오랫동안 사용하던 우리민족에 대한 호칭 '동이(東夷)'를 '예맥(濊貊)'으로 바꾸어 부르기 시작했다. 맥족은 요동·요서를 중심으로 고조선을 건국하여 살던 사람들을 가리키는 호칭이었고, 예족은 만주대평원을 중심으로 흩어져 살던 나머지 사람들을 가리키는 호칭이었다. '맥'이라는 호칭은 나중에 '맥이(貊耳)'로 바뀌었는데(후한서/後漢書, 85), 이 명칭이 아메리카로 건너가 멕시코를 건국한 '맥이(Mexi)족'의 명칭이 되었다.

이 그림과 설명에서 우리가 주목할 부분은, 그들이 아스땅을 떠나 제일 먼저 도착했던 곳을 '위가 꼬부라진 골뱅이 기호'로 표현했고, 그곳을 '골화간(colhuacan)'이라고 불렀다는 사실이다. '골화(colhua)'족이 산다고 하여 그렇게 불렀다고 한다. 이것은 붉은 원으로 표시된 골뱅이 기호의 명칭이 '골화'라는 것을 의미한다. 그리고 때로는 '태오골화간(Teocolhuacan)'이라고도 불렀는데, 골화족이 태양신을 믿었기 때문이라고 한다. '태오(Teo)'는 우리말 '태워/태우-다'로

---

30 손성태, 「우리민족의 대이동, 멕시코편」, 코리, 2014, pp.340~344를 참고하세요.
31 손성태, 「우리민족의 대이동, 멕시코편」, 코리, 2014, pp.346~350을 참고하세요.

서, 고대 우리선조들이 태양을 가리키던 말이었다.

20세기 초에 독일 출신 에두어드 젤러(Eduard Seler)라는 걸출한 학자가 있었다. 그는 멕시코 원주민 언어 및 문화에 대한 최초의 대가로서, 마야어까지 처음 해석했던 사람이었다. 그는 '골화'라는 말은 원래 '고리(coli/colli)'라는 말이 변화되어 생긴 말이라고 밝혔다[32].

골화(Colhua) = 고리(Coli,Colli)

아스태가제국 역사의 대가로 프랑스 출신 크리스티앙 뒤베르제(Chritian Duverger)라는 학자도 있었다. 젤러처럼 뒤베르제는 멕시코 원주민 언어 및 문화의 대가로서, '고리'는 '둥글게 휘어진 물건' 또는 '노인, 조상'을 뜻하는 말이라고 설명했다[33]. 그렇다! 우리말 '고리'가 바로 이 두 가지 뜻을 가지고 있다. 먼저 두 번째 뜻부터 살펴보면 다음과 같다. 우리말에는 '고리타분하다'는 말이 있다. 이 말의 뜻은 다음과 같다.

고리타분하다→생각이나 행동이 새롭지 못하고, 시대에 뒤처져 옛스럽고 답답하다.

---

[32] Nigel Davies, 「The Toltec Heritage」, University of Oklahoma Press, 1980, p.23. 에두어드 젤러(1859~1922)는 독일 베를린의 인종박물관 연구원으로 재직하던 1887년부터 멕시코와 중미 원주민 언어와 문화 연구에 평생을 바친 학자로서, 오늘날까지도 그의 연구는 아스태가제국과 중미 연구의 기본 바탕이 되고 있다.

[33] Christian Duverger, 「El Origin of de los Aztecas」, Grijalbo, 1987, pp.124 & 139.

이 뜻을 보면, '고리'는 '노인, 늙은이'를 가리키던 말이 분명하다. '생각이나 하는 짓이 옛스럽고 시대에 뒤떨어진 사람'은 '노인'이고, '고리타분'은 '고리다운' 즉 '노인네다운'의 뜻이기 때문이다. 아마도 '고리타분'은 '고리다운'의 옛말 '고리다분'에서 유래했을 것이다[34].

첫 번째 뜻, 즉 고리가 '둥글게 휘어진 물건'을 의미한다는 것은 굳이 설명할 필요가 없을 것이다. 우리는 아래와 같은 모든 물건을 '고리'라고 한다.

고리

이로써 멕시코 원주민 말 '고리(coli/colli)'가 바로 우리말 '고리'라는 것이 확인되었다. 뜻과 발음이 모두 일치하기 때문이다. 그에 더해 '골회'는 원래 '고리(coli/colli)'가 변화된 말이라고 에두어드 젤러(Eduard Seler)가 설명하고 있는데, 이는 우리 고어와 정확하게 일치한다. 이희승님의 「국어대사전」에 따르면, 우리도 옛날에는 '고리'를 '골회'라고 말하기도 했다. '골회'는 멕시코의 '골회'와 같

---

34 멕시코 원주민이 사용한 우리말에 관한 기록에는 우리 국어와 관련하여 매우 흥미로운 내용이 있다. 우리 국어에서 '다운'은 옛날에 순경음 'ᄫ'을 사용하여 '다ᄫᅮᆫ'이었다고 국어학계에서 설명하고 있으나, 과연 순경음 'ᄫ'이 실제로 존재했냐에 대해서는 논란이 많다. 그런데 멕시코 원주민 말을 정리하여 1689년 문법서를 썼던 바스께스 가프텔루(Vazquez Gaftelu)신부는 다음과 같이 말했다: "이 사람들은 'ㅂ'을 발음할 때 모음 '우'소리를 섞어서 발음한다." 이 설명은 곧 멕시코 원주민들이 'ㅂ'을 순경음 'ᄫ'으로 발음했다는 것을 의미한다. (참조:Vazquez Gaftelu,「Arte de la lengua méxicana, Edmundo Aviña Levy(Ed.), 1969, p.1.)

은 말이라는 것은 의심의 여지가 없다[35]. 따라서 아스태가인들이 남긴 다음 골뱅이 기호의 뜻과 명칭은 아래와 같이 정리된다.

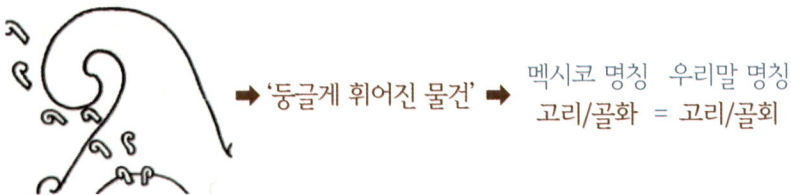

15세기 세종대왕이 한글을 창제할 때까지 우리선조들은 민족 고유의 문자가 없어 우리말을 기록하지 못했다. 아메리카로 건너간 맥이족도 기록할 문자가 없어 '고리'라는 말을 저렇게 '휘어진 고리 모양'의 그림으로 표현할 수밖에 없었다.

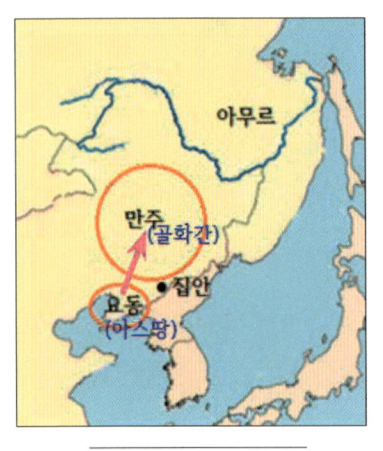

맥이족은 우리민족 '맥'족이었고, 그들의 '아스땅'은 초기 고조선의 중심지였던 '아사달'이다. 필자는 「우리민족의 대이동/멕시코」(pp.344~355)에서 아사달이 요동지역에 있는 오늘날의 '북진(北鎭)'이라고 밝혔다. 따라서 그들이 처음 도착했

---

35 이것과 관련하여, '뿌리'의 옛말이 '불휘'라는 것도 있다. '나라'의 옛말도 '나랗'인데, 멕시코에서는 '나확(nahuac)'이라고 했다. 이것을 모두 정리해 보면 다음과 같다.
뿌리 = 불휘
고리 = 골회
고리 = 골화
나랗 = 나확
이러한 음운 변화의 일치는 우연히 일어날 수 없는 현상으로, 멕시코 원주민 말이 우리말이라는 것을 분명하게 보여준다. 멕시코 원주민 말과 우리말의 대응에서 보이는 약간의 차이는 500년 이상의 시간 차이 때문에 생긴 변화 때문일 것이다. 멕시코로 건너간 우리선조들은 적어도 10세기 이전에 갔고, 우리의 고어는 빨라도 15세기에 기록되었다.

던 곳은 오늘날 우리가 '만주'라고 부르는 지역이 분명하다.

'만주'라는 지명은 17세기 이후에 사용되기 시작한 명칭으로, 중국의 마지막 왕조 '청(淸)'나라를 일으킨 종족이 만주족이고, 그들의 근거지가 우리선조 부여-고구려인들이 살다가 떠난 땅이었다. 그래서 그 땅을 그들의 종족 명칭을 따서 '만주'라고 부르기 시작한 것이 오늘날의 명칭으로 굳어졌다. 만주족은 원래 「삼국지」위지동이전에 기록된 숙신의 후예로서, 아메리카로 떠난 우리선조들로부터 만주대평원을 물려받았던 사람들이었다.

그렇다면, 만주대평원의 원래 지명은 무엇이었을까? 지명은 그곳에 살던 민족의 언어로 불려지기 마련이다. 만주대평원은 동북아의 아득한 역사가 시작된 이래 우리선조들의 영토였다. 그곳은 우리선조들이 민족 대이동으로 아메리카로 떠나기 전까지 수천 년 동안 살던 땅으로서, 그곳에서 우리선조들은 기원전 3세기에 부여를 건국했고, 기원전 37년에는 고구려를 건국했으며, 기원후 699년에는 발해를 건국하여 926년까지 통치했다. 따라서 기원 수천 년 전부터 기원후 10세기까지 만주대평원의 명칭은 우리말이었을 것이다. 그것이 무엇이었을까?

우리에게는 이 의문을 해결할 실마리가 없다. 10세기 이후 한자가 우리민족의 중심 문자가 되면서 우리말의 대부분이 사라져 버렸는데, 그 와중에 수천 년 이어져 오던 만주대평원의 원래 지명도 사라져 버렸다. 그러나 820년경 아스땅(아사달)을 떠나 멕시코로 건너가 아스태가제국을 건국했던 맥이족은 우리가 잃어버린 그 소중한 지명을 남겼다. 그들이 아스땅을 떠난 뒤 제일 먼저 도착했던 곳은 '고리'족이 살던 땅으로, 그 지명이 '골화간' 혹은 '태오골화간'이라

03. 고대 우리민족의 상징 '고리 기호' **155**

고 기록해 놓았다. 필자는 바로 이것이 만주대평원의 원래 지명이었다고 생각한다.

어떤 말이 우리말인지 아닌지 판단하는 방법 중 하나는, 우리말 형태소로 분석하여 각 형태소가 우리말 형태소와 일치하는지, 그리고 그 형태소들의 결합 방식이 우리말 문법에 어긋나지 않는지 확인하는 것이다. 아래는 '골화간'과 '태오골화간'을 우리말 형태소로 분석해 본 것이다.

골화간(Colhuacan) → 골화 + 간
    뜻   고리   간(장소/족장)

태오골화간(Teo Colhuacan) → 태오 + 골화간
    뜻   태양의(신성한) 고리 장소

'골화'는 '고리'라는 것을 앞에서 보았고, '간'도 '장소'를 뜻하는 우리말이다(헛간, 뒷간, 장독간 등). '태오'는 「멕시코편」에서 설명했듯이 우리말 동사 '태우(다), 태워'로서 고대 우리선조들은 이 말로 '태양'을 가리켰고, 태양은 고대 우리선조들에게 최초의 숭배 대상이 되어 '태양신'이 되었다. 그래서 '태우, 태워, 태오'는 '태양신'을 뜻하는 말이면서 동시에 '신' 또는 '신성한'을 뜻하는 말로도 사용되었다. 이 말에서 유래된 '태, 대, 타, 토'는 모두 '신성한'을 뜻하던 고대 우리말이다.

'골화간'이나 '태오골화간'의 형태소 결합 순서를 보면, 수식어가 앞에 오고 중심어가 맨 뒤에 오는 우리말 어순 원칙과 일치한다. 따라서 '골화간'은 '고리의

장소', 즉 '고리족의 영토'라는 뜻이 되고, '태오골화간'은 '신성한 고리족의 영토' 또는 '태양신의 고리족의 영토'라는 뜻이 되어 모두 우리말이라는 것이 확인된다.

인간에게는 흥미로운 언어습관이 있다. 살던 곳을 버리고 새로운 땅으로 이동하여 정착하게 되면, 그곳의 지명이 없거나 알 수 없을 때는 그들이 전에 살던 곳의 지명을 가져와 그대로 명명하곤 했다. 스페인인들은 멕시코를 점령하여 '뉴스페인'이라고 명명했고, 영국인들은 미국 동북부 지역에 처음 도착한 후 그곳을 '뉴잉글랜드'라고 불렀다. 1620년 청교도들은 영국의 작은 항구 '플리머스'를 출발하여 오늘날의 미국 메사추세츠주의 해안가에 도착하여, 떠나왔던 항구의 이름을 따 그대로 '플리머스'라고 불러 오늘날까지 이어지고 있다. 네덜란드와 프랑스인들도 마찬가지였다. 그들도 미국에 와서 정착한 곳을 '뉴암스테르담', '뉴오를레앙스'라고 명명하여, 그 지명들이 오늘날까지 이어지고 있다.

우리선조들도 마찬가지였다. 고리족들은 살던 만주대평원 '골화간'을 떠나 멕시코 태흐고고(Texcoco) 호숫가를 비롯한 여러 지역에 정착한 후에, 그곳을 '골화간'이라고 불렀다. 그래서 신대륙 발견 당시의 멕시코에는 '골화간'을 뜻하는 그림문자로 표기되던 지역들이 매우 많았다. 다음은 멕시코 여러 지역에 존재하던 '골화간'을 나타내던 그림문자의 일부이다. 이 그림문자가 멕시코 전역에 퍼져 있었다는 것은 만주대평원에 살던 고리족이 멕시코 전역으로 퍼져, 각자 집단을 이루어 살았음을 의미한다.

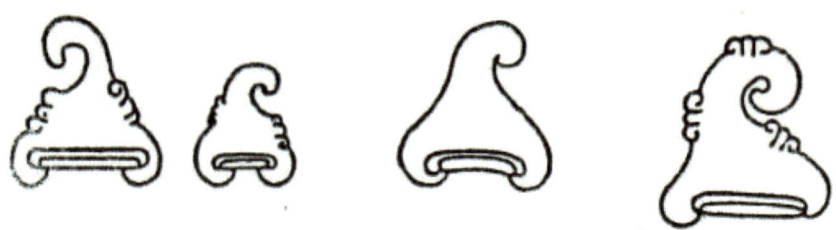

멕시코 고대 문헌에서 사용된 '골화간'을 뜻하는 그림문자들

이것으로써, 필자는 맥이족이 남긴 '골화간', 즉 '고리간'이 만주의 옛 지명이고, 그곳에 살던 사람들은 '고리'라고 불리던 사람들이었다는 것을 확인했다. 또 멕시코 원주민들이 사용했던 '고리/골화'라는 말이 우리말이고, 적어도 15세기까지 우리선조들도 '고리/골회'라고 말했다는 것도 확인했다.

만주대평원의 옛 이름 '골화간/고리간'을 남긴 '고리'라고 불리던 사람들은 누구였는가? 바로 우리민족이 아닌가! 우리민족의 언어와 생활 풍습에 관하여 처음 구체적으로 기록한 책은 3세기에 쓰인 「삼국지」위지동이전이다. 그 책 '부여'편은 우리민족 최초의 호칭이 '고리'였다고 다음과 같이 기록하고 있다.

魏略曰 舊志又言, 昔北方有高離之國者
(위략왈 구지우언 차북방유고리지국자)
위략에서 말하기를, 옛날부터 전해오는 이야기에 따르면, 그 북쪽에 '고리'라는 나라가 있었다.

「삼국지」위지동이전이 '옛날부터 전해내려 오던'이라고 기록했다. 이 말은

'고리'라는 호칭이 3세기보다 훨씬 오래전부터 내려오던 우리민족의 명칭이었다는 것을 의미한다. 고유문자가 없었던 우리선조들은 한자를 받아들여 기록하기 전까지 자신들이 '고리'족이라는 것을 어떤 방식으로 표현했을까?

기원 수천 년 전부터 고리 모양의 목걸이를 착용했다는 것은 그때부터 우리선조들은 이미 자신들을 '고리족'으로 인식하고 있었다는 증거이다. 따라서 '운명공동체'로서의 '고리족'이라는 일체감을 어떤 방식으로든 표현하기는 했을 것이다. 그것이 무엇일까? 멕시코로 건너간 맥(이)족이 그곳에 먼저 도착하여 정착해 살던 골화족(고리족)의 거주지를 고리 모양의 기호로 나타내었듯이 그렇게 그림으로 표현하지는 않았을까?

그렇다! 바로 그것이었다! 홍산문화의 목걸이에서부터 고대 우리선조들이 수많은 유물에 새겨놓은 기호, 고려 태조 왕건이 고려를 창건하자마자 뱀용 주둥이 위에 남겼던 기호, 조선 태조 이성계가 죽어 무덤가 호석에 새겼던 바로 그 기호였다. 신대륙 발견으로 멕시코를 정복한 스페인인들이 토토나가판 원주민들의 목걸이에서 보았던 기호, 아스태가·마야인들이 신상의 이마, 가슴, 눈동자에까지 새겨 놓았고, 멕시코 서부 미치와간의 원주민들은 피라밋에 유일하게 새겨놓은 기호, 그리고 오늘날엔 미국 북부 미네소타대학교 박물관의 벽에, 뉴멕시코 산타페 박물관과 남미 페루 카오박물관의 상징탑에 새겨져 있는 바로 그 기호였다.

아메리카대륙 전역에 퍼져있어 아메리카 모든 원주민 종족들을 하나로 묶을 수 있는 기호, 미국 학자들이 '바람의 상징'이라 했고, 중남미 학자들은 '파도의 물결 모양'이라고 했던 그 기호가 바로 '고리'라는 말을 표현하는 기호였다. 필자가 지금까지 '골뱅이 기호'라고 불렀던 그 기호가 바로 우리선조 '고리' 족을 뜻하던 그림문자였던 것이다.

　민족 고유의 문자가 없던 우리선조들은 우리민족을 '우리말'로 표현하기 위하여 골뱅이 모양의 기호를 창안하여 목걸이로 착용하고 다녔고, 그 기호를 본 우리민족은 누구나 '고리'라는 말을 머리에 떠올려, 우리가 '고리족'이라는 사실을 되새기곤 했던 것이다.

　멕시코 원주민들이 '고리, 골화'라고 부르며 가슴 앞에 차고 다니던 목걸이가 어디에서 유래되었겠는가? 바로 기원 수천 년 전 요하강 유역에서 동북아 최초의 문명이었던 '홍산문화'를 일으켰던 사람들이 착용하고 다니던 목걸이에서 유래되지 않았는가! 이 사실은 무엇을 말하는가? 바로 홍산문화의 주인공들부터 자신을 '고리족'이라 불렀다는 단적인 증거가 아니고 무엇이겠는가! 그래서 고리 기호는 홍산문화의 유물에서부터 삼국시대의 유물, 고려시대와 조선시대의 유물에 이르기까지 우리민족의 역사 속에서 끊임없이 나타났던 것이다. 그것이 바로 문자가 없던 고대 우리선조들이 '운명공동체'로서의 '고리 민족'을 나타내던 방법이었던 것이다. 아래는 고리 기호를 나타내거나 포함하고 있는 우리 유물을 다시 한 번 시대별로 간단하게 정리한 것이다.

홍산문화 옥기의 고리 기호

삼국시대 이전의 고리 기호

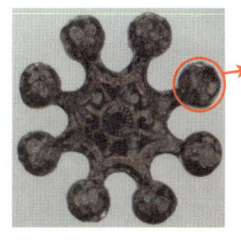

삼국시대의 고리 기호

고려 태조 왕건의 고리 기호   조선 태조 이성계의 고리 기호

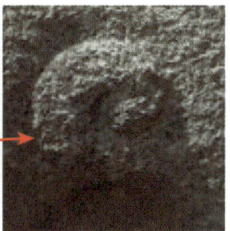

 이것으로 필자는 우리선조들과 아메리카 원주민들이 남겨놓은 골뱅이 기호, 즉 고리 기호의 기원과 의미를 모두 밝혔다. 고리 기호는 문자가 없던 고대 우리선조들이 '고리'족이라는 것을 표현하던 그림문자이면서, 구성원 상호간에 믿음과 단결을 도모하던 신표(信標)였고, 그 시작은 기원 수천 년 전의 홍산문

화에서부터였다. 홍산문화의 주인공들은 자신들이 '고리족'이라는 것을 나타내기 위하여 뿔소라를 잘라 만든 '고리 기호' 모양의 목걸이를 착용하고 다녔고, 시간이 지나자 지배계층은 그것을 본떠 깎은 옥 목걸이를 착용하고 다녔던 것이다.

오늘날 중국인들은 홍산문화의 주인공들이 자기네 선조라고 주장한다. 그러나 그러한 주장은 홍산문화의 가장 중요한 유물인 옥 목걸이가 무엇을 나타내는지 모르는 무지(無知)에서 비롯된 것이다. 그들은 앞에서 본 홍산문화가 남긴 모든 목걸이들이 그 안에 '고리'를 뜻하는 그림문자를 담고 있다는 사실을 까맣게 모르고 있는 것이다.

중국어로 '고리'는 '와안(環)'이라 한다[36]. 그들은 홍산 옥 목걸이를 보고 '와안'이란 말을 머릿속에 떠올릴 수 있지만, '고리'라는 말은 절대로 떠올리지 못한다. '고리'는 순우리말이기 때문이다. 그리고 멕시코 원주민들이 남긴 말이 무엇이던가? 바로 '고리/골화'가 아니었던가. '와안'과는 전혀 관련 없는 말이다. 우리말을 사용했고 우리 풍습으로 살았던 멕시코 원주민들이 착용하던 뿔소라 목걸이는 홍산문화의 유물로 남은 옥 목걸이와 겉모양까지 닮았다는 것을 앞에서 확인했다. 그 닮음은 멕시코 원주민과 홍산문화의 주인공이 같은 민족이었다는 사실 외에 무엇을 말하겠는가?

오늘날 중국 일부 학자들은 멕시코를 비롯한 아메리카 원주민의 조상이 중국인이라고 주장하고 있고, 영국의 가빈멘징 재단은 이를 전 세계에 알리고자

---

36 일본어로는 고리를 '강(かん)'이라 하고, 몽골어로는 '헐버스(холбоос)'라고 한다. 이것은 멕시코 원주민의 말 '고리(coli)/골화(colhua)'가 우리말이라는 사실을 다시 한 번 확인해 주는 증거이다.

지금도 노력하고 있다. 세계사는 아직도 어두운 무지(無知) 속에 헤매고 있는 것이다.

　어두움이 아무리 깊을지라도 빛이 밝아오면 사라지는 법, 지금까지 세계사를 덮어 온 무지(無知)라는 껍질도 그런 것에 불과하다. 앞에서 보았듯이, 복희여와도는 우리말 '아해'가 있어야 비로소 그 진정한 의미를 알 수 있었다. 그와 같이 기원 3000년 전 홍산문화의 주인공들이 남긴 수많은 옥 목걸이도 '고리'라는 우리말을 통해 비로소 그 진정한 의미를 알 수 있다. 그리고 앞에서 본, 500년 전 멕시코 원주민이 남긴 '보투리니 고문헌'의 그림문자와 그들의 말 '고리(coli)/골화(colhua)'의 상관관계도 '고리'라는 우리말만 있으면 저절로 이해되고, 멕시코 모든 원주민들이 착용했던 뿔소라 목걸이의 진정한 의미도 알 수 있다. 그리고 그것이 홍산문화의 옥 목걸이와 왜 닮았는지도 설명된다. '고리'라는 우리말을 통해야만 남북 아메리카대륙 모든 원주민이 그렇게도 많이 남긴 '골뱅이 기호'의 진정한 의미를 알 수 있고, 그들이 남긴 수많은 지명과 생활용어가 왜 우리말이며, 그들이 왜 우리민족 고유의 온갖 생활풍습과 놀이풍습을 가지고 있었는지도 설명된다. '고리'라는 우리말은 아메리카대륙 원주민의 기원을 1만 5천 년 전의 원시 고아시아인이라고 잘못 설명해 온 학설을 단번에 무너뜨리고, 그들의 기원이 우리민족이라는 사실을 선명하게 드러낸다. 그래서 역사는 속일 수 없는 법이다!

◆ **고리 기호, 민족의식의 시작**

고리 기호는 고유 문자가 없던 우리선조들에게는 '고리'라는 말을 표현하는 그림문자였고, 주변의 다른 민족들에게는 우리민족을 나타내는 상징이었다. 고리 기호 모양으로 만들어진 목걸이는 선조들이 운명공동체로서 '고리족'이라는 정체성을 깨달으면서 착용하기 시작하여, 민족 대이동과 함께 아메리카까지 건너가 남북 아메리카 전 지역으로 퍼진, 그 시대 우리민족의 신표(信標)였다.

기원 수천 년 전 요동의 요하강 유역에 모여 살던 우리선조들은 문명을 처음 일으키기 시작했다. 그 시대 선조들의 삶은 씨족 집단 사회로서, 집안의 가장 나이 많은 노인이 지도자였다. 씨족 집안의 모든 중요한 일은 그 노인이 결정했고, 구성원 모두는 그의 결정을 존중하고 따랐다.

우리민족의 노인에 대한 공경은 예로부터 '동방예의지국'이라 불릴 정도로 주변국에까지 널리 알려져 있었다. 노인을 공경하며 지도자로 모시는 풍습은 민족 대이동으로 아메리카로 건너가서도 이어졌던 모양이다. 멕시코를 정복했던 스페인인들은 멕시코 원주민에 대하여 '이 사람들의 노인에 대한 공경은 타고난 것 같다'는 기록까지 남길 정도였고[37], 19세기 미국 인디언들은 백인들에게 미국 대통령을 '너희들의 가장 위대한 아버지'라고 칭했다고 하니 말이다[38]. 즉 미국 인디언들도 '가장 높은 사람'은 곧 '가장 위대한 아버지'라는 정신세계

---

37 Luis Nava Rodríguez, 「Tlaxcala en la Historia」, Editorial Progreso S.A., p. 39.
38 Virgil J. Vogel, 「Indian names in Michigan」, The University of Michigan Press, 1986, p.37.

를 가지고 있어, 어른을 공경하던 우리민족의 정신세계가 그들에게도 19세기까지 면면히 이어졌다는 것을 알 수 있다.

그런데 우리민족의 극진한 노인 공경 풍속은 어떻게 시작되었을까? 정확하게는 알 수 없다. 그러나 이 풍속과 관련되지 않았을까 추정되는, 고대 우리민족의 노인과 관련된 중요한 사실 한 가지가 있다. 그것은 주변 다른 민족의 노인에게서는 찾아볼 수 없던 장점으로, 고대 우리선조들이 부흥하고 발전할 수 있었던 원동력이었다. 바로 노인들이 전해주는 하늘의 별자리에 관한 천문(天文)지식이었다.

널리 알려져 있듯이, 우리민족은 전 세계 모든 민족들 가운데 가장 일찍 계절에 따라 하늘의 별자리 위치가 달라진다는 것을 깨달았다. 그 시대의 천문지식은 '풍요'의 원천(源泉)이었다. 천문지식을 바탕으로 우리선조들은 씨를 뿌리는 시기와 열매를 거둬들여야 하는 시기를 미리 알 수 있었고, 겨울철 먼 곳까지 가서 많은 짐승을 잡아 집으로 돌아올 수 있었다.

18세기 이전까지 사냥은 인간의 삶에 매우 중요했다. 사냥은 인간에게 '고기'라는 식량뿐 아니라 '가죽'이라는 의복 재료도 제공했다. 산업혁명으로 방직공업이 일어나 옷감을 대량 생산하기 전까지, 겨울철의 옷은 짐승가죽으로 만든 옷이 최상품이었고, 신발도 가죽신이 최고였으며, 각종 전쟁용 무기제작에도 가죽은 반드시 필요했다. 따라서 고대 사회에서 짐승 가죽은 매우 중요한 필수품으로, 높은 가격에 거래되어 부(富)를 축적하는 수단이었다. 그런데 짐승 가죽은 겨울철 사냥에서 주로 얻을 수 있고, 여름철 사냥에서는 얻을 수 없다. 여름에는 가죽이 쉽게 상해 금방 털이 빠지고 썩어버리기 때문이다. 만주

담비

대평원과 아무르 유역은 보통 10월부터 눈이 오기 시작하여 겨울철 내내 산과 들을 하얗게 덮어, 집에서 멀리 가면 길을 잃어 돌아올 수 없게 된다. 이때 우리 선조들은 천문지식을 바탕으로 하늘의 별자리를 보고서 방향을 찾아 집으로 돌아올 수 있었다. 천문지식이 없던 주변 민족들, 예를 들어 숙신족은 주로 집 주변의 산과 들에서만 사냥했다. 우리선조들은 천문지식 덕분에 아무르를 지나 오호츠크 연안까지, 그리고 마침내 대규모 순록 떼와 그 당시 비싸기로 유명한 담비 떼가 넘쳐나던 북쪽 춥지·캄차카 반도까지 사냥터를 넓혀, 많은 짐승을 잡아 집으로 돌아올 수 있었다[39]. 이것은 곧 우리민족에게 풍요와 번영을 가져왔다. 북쪽에 살던 선조들은 가죽을 요동의 고조선 상인들에게 팔아 넘겨 생필품과 금을 받았고, 고조선 상인들은 그것을 가공하여 중국 중원으로 팔아 많은 부(富)를 축적했다. 따라서 고대 우리선조들은 주변 민족에 비해 풍요로운 삶을 누리면서 인구수에서도 빠르게 증가했는데, 이 모든 것은 노인들이 가르쳐준 천문지식 덕분이었다.

따라서 노인은 지혜와 지식의 보고(寶庫)이자, 풍요로운 삶으로 인도하던 지도자였다. 그래서 우리민족은 노인을 존경하는 풍속이 저절로 생겨나, 동방예

---

39 담비 가죽은 고대뿐 아니라 17세기까지도 매우 비싸게 거래되었다. 17세기 러시아의 피터대제는 스웨덴과의 전쟁 비용을 마련하기 위하여, 춥지·캄차카 반도에서 잡히는 담비 가죽을 왕실 전매로 한다는 명령을 내렸고, 러시아 병사들을 대거 파견하여 더 많은 담비를 잡아 오도록 독려했다. 러시아 병사들은 원주민들을 총칼로 위협하며, 그들이 보유하고 있던 담비 가죽을 빼앗고, 씨족당 담비 할당량을 정하여 정기적으로 바치도록 강요했다. 이런 이유로 춥지-코리약족과 러시아 병사들 사이에 치열한 전쟁이 오랫동안 벌어졌다. (참고: James Forsyth, 「A history of the Peoples of Siberia, Russia's North Colony 1581~1990」, Cambridge University Press, 1992, p.131.)

의지국(東方禮儀之國)이 되었을 것이고, 장례 풍습에도 반영되어 노인이 죽으면 여섯 달 동안이나 성대한 장례식을 치르게 되었을 것이다.

고대 우리선조들의 모습을 좀 더 잘 이해하기 위해서 주변의 다른 종족과 비교해 볼 필요가 있다. 「위서(魏書, 88)」나 「진서(晉書, 97)」에 따르면, 우리민족과 달리 숙신족의 젊은이들은 노인을 무시하고 천대했다고 한다. 그들은 집안 어른이 봄이나 여름에 죽으면 바로 그날 들에 가져가 묻어버렸고, 가을이나 겨울에 죽으면 담비를 잡기 위한 미끼로 사용했다. 그들은 노인을 '쓸모없는 인간'으로 취급했던 것이다. 숙신족의 젊은이들은 왜 노인들을 홀대했을까? 그 이유가 우리민족의 노인들과 비교되었기 때문이 아닐까? 천문지식으로 후손들에게 풍요와 번영을 가져다주던 우리의 노인들에 비해, 숙신족 젊은이들의 눈에 비친 그들의 노인들은 식량만 축내는 짐으로 보였을 것이다.

문자가 없던 그 시대의 천문지식은 오랜 세월 동안 끊임없이 별자리를 관찰함으로써 축적된 지식으로, 그 전달 과정 역시 어린 시절부터 별을 보면서 노인들로부터 직접 설명을 듣는 현장 교육을 통하여 이루어졌을 것이다. 따라서 풍요의 원천이었던 천문지식을 전달받는 과정에서 노인을 존경하고 따르는 마음은 우리민족의 정신세계에 자연스럽게 자리 잡았을 것이다. 민족이 다르면 언어도 다르고 사는 지역도 구별되었던 그 당시의 상황으로 볼 때, 밤하늘의 별을 보면서 직접 설명을 들어야 하는 현장 교육의 특성으로 인하여, 천문지식은 주변 다른 민족에게는 전달될 수 없었을 것이다. 그래서 천문지식은 우리만의 전유물이 되었고, 우리민족 풍요의 열쇠였던 것이다.

따라서 노인들은 젊은이들에게 삶의 지혜를 가르쳐 주는 스승이자 민족 번

영의 지도자로 존경의 대상이 되지 않을 수 없었을 것이다. '노인'을 '고리'라고 불렀고, '고리'를 중심으로 뭉쳐 살면서 공경했고, '고리'의 가르침에 모든 사람들이 순종하여, '고리'가 결정하면 모든 사람들이 따랐다. 그래서 우리선조들은 스스로를 '고리족'으로 인식하기 시작했을 것이다.

고리족은 주변 다른 민족이 배워갈 수 없던 천문지식을 바탕으로 많은 사냥감을 잡아옴으로써, 풍부한 식량을 바탕으로 풍요로운 생활 속에서 인구가 급증했을 것이고, 그 결과 북쪽으로는 동북아에서 가장 비옥한 만주대평원을 차지했고, 동쪽으로는 한반도를 차지했으며, 남쪽으로는 발해만 연안을 따라 산동반도까지 차지할 수 있었을 것이다. 이러한 상황은 곧 밖으로는 다른 민족에 대한 '우월감'을, 안으로는 고리족으로서 '자부심'을 불러 일으켰을 것이다. 그래서 자신이 고리족이라는 것을 나타내기 위해 '고리'라는 말을 연상하게 해주는 '고리 기호'를 생각해내었을 것이고, 그것을 형상화한 것이 뿔소라를 잘라 만든 목걸이였을 것이다. 그리고 '고리'라는 의미를 담은 목걸이를 목에 걸고 다님으로써, 구성원들은 상호간의 신뢰와 단결을 더욱 도모했을 것이고, 거기서 마침내 '운명공동체'라는 민족의식이 잉태되었을 것이다.

천문지식을 바탕으로 만주대평원과 광대한 아무르 유역을 질주하며 승승장구(乘勝長驅)하던 우리선조들은 더 귀한 사냥감을 더 많이 잡기 위해 춥지·캄차카 반도까지 진출했고, 거기서 마침내 아메리카대륙으로 건너가는 징검다리 알류산열도를 발견하게 되었을 것이다. 그래서 운명공동체로서 '고리'족이라는 동족의식을 깨달은 이래 수천 년 동안 민족의 근거지였던 만주대평원을 버리고 새로운 땅으로 떠나는 민족 대이동은 시작되었고, 그 결과 한반도에 남은 우리들은 '약소민족'으로 급격히 전락하고 말았던 것이다. 우리민족에게 번영을 가져왔던 천문지식이 민족을 둘로 갈라 놓는 또 다른 운명도 가져왔던 것이다.

아래는 오늘날 북극 툰드라에서 순록을 키우며 유목 생활로 살고 있는 네네츠족 사진이다. 그들은 하얀 눈으로 덮인 대륙에서 어떻게 길을 찾아다니느냐는 질문에 '하늘의 달과 별을 보고 길을 찾는다'라고 대답하고 있다. 우리선조들의 천문지식이 츕지반도의 복합민족 네네츠족에게 이어졌던 것은 아닐까?

SBS, 「최후의 툰드라」에서

이런 의문도 제기될 수 있을 것이다. '휘어진 물건'을 뜻하는 고리와 '노인'을 뜻하는 고리가 무슨 연관성이 있기에, 같은 말이 되었는가? 그 대답은 다음 사진을 보면 이해될 것이다.

| 고리 | 고리(노인) | 할미꽃 |

　휘어진 물건과 노인(조상)을 다같이 '고리'라고 불렀던 이유는 바로 등이 굽어진 모습이 같기 때문이었다. 이것은 꽃의 줄기가 굽은 형상에 착안해 그 꽃의 이름을 할미꽃이라 붙인 것과 같다. 독자들은 '노인(老人), 조상(祖上)'이라는 어휘는 한자어이고, '고리'가 순우리말이었다는 것을 기억하기 바란다. 멕시코 원주민들은 '노인/조상'을 '고리/골화'라고 하거나 우에우에다들이(huehuetlatli) 라고 했다. '웃대의 모든 사람들'이라는 뜻으로, '우에우에'는 '웃대 어른들'의 '웃'과 같은 말이고, '다들이'는 글자 그대로 '모든 사람들'을 뜻한다.

04.
태극의 탄생, 기원과 의미

> 음양태극이 중국 주돈이의 태극도설에서 유래되었다는 종래의 설명이 잘못되었다는 것을 확인했다. 따라서 음양태극의 근본 의미가 '음'과 '양'의 순환과 조화를 나타낸다는 그의 설명도 잘못된 것이다. 그렇다면 기원전 아득한 시대 우리선조들이 음양태극을 처음 그리기 시작했을 때, 어떤 과정으로 창안했으며 그 의미는 무엇이었을까? 지금까지 밝혀진 적이 없던 이 미스터리도 아메리카대륙에 남겨진 우리선조들의 흔적 속에 그 진실이 남아 있었다.

● **고대 우리민족의 명칭**

◆ **고리**

고대 중국인들이 기록으로 남긴 우리민족의 호칭은 다양하다. 기원전 2세기까지 그들은 우리선조들을 주로 '동이(東夷)'족이라 불렀다. 동쪽에 사는 오랑캐라는 뜻이다. 이 호칭은 기원전 우리선조들과 중국인들이 살던 지리적 위치를 비교해 보면 쉽게 이해된다. 고대 중국인들(화하족)은 황하강 서쪽 중상류 지역에서 앙소문화를 일으키며 살고 있었고, 동쪽 방향의 황하강 하류에는 우리선조들이 살고 있었다. 그래서 '동이'라고 불렀다. 그 당시의 우리선조들은 산동반도뿐 아니라 발해만 유역의 모든 지역과 만주대평원까지 차지하고 살았다. 발해만 북쪽의 요동·요서에 살던 동이족은 기원전 2333년 고조선을 건국했고, 산동반도에 살던 동이족은 기원전 1600년경 은(殷)나라(상나라)를 건국했다.

기원전 16세기경의 화하족과 동이족

화하족은 중국 남부에 살던 같은 종족으로부터 전해진 벼농사를 일찍 시작함으로써 인구가 급증하기 시작했고, 그 힘을 바탕으로 기원전 11세기경 동쪽 산동반도에 살던 은나라를 멸망시켰다. 나라가 망하자 은나라의 지배집단과 백성들 가운데 일부는 고조선으로 이주하였고, 일부는 그대로 남아 세월이 지나면서 차츰 중국민족으로 흡수 되었다.

그런데 이 과정에서 주목할 부분이 있다. 중국인들은 은나라를 멸망시킨 지 900년이 지난 뒤까지, 즉 기원전 2세기까지 우리민족을 '동이'라고 계속 불렀다는 점이다. 이것은 그때까지도 은나라 백성들, 즉 우리선조들이 산동반도에 그대로 머물러 살고 있었다는 것을 의미한다. 역사 기록에 의하면, 우리민족은 기원후 9세기까지도 산동반도에 그대로 남아 살았던 것 같다. 통일신라시대 전남 완도에 청해진을 건설하여 강력한 해상무역 세력을 거느렸던 장보고(張保皐)는 주로 산동반도와의 무역으로 성장했는데, 산동반도에는 그때까지도 많은 우리민족이 살고 있었기 때문에 가능했던 것이다.[1]

---

1 우리민족이 산동반도에 매우 오랫동안 살았다는 증거는 다양하다. 삼국시대 백제가 산동반도와 매우 밀

기원전 2세기, 진시황제의 진(秦)나라가 망한 후 일어난 한(漢)나라는 요동을 차지하고 있던 고조선과 직접 부딪히기 시작했다. 이 시기부터 중국인들은 우리민족을 두 집단으로 구별하여 불렀다. 만주대평원에서 부여를 건국해 살거나 나중에 고구려를 건국해 살게 된 우리선조들을 '예'라 하고, 요동·요서 지역에 고조선을 건국하고 살던 우리선조들을 '맥'이라고 기록했다. 오늘날 우리민족의 뿌리로 알려진 '예맥(濊貊)'이라는 호칭은 그렇게 시작되었다.

'동이'나 '예맥'은 우리선조들이 사용하던 민족 이름이 아니라, 고대 중국인들이 그들의 시각에서 우리선조들을 부르던 호칭이었다. 우리에게 중요한 것은 '고대 우리선조들이 스스로를 무슨 민족이라 불렀는가'인데, 그 호칭이 바로 '고리'였다는 것을 앞 장에서 확인했다.

우리민족의 진정한 호칭이 '고리'였다는 것은 다양한 면에서 증명된다. 앞에서 이미 확인했듯이, 중국 고대 문헌 기록에도 나타나고, 멕시코로 건너간 우리민족의 기록에서도 보았다. 3세기에 집필된 「삼국지」위지동이전은 '옛날부터 내려오던 고리라는 나라가 있었다'라고 기록하여, 고대 우리민족의 명칭이 원래 '고리'였음을 밝혔고, 멕시코로 건너간 맥이족은 만주대평원을 '고리 기호'로 표시하고, '고리' 사람들이 사는 곳이라 하여 그곳을 '골화간(Colhuacan)'이라고 불렀다는 설명을 남김으로써, 우리민족이 원래 '고리'족이었다는 것을 분명히 했다[2].

접하게 교류했고, 통일신라시대였던 9세기에 장보고가 산동반도와 무역할 때, 그곳에 살던 우리민족이 '법화원'이라는 큰 절을 건립했다는 기록도 있다. 필자는 산동반도에 살던 우리민족이 그 후 어느 시대에 남쪽으로 내려가서 바다를 건너 오늘날의 '대만'섬으로 집단 이주한 것으로 추정한다. 이 추정의 근거는 대만인이 중국, 일본, 몽골인보다 우리민족과 유전자(DNA) 일치성이 훨씬 높다는 사실이다.
2 맥이족은 자신들의 역사를 그림문자로 남기고, 그림 내용을 '말'로 전했는데, 스페인인들이 그 말을 듣고

맥이족이 남긴 '고리(coli/colli)'가 우리말 '고리'라는 것은 발음과 뜻이 모두 일치한다는 사실로 입증되었고, 맥이족 자체가 우리선조 맥(이)족이었다는 사실로도 확인되었다[3]. 또 중국인들이 한자로 기록한 '고리(高離)'가 원래 우리말이라는 것도 다양하게 증명된다. 중국인들이 우리말을 한자로 기록할 때, 차음표기(借音表記)를 많이 사용했다. 차음표기의 특징은 우리말 어휘를 뜻이 다른 여러 한자로 기록했다는 점이다. 그래서 '고리'는 '고리(高離, 高麗, 高驪)'로, 때로는 '구리(句麗, 句驪)'라고도 기록되어 있다. 특히 '고'를 '구'로도 표기한 것은 옛날 우리선조들이 모음 '오'와 '우'를 구별하지 않고 사용했던 발음 습관을 반영한 것이다. 그런 발음 습관이 오늘날까지도 이어져, '삼촌/삼춘, 사돈/사둔, 졸졸새다/줄줄새다' 등으로 남아 있다. 필자는 우리 역사서에 나오는 '구이(九夷)'라는 명칭도 일부 학자들이 주장하는 '아홉 개 부족'을 뜻한다기보다는 '고리/구리'를 차음표기한 것으로 본다.

◆ **고구려, 고려, 조선도 '고리'였다.**

고구려(高句麗)의 국명에 관해서 다양한 이야기가 있다. 「삼국사기」에는 앞 글자 '고(高)'에 대하여, 주몽이 고구려를 건국하면서 왕족의 성(姓)씨로 정했다고 기록되어 있다. 그러나 필자가 보기에 이 부분은 잘못되었다. 김부식이 12

기록한 것이다.
3 이 부분을 보다 자세히 알려면 '손성태, 우리민족의 대이동/멕시코편, pp.258~280, 335~355를 참조하세요.

세기에 「삼국사기」를 쓰면서 고려시대의 지배계층이 일반적으로 사용하던 중국식 성씨를 1200여 년 거슬러 올라가 주몽에게 갖다 붙인 것으로 보인다. 우리민족은 중국식 성씨를 기원 이후에도 상당히 오랫동안 사용하지 않았다. 우리민족 가운데 중국식 성씨를 가장 먼저 사용했던 지역은 신라 경주로, 요동에 살던 고조선계 사람들이 경주로 이주하면서부터이다. 요동의 고조선 사람들은 오랫동안 중국인과 무역거래를 하면서 잦은 접촉으로 한자를 일찍 배우게 되었고, 중국식 성씨도 그만큼 일찍 사용했다.

주몽의 후손으로 「삼국사기」에 기록된 고구려 왕족들의 이름 가운데 확인된 것은 '해두, 해명, 해색주, 해우' 등이었고, 부여 왕들의 이름도 '해모수, 해부루' 등이었다. 이름의 첫 글자는 주로 '해'자이고, '고(高)'로 시작한 이름은 없다. '주몽'이나 주몽을 죽이려 했던 왕자 '대소'의 경우, 이름에 '해'를 사용하지 않았다[4]. 이 사실은 '해'도 성(姓)으로 사용되었던 것은 아니라는 의미이다. 동명성왕의 탄생 설화와 주몽이 '나는 태양신의 아들이다'라고 외쳤다는 기록으로 볼 때, 이름의 첫 글자로 '해'를 즐겨 사용했던 것은 태양신에게서 우리민족이 시

---

4 지금까지 주몽(朱蒙)이 부여의 네 부족 가운데 어느 부족에 속했는지, 그 이름의 의미가 무엇인지 설명한 학자는 없다. 필자는 그가 '우가(소)' 출신이었다고 본다. 근거는 다음과 같다. 주몽을 죽이려 했던 동부여 왕자 '대소(帶素)'의 이름은 '태소'라는 우리말이었을 것이다. '태'는 '태양'을 뜻하는 '태우다'의 어두음으로서, 우리 고대사에서 '신성한'을 뜻하는 말로 자주 사용되었다. '광개토태왕/광개토대왕'의 '태왕/대왕'도 '신성한 왕'이라는 뜻이었다. 따라서 '대소', 즉 '태소'는 '신성한 소'라는 우리말이라는 것을 알 수 있다. 부여의 네 개 씨족 '마가(말), 우가(소), 구가(개), 저가(돼지)' 가운데, '대소'는 '우가(소)'의 왕자였을 것이다. 따라서 주몽도 '우가' 출신이었다는 것이 분명하다. 이렇게 보는 또 하나의 근거로, '주몽'을 '朱蒙(주몽), 鄒牟(추모)'라고 한 기록이다. 이 한자는 뜻으로 보면 합리적인 의미로 해석이 되지 않는데, 그 이유는 순우리말을 차음하여 기록했기 때문이다. 필자가 보기에 '주/추'는 '줄행랑'의 순우리말이었던 '줄랑'의 '주'이고, '몽/모'는 '소 울음소리'를 표현한 의성어로 보인다. 따라서 '주몽/추모'는 '도망친 소'로 해석된다. 주몽의 다른 이름 '추모'의 '모(牟)'가 '소 울음소리'를 뜻하지 않는가! 고구려 장군들의 투구가 소뿔 투구였다는 사실도 하나의 방증이다.

작되었다고 믿던 신앙과 관련 있을 것이다.

따라서 필자는 고구려의 '고(高)'를 '높다'는 의미의 수식어라고 본다. 즉 고구려의 원래 국명은 구려(句麗)이고, '고'는 단순한 수식어로 사용되었을 것이다. 그 당시의 우리선조들은 '고리'족이라는 민족적 자부심이 높았으므로, '높다, 고귀하다'는 의미의 한자 '높을 고(高)'를 나라 이름 앞에 수식으로 사용했을 가능성이 많다. 필자의 이러한 생각을 받쳐주는 증거는 많다. 먼저,「삼국지」위지동이전은 고구려의 국명을 '구려(句麗)'라고 기록하기도 했고, 다른 문헌은 심지어 '하구려(下句麗)'라고 기록하기도 했다. 즉, '고'를 '하'로 바꾸거나 아예 생략하고 '구려'라고만 한 것은 '고'가 국명의 일부가 아니라 단순한 수식어라는 증거이다. 전한(前漢)과 후한(後漢) 사이에 잠시 존재했던 신(新)나라의 황제 왕망(王莽)은 우리민족을 낮추어 '하구려'라 불렀다고 한다.

중요한 점은 '구려'는 '구리'로서 '고리'라는 말과 같은 명칭이라는 사실이다. 중국인들은 나라 이름에 사용되는 '麗(려)'는 '려'가 아니라 '리'로 읽어야 한다고 오래전부터 다음과 같이 기록하고 있다[5].

려음리(麗音離) → '려(麗)'의 발음은 '리(離)'이다

따라서 '句麗(구려)'는 '구리'로 읽어야 한다. 그리고 우리선조들은 모음 '우'와 '오'를 구별하지 않았으므로, '구리'는 '고리'와 같은 말이다. 따라서 고구려의 국

---

5   당나라 시대 장수절(張守節)은 736년 사마천의「사기(史記)」에 주석을 붙인「사기정의(史記正義)」라는 책을 펴냈다. 그는 이 책에서「사기」권6에 나오는 '려(麗)'는 '려음리(麗音離)'라고 설명했다. 이러한 설명은「강희자전(康熙字典)」을 비롯한 후대의 여러 문헌에도 나온다.

명은 다음과 같이 정리된다.

고구려(高句麗) → 수식어 '고' +**구려**(句麗) → **구리**(句麗) → 고리(高麗)

이것은 지금까지 '고구려'라고 알고 있던 우리 고대 국가의 이름이 원래는 '고리'였다는 것을 보여준다. 실제로 장수왕 통치 이후에는 국명을 '고리(高麗)'라 하고, '고구려'라는 명칭을 더 이상 사용하지 않았다. 따라서 '고구려(高句麗)'는 원래 '높은 고리' 또는 '위대한 고리'라는 뜻으로 지어진 국명이 분명하다. 그리고 918년 후삼국을 통일하여 개성에 도읍을 정하고 나라를 세운 왕건도 나라 이름을 '高麗(고리)'라고 지었으나, 오늘날 우리가 '고려'라고 잘못 읽고 있다.

'옛날에 고리(高離)라는 나라가 있었다'라고 기록한 3세기「삼국지」위지동이전의 기록으로 볼 때, 언제부터였는지는 알 수 없으나 우리민족 최초의 호칭은 '고리'였다는 것을 알 수 있다. 그리고 이 명칭은 주몽의 고구려로 이어져 고리(高麗) 혹은 구리(句麗), 심지어는 구이(九夷)로 기록되기도 했지만, 왕건의 고려에서도 '고리(高麗)'로 일관되게 이어졌던 것이다. 고구려의 명칭이 저렇게 다양하게 기록된 것은 우리말 '방언'의 차이가 반영되었기 때문이다. 따라서 우리민족의 명칭은 다음과 같이 정리된다.

3세기 이전 명칭   삼국시대 명칭   고려시대 명칭
고리(高離) → 고리(高麗)/구리(句麗) → 고리(高麗)

이렇게 우리민족의 명칭은 고대부터 고려시대까지 일관되게 '고리'로 이어

져 왔다. 따라서 독자들도 이제 고려 태조 왕건이 나라를 세우자마자 설치했던 뱀용 조각의 코에 왜 '고리 기호'부터 새겼는지 이해할 수 있을 것이다. 그렇다!

왕건의 뱀용 조각

그는 바로 나라 이름을 표현했던 것이다! 그는 기원전 아득한 시대부터 선조들이 우리민족 명칭을 표현하던 방식 그대로 '고리 기호'를 새겨 나라 이름이 '고리'라는 것을 나타내고자 했던 것이다. 그 기호를 뱀용에 새긴 동기는 이제 막 창건한 '고리'라는 나라에 '풍요로운 번영'을 비는 신앙심을 반영한 것이다. 고대 국가의 번영은 농사의 풍요에 달렸었고, 농사는 때맞추어 내리는 비에 좌우되었는데, 그 비를 내려주는 것은 수신(水神)이었다. 우리선조들의 수신은 뱀용이었다.

조선시대부터 우리선조들은 국명을 옛 '고조선'의 명칭을 따서 '조선'이라고

1883 청나라가 만든 우리 국기

정했지만, 그래도 우리민족의 진정한 호칭은 계속해서 '고리'였다는 증거가 있다. 박영효가 태극기를 만든 지 불과 1년 후, 청나라는 조선으로 보낸 외교문서「통상조약장정성안휘편」에 왼쪽과 같은 우리 태극기를 실었다[6]. 그런데 사진에서 볼 수 있듯이, 태극기 위에 '대청국속 고리국기(大淸國屬 高麗國旗)'라고 써 놓았다. 이것은 그들이 19세기 말까지도 우리민족을 '고리'로 인식했다는 증거이다.

---

6 이태진,「고종시대의 재조명」, 태학사, 2000, p.268.

청나라는 만주족이 세운 나라이다. 만주족은 10세기에는 '여진족'으로 불리었고, 삼국시대에는 '말갈족'으로 불리며 고구려의 지배하에 있던 사람들로서, 기원전부터 기원후 3세기까지 부여에 찾아와 공물을 바치며 '신하'이기를 자처했던 숙신족의 후예이다. 그들은 기원전부터 19세기 말까지 우리민족과 이웃하며 가장 가까이 살았고, 아메리카로 떠난 우리선조들로부터 만주대평원을 물려받았던 민족이었다. 그래서 그들은 우리 자신을 제외하면 우리민족에 대하여 가장 잘 알던 사람들이었다. 그런 그들이 19세기 말까지도 우리민족을 '고리'족으로 인식하고 있었던 것이다. 19세기 말 쇠락한 조선을 두고 일본과 패권 다툼을 벌이느라 조선을 그들의 '속국'이라고 일방적으로 써 놓긴 했지만, 분명한 것은 우리민족의 진정한 명칭이 '고리'였다는 것을 그들은 저런 식으로 밝히고 있는 것이다.

이로써 필자는 우리민족의 원래 명칭, 즉 중국인들이 붙여준 호칭이 아니라 우리선조들이 스스로를 부르던 진정한 우리민족의 명칭을 밝혀내었다. 바로 '고리'이다. 우리선조들은 우리민족의 역사가 시작된 이래 '고리'라는 단 하나의 민족 명칭을 사용해왔던 것이다.

이제 독자들은 우리선조들이 남긴 수많은 유물에 새겨진 '고리 기호'가 무슨 의미인지, 고려 태조 왕건은 왜 나라를 건국하자마자 고리 기호부터 뱀용 머리에 새겼고, 조선 태조 이성계는 왜 무덤가 호석(虎石)에 새겼는지 이해할 수 있을 것이다. 고리 기호는 문자가

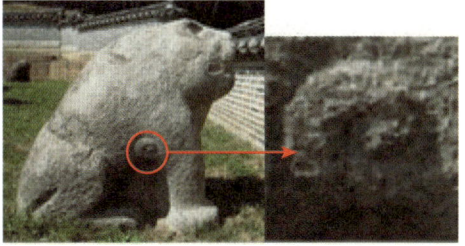

이성계 릉의 호석

없던 우리선조들이 우리민족이 '고리'라는 것을 나타내던 그림문자였던 것이다. 그 기호는 우리선조들 가운데 가장 일찍 문명을 시작하면서 운명공동체라는 의식을 느꼈던 요하강 유역에 거주하던 사람들이 시작했다. 그들은 자신들이 '고리'를 중심으로 뭉쳐 사는 '고리'족이라는 것을 나타내기 위해, 뿔소라를 잘라 고리 기호를 만들어 목에 걸고 다니기 시작했던 것이다. 그것은 하늘의 천문을 깨달았던 유일한 종족, 고리족으로서의 자부심이자 정체성(正體性)을 나타내는 신표였고, 구성원 상호간에 서로를 알아보고 신뢰와 단결을 도모하던 신분증이기도 했다. 따라서 '고리 기호'가 새겨진 홍산문화의 수많은 옥기들은 그 문화의 주인공들이 '고리'족이었다는 것을 증명해주는 유물이었던 것이다.

우리민족 고대사를 논할 때 자주 거론되어 왔던 의문 가운데 하나가 '우리선조들은 언제부터 민족의식을 가지기 시작했을까'이다. 이 의문은 곧 우리선조들이 '어느 시대부터 주변 종족과 스스로를 구별하기 시작했느냐'라는 의문으로, 오랫동안 제기되어 오기는 했지만 아무도 대답을 내놓지 못했다. 답을 내놓을 어떤 근거도 찾을 길이 없었기 때문이었다. 그러나 이제 우리는 어렴풋이 그 시기를 짐작할 수 있다. 바로 그 시기는 우리선조들이 '고리 기호'를 창안했던 시기였을 것이기 때문이다. 그리고 홍산문화가 기원전 4500년경부터 기원전 3000년경까지 지속되었다고 하므로, 홍산문화가 남긴 고리 기호가 담긴 옥 목걸이로 보건대, 늦어도 기원전 3000년경에 우리선조들은 '고리족'이라는 민족의식을 이미 가지고 있었음이 분명하다.

◆ 홍산문화의 주인공, 은나라의 주인공도 '고리'였다.

오늘날 중국 학자들은 요동의 요하강 유역에서 기원 수천 년 전에 일어났던 홍산문화가 그들 선조의 문화라고 주장하고 있다. 하지만 그런 주장은 어디까지나 그곳에서 무수히 발굴된 유물들이 무슨 뜻을 담고 있는지 전혀 알아차리지 못한 무지(無知)로 인한 것이다. 복희여와도에서 탯줄 밑에 그려진 또 하나의 태양의 의미를 깨닫지 못했듯이, 그들은 홍산의 옥 목걸이가 무엇을 의미하는지도 깨닫지 못하고 있다. 홍산 옥 목걸이의 고리 기호는 '고리'라는 뜻의 그림문자를 형상화(形象化)한 것으로 고리족의 상징이었다. 19세기 말까지 우리민족을 '고리'라고 그들 스스로 인정하면서도, 정작 홍산 유물에 새겨진 고리 기호가 '고리'라는 말을 나타내는 고리족의 그림문자요 '신표'였다는 것을 모르고 있는 것이다. 그러한 무지를 바탕으로 홍산의 유적지가 오늘날 중국 영토라는 것만으로, 그 문화가 자기네 선조들의 문화라고 주장하고 있다.

가슴을 치며 통탄해야 할 점은 그런 무지에서 나온 억지 논리가 동북아의 진정한 역사처럼 오늘날 알려지고 있고, 세계사의 한 페이지가 되어가고 있는 현실이다. 우리가 이에 대하여 제대로 대응 못한 탓이 큰데, 그 이유 중 하나로 우리도 지금까지 홍산 옥 목걸이에 담긴 고리 기호의 존재와 의미를 알아보지 못했기 때문일 것이다. 따라서 지금부터라도 홍산 옥 목걸이의 진정한 의미를 먼저 우리 국민들에게, 그리고 나서 전 세계에 널리 알려야 할 것이다.

당연히 제기되어야 할 의문이 있다. 산동반도에서 일어났던 은나라(상나라)도 동이족의 나라였다고 했다. 그렇다면 고리 기호가 그곳의 유물에서도 나와

04. 태극의 탄생, 기원과 의미 181

야 하지 않을까? 홍산문화가 소멸된 후, 동이족은 발해만 북쪽에 고조선을 건국했고 남쪽에 은나라를 건국했다. 홍산문화는 고조선과 은나라의 모태(母胎) 문화이고 동이족은 '고리족'이라는 것이 확인되었으므로, 고조선의 유적지인 요하강 유역에서 고리 기호를 담은 옥 목걸이가 무수히 발굴되었듯이, 산동반도 은나라 유적지에서도 같은 기호가 나와야 하지 않겠는가? 그래야 우리선조들이 요동·요서에서는 고조선을, 산동반도에서는 은나라를 건국했다는 역사적 사실과 앞뒤가 맞게 될 테니 말이다.

백문불여일견(百聞不如一見)이라 했다! 백 번 듣느니 한 번 보는 것만 못하다는 말이다. 다음은 은나라 유물들이다. 모든 유물에 우리민족 고리족의 상징인 고리 기호가 뚜렷하게 새겨져 있다. 무슨 설명이 더 필요하겠는가!

은나라 청동기와 대리석 유물들

● **고리족의 땅, 아메리카**

우리는 앞에서 아메리카대륙 전 지역에서 발굴된 고리 기호를 보았다. 북으로 에스키모가 남긴 토템폴에서부터 남으로는 남미 볼리비아의 태양신 신전에서까지 그 기호를 볼 수 있었다. 북미에서 가장 오래된 문명인 올메카문명의 전사는 고리 기호가 새겨진 방패를 들고 있었고, 남미에서 가장 오래된 차빈문명은 고리 기호가 새겨진 돌기둥과 짐승머리 석상을 남겼다. 특히 페루 모체문명이 남긴 펠리노라는 짐승머리 조각상은 고려 태조 왕건이 개성 수창궁에 남긴 뱀용 머리 석상을 보고 만든 것처럼 고리 기호가 새겨진 위치까지 같았다. 미국 북부 미네소타대학교 박물관 벽에 걸려있는 고리 기호는 미국 남부 뉴멕시코주 산타페박물관 기둥에도 새겨져 있고, 남미 페루 카오박물관의 상징 로고로 새겨져 있는 것도 보았다.

미국의 수많은 주에서 출토된 인디언 유물에도 고리 기호는 어김없이 새겨져 있었다. 유타, 콜로라도, 아리조나, 미주리, 아칸소, 루이지애나, 미시시피, 알라바마, 플로리다 등에서 발굴된 토기에는 마치 한 공장에서 제작된 제품의 상표처럼 고리 기호가 새겨져 있는 것을 보았다. 오하이오주에는 기원후 3세기에 축조된 420m나 되는 거대한 뱀용 언덕이 있는데, 그 꼬리에도 고리 기호가 조성되어 있었고, 오클라호마주에서 발굴된 새깃털을 꽂은 사람 얼굴의 청동기 유물에도 고리 기호가 조각되어 있는 것을 보았다.

고리 기호만 발견되는 것이 아니다. 미국은 '코네티컷, 메사추세츠, 미시간,

텍사스, 미주리, 유타' 등을 비롯하여 많은 주(州)의 명칭과 옛 지명들이 우리말이거나 우리말에서 유래되었다. 일부 지역에 살던 인디언들은 20세기 중반까지도 우리말을 '문장' 수준으로 말하기까지 했다. 미국 인디언들은 윷놀이, 공기놀이, 고누놀이를 비롯한 수많은 우리민족의 전통 민속놀이를 20세기 초까지도 즐겼고, 붉은 볼연지를 비롯한 다양한 우리민족 고유의 풍습도 간직하고 있었다.

남미대륙도 마찬가지이다. 콜롬비아, 베네수엘라 그리고 브라질에도 고리기호는 어김없이 남아있는 것을 보았다. 필자가 그동안 연구해 온 바에 따르면 '페루, 칠레, 파라과이' 같은 국명은 우리말에서 비롯되었고, 남미의 중심축이라고 할 수 있는 안데스산맥의 명칭 '안데스'도 우리말에서 유래되었으며, 잉카제국의 '잉카'와 그들이 남긴 유명한 유적 '마추픽추'라는 명칭도 모두 우리말이 분명하다. 심지어 남미 아마존 유역에 사는 거대한 뱀 '아나콘다'를 원주민들이 원래 부르던 이름마저 우리말이었다는 사실을 누가 상상이나 할 수 있었겠는가! (준비 중인 「남미편」에서 설명하겠습니다.)

세상을 속이지 못하는 것이 물증(物證)이다. 역사의 물증은 유물이다. 그 땅에 누가 살았고, 어떤 민족이 그 땅의 주인이었는지는 그들이 남긴 유물과 그들이 남긴 마을 이름, 강 이름, 산 이름, 호수 이름 등이 말해준다. 유물보다 더 중요한 것이 지명(地名)이다. 남북 아메리카 모든 지역에 우리말로 된 옛 지명들이 산재해 있다는 사실은 무엇을 말하겠는가? 그곳에 우리민족이 살지 않았다면 어떻게 그런 지명들이 무더기로 남아 있단 말인가! 그 많은 우리말 지명에 더하여 고대 우리민족의 상징 '고리 기호'까지 남북 아메리카 전역에 퍼져있다! 누가 감히 이 엄청난 증거들을 감추고 왜곡할 수 있겠는가! 저 많은 증거를 알게 된다면 우리민족 '고리족' 외에 어느 민족이 감히 저 대륙의 주인공으로 '자기네 선조'를 운운할 수 있겠는가!

고리 기호와 관련하여 매우 흥미로운 사진이 있다. 아래는 미국 남서부의 어느 지역 인디언들이 남겨 놓은 표시이다. 손등에 고리 기호를 새긴 후 그것을 눈에 잘 띄는 바위 위에 붙여 놓았다.

미국 남서부 손도장[7]

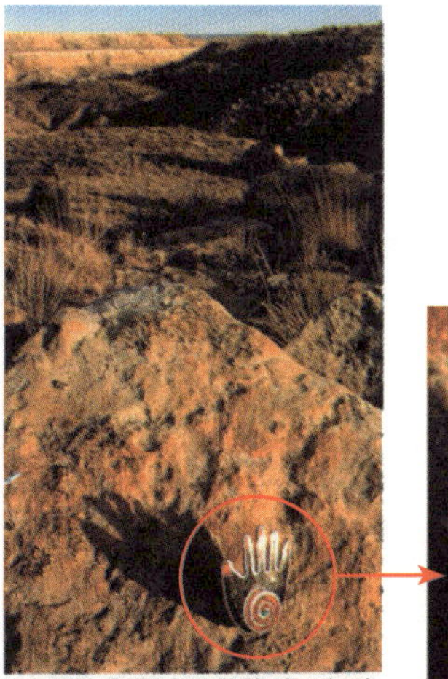

The lands of the Southwestern Indian tribes have shaped them in many ways. In turn, the hand of the Indian has eft its mark on the Southwest. Mary Lovato

(확대)

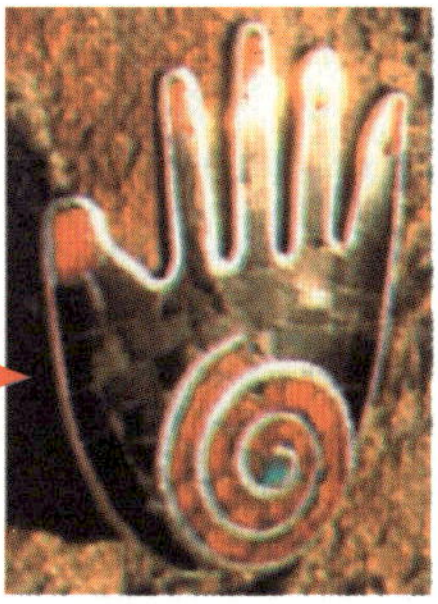

미국인들은 이것에 대해 다음과 같이 설명하고 있다.

남서부 인디언들은 여러 가지 방법으로 자신들을 표현했다. 이번에는 손으로 표시를 남겼다.

---

7 Tom Bahti & MarBahti, 「Southwest Indian tribes」, KC Publications Inc, 1997, p.80.

저것이 자신들을 나타내기 위한 단순한 표시에 불과하다고? 천만에. 필자가 보기에 저것은 저 땅에 대한 소유권을 표시한 것이다. 고유 문자가 없던 우리선조들은 아주 오래전부터 자신의 소유나 권리를 표현할 때, 저렇게 활짝 편 손을 그려서 표시했다. 다음 사진은 멕시코 올메카인들이 바위에 새겨놓은 손도장과 멕시코 원주민이 중요한 그림 문서에 찍었던 흙으로 빚은 손도장이다. 활짝 편 손에 우리민족의 상징 '고리 기호'가 새겨져 있다.

올메카의 손도장[8]

멕시코 손도장[9]

노비문서에 그려진 손도장
(한국금융사박물관 소장)

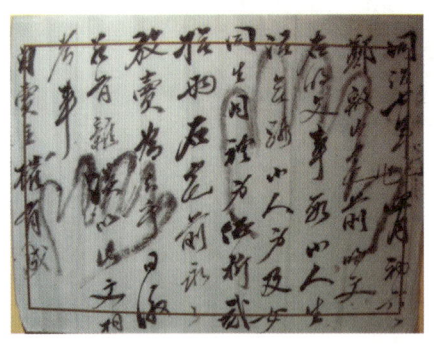

우리선조들이 언제부터 도장을 사용했는지는 정확히 알 수 없다. 그러나 「삼국지」위지동이전의 기록에 따르면 부여시대에 이미 도장을 사용했다. 왼쪽 사진은 조선시대 노비문서로, 자신과 아이를 머슴으

---

8 Maria del Pilar Casado & Lorena Mirambell, 「El arte rupestre en Mexico」, Instituto Nacional de Antropologia e Historia, 1990, p.527.
9 Germán Carrasco Franco, 「Arte Precolombino de México」, Ediciones Lito Offser Fersa, 1973, p.129.

로 판다는 내용의 문서에 손을 대고 그린 것이다. 글자를 몰랐던 선조들은 저렇게 손을 그려서 약속의 증표로 혹은 권리의 표시로 삼았던 것이다. 이 문서를 볼 때 중요한 약속이나 권리를 주장하던 문서에 활짝 편 손을 그려서 표시하던 것은 우리민족의 고대 풍습이었다[10].

도장이란 중요한 내용의 계약이나 어떤 물건에 대한 소유권을 주장할 때 사용하는 표시이다. 미국 남서부 인디언들이 저 땅에 손도장을 남겼다. 저 땅의 주인이 자신들이라는, 소유권을 주장하는 무언(無言)의 표시가 아니고 무엇이겠는가!

사진 속의 저 손도장은 저 땅에 대한 소유권을 주장한 것일 테지만, 고리 기호가 새겨진 유물이 아메리카대륙 전역에서 발굴된다는 사실을 고려하면, 저 손도장이 주장하는 권리는 아메리카대륙 전체에 대한 것이 아닐까?

고리에서 '코리아'로

외국인들은 우리나라를 '코레아(Corea), 코리아(Korea)'라 부른다. 우리나라의 존재가 서양인들에게 처음 알려지기 시작한 시기는 고려시대인 13세기였다.

---

10 신대륙 발견 이전의 멕시코 원주민들도 이와 같은 손도장을 사용했다는 사실과 우리민족의 이동은 10세기 이전에 이루어졌다는 사실을 고려해 볼 때, 우리선조들의 손도장 풍습은 10세기 이전에 이미 있었다는 것을 짐작할 수 있다. 즉 한자 사용이 일반화되기 이전에 우리선조들은 문서에 손도장을 그렸을 것이고, 문서 내용은 그림으로 그렸을 것이다.

몽골의 대원제국이 중앙아시아까지 점령하여 지배함으로써 동서양의 교류가 활발하던 시기였는데, 무역거래로 중앙아시아까지 오갔던 유럽과 아랍상인들이 그곳에서 우리민족의 명칭 '고리(高麗)'의 몽골식 발음을 유럽으로 옮기면서 알려지기 시작했다고 한다.

우리나라의 국명을 연구했던 오인동님에 따르면, '코레아(Corea), 코리아(Coria)'라는 명칭이 외국 문헌에 처음 등장하는 시기는 16세기로, 당시 일본에 왔던 카톨릭신부 가스파르 비렐라(Garpar Vilela)와 안토니오 프레네스티노(Antonio Prenestimo)의 편지에서 사용되기 시작했다고 한다[11].

그런데 '코레아/코리아'의 '코레/코리'는 우리민족의 명칭이자 고려시대의 국명이었던 '고리'이지만, 뒤에 붙은 마지막 글자 '아'는 무엇일까? 이에 대한 언어학적 연구는 아직까지 없다. 필자는 이것이 우리말 서술어 종결어미 '~야'라고 본다. 즉, 서양인들이 우리민족을 만나 '누구냐?'고 물었을 때, '(나는 혹은 우리는) 고리야'라는 대답의 '고리야'에서 '코레아/코리아'라는 명칭이 시작되었다고 본다.

필자가 이렇게 보는 데는 중요한 근거가 있다. 먼저, 우리말 대화의 특징이다. 대화문에서 이름이나 명칭을 말해줄 때, 우리말과 서양어는 표현 습관이 다르다.

　　서양어: - 저 사람이 누구니?
　　　　　　- 피터(Peter)

11　오인동, 「꼬레아 코리아」, 책과함께, 2008, pp.78 & 82.

우리말: - 저 사람이 누구니?
　　　　- 학태야

　예시에서 보듯이, 서양어는 대답할 때 '명칭(피터)'만 말하고 다른말은 덧붙이지 않는다. 그러나 우리말은 명칭(학태)에 서술어 종결어미(~야)를 붙여서 대답한다. 우리말을 모르는 서양인들이 우리나라 사람을 처음 만나 이와 같은 대화를 나눈다면, '학태'를 이름으로 알아듣는 것이 아니라, '학태야'를 그 사람의 이름으로 알아듣는다. 왜냐하면 그들의 언어습관은 '명칭'만으로 대답하기 때문에, '학태야' 전체가 그의 이름으로 이해되기 때문이다. '코레아/코리아'는 바로 이와 같은 맥락으로 이해된 '고리야'로서, 세월이 지나면서 그들 사이에서 통용되는 우리나라 명칭으로 퍼졌던 것이다. 즉 다음과 같은 대화를 상상해 볼 수 있다.

서양인: 너는 누구니?/ 당신은 어느 나라 사람입니까?
우리나라 사람: 고리야

　이 대화에서 서양인들은 명칭 '고리'와 서술어 종결어미 '~야'를 구분하지 못하고, 자신들의 언어습관에 따라서 '고리야' 전체를 민족 명칭이나 국가 명칭으로 이해했을 것이다. 우리선조들은 '나는 혹은 우리는 고리족이야'라는 뜻으로 말했지만, 그들의 귀에는 '코리아'였던 것이다.
　필자의 이러한 설명을 받쳐주는 증거는 매우 많다. 19세기 말 아무르강 하류를 탐사하던 버솔드 로퍼(Berthold Laufer)는 길약족을 만나 그들의 전통 의복이나 신발에 장식으로 수놓인 새를 보고서, '그 새가 무슨 새냐?'고 물었고, '닭이야'라는 대답을 들었다. 버솔드 로퍼는 '다기야(Takiya)'가 그 새의 이름이라고 기록했다[12]. 그는 '~이야'가 서술어라는 것을 이해 못하고, 자신들의 언어습관에 따라서 '닭이야'라는 말 전체를 그 새의 명칭으로 이해했던 것이다.

또 서양인들은 길약족 옆에 살던 오로치(Oroch)족에게 가서 '불'을 보고, '너희들은 이것을 무엇이라고 하느냐?'고 물었다. 그들은 '불이야'라고 대답했고, 서양인들은 '불이야'라는 말 전체가 '불'을 가리키는 명칭으로 이해하고 말았다. 그들은 보고서에 오로치족은 '불의 신'을 '부디야(pudyya)'라고 부른다고 기록했다[13]. 이것을 정리하면 다음과 같다.

다기야(Takiya) → 닭 + 이 + 야
부디야(pudya) → 불 + 이 + 야

명칭을 나타내는 명사(닭/불)와 서술어 종결어미(~야) 사이에 사용된 '이'는 앞 명사가 받침소리를 가지고 있을 때 사용되는 접사로서, 우리말의 특징적인 문법 현상 가운데 하나이다. 길약족과 오로치족은 이러한 문법까지 포함된 우리말로 대답했지만, 그들을 탐사했던 19세기 서양학자들은 그들을 서로 다른 종족으로 분류했다. 그들의 언어를 이해하지 못했기 때문이다.

우리민족은 아무르강 하류를 지나 오호츠크해 연안을 따라서 더욱 북쪽으

---

12 Berthold Lauffer, 'Preliminary Notes on Exploration among the Amoor tribes', 「American Anthropologist Association, American Anthropologist」, 1900, p.20.
13 Levin, M.G. & Potapov L.P., 「The peoples of Siberia」, The University of Chicargo Press, 1956, p.756.

로 올라가 러시아 캄차카반도에 도착했다. 그들은 거기서 배를 건조하여 알류산열도를 통하여 북태평양을 건너 캐나다 서해안에 도착했고, 서해안을 따라 남쪽으로 이동하여 오늘날의 미국과 멕시코로 퍼져나갔다.

캐나다 서해안 인디언들은 그들의 풍속 기념물로 '토템폴(Totempole)'이라는 거대한 나무 기둥을 남겼다. 그런데 백인들은 토템폴의 원래 명칭을 '굿대야(Kooteeyaa)'라고 기록했다[14]. 굿대야는 다음과 같은 형태소로 구성된 우리말이다.

토템폴

굿대야(Kooteeyaa) → 굿 + 대 + 야

토템폴(Totempole)의 명칭을 처음 기록한 서양인들은, '그 기둥이 무엇이냐?'라고 물었을 것이고, 캐나다 서해안 인디언들은 '굿대야'라고 대답했던 모양이다. '굿대'는 굿하는 곳에 세운 기둥을 말한다. '대'는 '기둥'을 뜻하는 순우리말로서, '전봇대, 돗대, 솟대' 등에서 사용된 '대'와 같다. 마지막 글자 '~야'는 '굿대'에 붙은 서술어 종결어미이다. 그런데 서양인들은 우리말 '~야'를 자기네 언어습관에 따라 이해하여, '굿대야' 전체가 이 기념물의 명칭이라고 알아들었던 것이다.

'닭이야, 불이야, 굿대야' 등에서 보았듯이, 대화에서 우리말은 '서술어 종결어미'를 덧붙여 사용한다는 사실을 그들은 전혀 알지 못했다. 명칭 다음에 '~(이)야'를 사용하는 우리민족의 언어습관을 몰라서 그들의 언어습관을 기준

---

14 X'unei & Lance A. Twitchell, 「Lingit dictionary」, Troubled raven productions, 2005, p.60.

으로 우리말을 이해함으로써 같은 오류를 반복해서 범했던 것이다.

서양인들은 다른 대륙의 사람들을 처음 만났을 때, 바로 이러한 자기 중심적 잣대로 일관했다. 모든 것을 그들의 눈높이로, 그들의 사고방식으로, 그들의 종교를 기준으로 판단했고, 그 결과 수많은 오류를 범했다. 그리고 그 오류가 오늘날 세계사 속에서는 진실처럼 되었다. 이러한 오류의 하나로 우리민족의 명칭 '고리'는 '코리아'가 되었고, 그것이 오늘날 전 세계로 퍼졌다. 우리선조들은 '나는 혹은 우리는 고리족이야'라는 뜻으로 말했지만, 그들의 귀에는 '코리아'였던 것이다.

아무르강 하류의 '닭이야, 불이야'와 캐나다 서해안의 '굿대야', 그리고 '고리야'에서 우리말 고유의 문법규칙이 엄격하게 지켜지고 있다는 사실도 눈여겨보아야 한다. 명칭의 마지막 어휘가 받침소리가 있는 '닭, 불'의 경우에는 '~이야'가 사용되었고, 받침소리가 없이 모음으로 끝나는 '굿대, 고리'의 경우에는 '~야'가 사용되었다[15]. 발음상 부조화를 막기 위한 이런 현상은 우리 국어만이 가지고 있는 문법규칙이다. 이렇게 아무르에서 아메리카로 이어지는 이동루트에서 발견되는 우리말의 흔적들을 보건대, 그 지역 원주민들이 사용하던 말은 우리말과 '발음'과 '뜻'만 같은 것이 아니라, 그 속에 담겨진 '문법규칙'까지도 같았다는 것을 알 수 있다. 이동루트에 해당하는 모든 지역에서는 '고리 기호'와 함

---

15 접사 '이'는 앞 어휘가 자음 소리로 끝날 경우, 즉 받침소리가 있는 경우에만 사용된다는 것이 우리말 문법규칙이다. 예를 들면 다음과 같다.
하늘＋야→하늘＋이＋야→하늘이야
강＋야→강＋이＋야→강이야
바다＋야→바다야
파도＋야→파도야

께 '반달형 돌칼'과 같은 우리선조들만 사용했던 유물뿐만 아니라 명백히 증명되는 우리말의 흔적도 남아 있다. 이런 우리민족의 흔적을 보고서도 그 루트를 지나 아메리카로 향했던 우리민족의 발걸음을 부정할 사람은 없을 것이다.

필자도 독자들도 앞으로 할 일이 참으로 많다. 아메리카대륙 저 넓은 땅 곳곳에 수없이 남겨진 '골뱅이 모양의 기호'가 사실은 '고리 기호'로서, 우리민족의 명칭 '고리'라는 말을 나타내던 일종의 기호(그림) 문자였으며, 그 역사는 기원 수천 년 전부터 시작되어 오늘까지 이어져 왔고, 우리나라 국명 '코리아'는 바로 그 '고리'라는 말에서 유래된 명칭이라는 것을 전 세계에 알려야 할 것이다.

그리고 미국 북부 미네소타주는 주 명칭이 우리말 '물이 좋다'이고, 그 지역에 살던 인디언들을 기념하여 미네소타대학교 박물관 벽에 걸어놓은 상징 로고가 바로 우리민족의 상징 '고리 기호'라는 것과, 같은 기호가 1500km 남쪽 뉴멕시코주 산타페 인디언 박물관의 상징 로고로 걸려 있으며, 6000km 떨어진 남미 페루 람바예께 지역 카오박물관의 상징 로고로도 새겨져 있다는 사실도 이야기해야 할 것이다. 또한 그 기호는 멕시코 고대 신상의 이마, 가슴, 눈동자에 새겨져 있으며, 오늘날 멕시코인들이 그렇게 자랑하는 태오티와간문명의 꽤잘꼬아들신전 뱀용 머리에 조각되어 있다는 사실과, 같은 고리 기호를 가진 뱀용 머리 조각이 우리나라 북한산 대서문에도 있다는 사실을 말해야 할 것이다.

이것뿐만이 아니다. 아메리카대륙 최초의 문명이라는 멕시코 올메카문명의 전사 방패와 페루 차빈문명의 기둥에 새겨진 기호도 모두 '고리 기호'로, '코리아'의 '코리/고리'를 상징한다는 것을 설명해야 할 것이다. 남미대륙에서 페루만이 아니라 콜롬비아, 베네수엘라, 브라질, 볼리비아의 고대 유물에도 '고리 기호'가 선명하게 새겨져 있다는 사실도 이야기하지 않을 수 없을 것이다. 심지어 '페루'라는 국명과 '잉카'라는 말, 그리고 그들의 마지막 유적지 '마추픽추'마저 우리말이고 '멕시코'도 '맥이곳'이라는 우리말이라는 사실을 설명하지 않을 수 없을 것이다. 그렇게 이야기를 이어가다 보면, 기원 수천 년 전에 이미 하늘의 천문을 깨달았던 위대하고 현기(賢氣) 넘치던 조상들의 이야기도 숨길 수 없을 것이다. 우리선조 고리족이 천문지식을 바탕으로 하늘의 별과 달을 따라 바다를 건너 아메리카로 건너 갔다는 '우리민족 대이동'의 장엄한 역사로 이야기는 끝없이 이어질 수밖에 없을 것이다.

　숙명(宿命)이라는 말이 있다. 태어날 때부터 짊어지고 온 피할 수 없는 길을 말한다. 위대하고 현기 넘치던 우리선조 고리족들이 만주대평원에서 아무르, 캄차카반도, 알류산열도를 거쳐 아메리카로 건너가 남북 아메리카대륙 전 지역에 남겨놓은 장엄한 고리족의 역사를 밝혀내고, 전 세계 인류에게 알려야 하는 것이야말로 우리에게 주어진 숙명이 아니고 무엇이겠는가!

● 태극의 탄생

◆ 민족의 정체성 '고리'

우리는 민족의 역사를 반만 년이라고 말한다. 그런데 우리민족의 '정체성'이 무엇인가에 대한 질문에 분명하고 자신 있는 대답을 들어본 적이 없다. 민족의 정체성이란 긴 역사 속에서 서서히 형성되어, 먼 바다의 물결처럼 도도하고 거스를 수 없는 힘으로 변함없이 이어져 후세에 전해지는 민족의 본질을 말한다. 반만 년이라는 긴 시간 동안 형성된 민족의 본질에 대해 '이것이다'라는 대답을 들을 수 없었던 이유는 무엇일까? 아마도 잃어버린 4천 년의 역사 때문은 아닐까? 오늘의 우리 손에 남은 것은 고려시대 이후의 1천 년의 역사뿐이다. 우리는 고려시대 이전 4천 년 역사를 잃어버렸다. 기원전 아득한 시대부터 우리 선조들의 주된 활동무대였던 요동·요서와 만주대평원을 다른 민족에게 넘겨주었기 때문에, 그 땅에 살던 선조들이 아메리카대륙으로 대거 떠났기 때문에, 그리고 그 대이동의 역사가 지금까지 묻혀 있었기 때문에 반만 년 역사 중 4천 년을 잃어버렸던 것이다.

잃어버린 시간은 유물로 되찾을 수 있다. 잃어버린 4천 년 민족 역사를 복원시켜 줄 유물은 한반도 주변에, 그리고 아메리카대륙 곳곳에 남아 있다. 아메리카에는 거대한 해일처럼 남북 아메리카대륙을 뒤덮었던 우리민족 대이동의 흔적이 지층의 화석처럼 남아 있다. 그리고 그 흔적들 가운데 유달리 눈에 띄는 기호가 있다. '고리 기호'이다. 필자는 그 기호를 가지고 한반도와 만주대평원의 유물과 유적들을 되돌아봄으로써, 민족의 위대하고 장엄한 역사의 시작을 밝힐 수 있었다. 고리 기호는, 인류 역사에서 최초로 하늘의 천문을 깨달았던 지혜로운 조상 '고리(노인/할아버지)'에 대한 존경심의 표현이었고, 그들의 지혜를 바탕으로 북방의 강자로 성장했던 '고리족'으로서의 자부심의 표현이었으며, 그 자부심에서 시작된 민족의식의 표현이었다. 우리선조들은 '고리족'으로서의 자부심을 나타내기 위해, 고리 기호 목걸이를 목에 걸고 다니기 시작했고, 온갖 유물에 새겨 후세에 전했던 것이다.

'고리'는 기원 수천 년 전 운명공동체로서의 민족의식의 태동과 함께 시작되어, 삼국시대-고려시대-조선시대를 거쳐 오늘날까지 면면히 이어져 온 우리민족의 본질이다. 우리민족은 '고리'로 시작했고, '고리'로 수천 년을 살아왔으며, 앞으로도 영원히 '고리'로 살아갈 것이다. 그래서 '고리'는 영원한 우리민족의 정체성인 것이다.

삼국시대에 대거 알류산열도를 건넌 뒤, 아메리카대륙 많은 나라의 국민으로 흩어져, 서로의 존재도 모르는 채 남처럼 살고 있는 그 후예들을 하나로 묶어줄 유일한 끈이 '고리 기호'이다. 아메리카대륙의 후예들이 그토록 알고 싶어 하는 자신들의 정체성을 알려주고, 한반도의 우리와 다시 이어줄 유일한 끈도 역시 '고리 기호'이다. '고리'야말로 지구상의 모든 우리민족을 하나로 이어주고, 오늘의 우리를 조선왕조, 고려왕조, 삼국시대의 모든 왕조들, 그리고 기원 전 아득한 시대 첫 문명을 일으켰던 선조들에게까지 이어주는 진정한 핏줄이다. 따라서 '고리'는 시공간을 넘어 영원히 이어질 민족의 진정한 얼인 것이다.

◆ 태양신의 후예, 고리족

오늘날 우리민족의 상징은 '태극'이다. 사학계에서는 지금까지 우리의 태극을 11세기 중국 주돈이의 태극도설의 동심원 태극을 모방해 만든 것이라고 설명해 왔다. 그러나 필자는 제1장에서 우리의 태극은 우리민족 고유의 것으로, 이미 기원전 5세기 이전에 우리선조들에게 있었고, 그것이 민족 대이동과 함께 아메리카로 건너갔다는 사실을 멕시코 고대 유물을 통해 밝혔다.

그런데 태극보다 앞서 우리민족 고대사에 나타나기 시작한 것이 '고리 기호'이다. 고리 기호는 우리민족의 시작과 함께 나타나, 사실상 우리민족 모든 왕조의 명칭을 나타내던 기호로서, 우리민족 정체성의 상징이다. 따라서 다음과 같은 의문이 제기될 수밖에 없을 것이다.

고리 기호와 태극은 어떤 관계인가?

우리는 지금까지 '태극은 태양을 상징한다'고 믿어왔다. 그렇다면 태극이 어떤 과정으로 태양을 상징하게 되었을까? 우리의 음양태극이 주돈이의 태극도설과 관련 없다는 사실이 밝혀진 이상, 음양태극이 태양을 상징하게 된 진정한 유래, 즉 태양에서 어떤 과정을 거쳐 음양태극이 시작되었는지에 대해서도 밝혀져야 한다. 따라서 이 의문은 다음과 같이 구체화된다.

태양, 고리 기호 그리고 태극 사이에는 어떤 연관성이 있었을까?

이 의문은 우리민족 고대사의 가장 중요한 미스터리라 할 수 있다. '고리 기호'는 우리선조들이 운명공동체로서의 민족의식을 자각하면서부터 사용하기 시작한 기호이지만 지금까지 연구된 적이 없고, '태극'은 중국 유래라는 잘못된 설명 때문에, 저 둘 사이의 관계에 대한 연구는커녕, 우리민족 고대사에서 매우 중요한 의미가 있다는 사실조차 깨닫지 못했다. 또 음양태극이 태양을 상징한다고 알려져 있지만, 구체적으로 어떤 과정을 통해 그것이 태양을 상징하게 되었는지에 대해서도 밝혀진 적이 없다.

안타깝게도 우리민족 고대사에 더할 수 없이 중요한 이 의문을 풀어줄 실마리가 우리에게는 없다. 4천 년 고대사가 사라지면서 이에 대한 실마리도 자취를 감춰 버렸기 때문이다. (그래서 필자는 중국이 발굴하다 중단해 버린 중국 북부와 만주대평원의 그 많은 피라밋 속에 무엇이 들어있는지 참으로 궁금하다.)

필자는 그 실마리를 멕시코에 남은 우리민족의 흔적에서 찾아내었다. 다음은 멕시코 아스태가(Azteca)인들이 남긴 유물이다. 밑땅태구흐들이(Mictlantecuhtli)라고 불리는 지옥의 신(神)이 유골함을 짊어지고 있는 모습인데, 그의 이마에 새겨진 조각을 보라.

멕시코 신상

태양의 위치에 나오는 고리 기호(확대)

햇살

태양의 위치에 새겨진 고리 기호

　이 조각은 '태양의 자리에 고리 기호'가 선명하게 새겨져 있다. 사방으로 퍼져 나가는 빗금은 햇살을 의미하므로, 햇살의 가운데는 당연히 태양의 자리이다. 그런데 그곳에 고리 기호가 새겨져 있다. 무엇을 의미하는 것일까? 태양의 자리에 고리 기호를 새겼다는 것은 고대 멕시코인들의 신앙 속에서 태양과 고리 기호는 사실상 '하나'로 볼 정도로 그 둘 사이에 매우 깊은 연관성이 있었음을 보여주는 것이 아니고 무엇이겠는가! 지금까지 밝혀진 그 많은 증거들로 볼 때 신대륙 발견 이전의 멕시코 원주민들은 우리민족의 후예들이 분명하고, 고리 기호는 문자가 없던 우리선조들이 자신들은 '고리'족이라는 것을 나타내기 위해 기원 수천 년 전부터 사용하던 기호문자였다. 따라서 '태양과 고리 기호'를 밀접하게 연관시켰던 이러한 사고방식은 바로 고대 우리선조들의 전통적 사고방식이었고, 그것이 멕시코로 건너간 것이 분명하다.

태양과 고리 기호 사이에 깊은 연관성이 있었다는 사실을 보여주는 증거로, 이것만 있는 것이 아니다. 아래는 아스태가(Azteca)제국 시대의 흙도장이다.

아스태가제국의 도장

이 도장에도 역시 태양의 자리에 고리 기호가 새겨져 있다. 뱀용의 꼬리 부분을 둥근 원판으로 만들고, 그곳에 부챗살 모양으로 퍼져나가는 빗금을 새겨 '햇살'을 상징적으로 표현했다. 햇살의 중심은 당연히 태양의 자리이지만, 그곳에 고리 기호를 새겨 '태양과 고리는 하나'라는 생각을 나타내었다. 그리고 뱀용의 등에 다섯 개의 작은 고리 기호를 새겨 그들이 고리족의 후예임을 강조하고 있다.

'태양과 고리 기호'는 사실상 '하나'라고 여겼던 것은 원래 우리선조들의 신앙관이었고, 그것이 민족 대이동으로 멕시코로 건너갔다는 증거는 많다. 필자가 「멕시코편」에서 밝혔듯이, 아스태가인들은 요동에 살며 고조선을 건국했던 우리민족 맥(이)족의 일파로서, 그들의 조상이 원래 살던 곳이 아스땅(Aztlán), 즉 아사달(阿斯達)이어서 '아스태가'라고 불렸다. 고대 우리선조들은 식구가 죽으면, 장례식을 치른 후에 사체를 일정한 장소에 먼저 보관했다가, 나중에 뼈만 거두어 유골함에 넣어 다시 장례를 치르곤 했다. 이를 2차장이라고 한다. 신대륙 발견 이전의 멕시코에서도 이런 2차장의 풍습이 전국적으로 유행했다.

유골함을 짊어진 지옥신의 이마에 태양을 상징하는 햇살과 고리 기호를 조각한 것은 '고리족은 죽어 태양신이 주관하는 저승세계로 간다'는 신앙관을 상징적으로 표현한 것이다. 멕시코 학자들에 따르면 이 지옥신의 이름은 '밑땅태구흐들이(Mictlantecuhtli)'라고 한다[16] '밑땅태구흐들이'는 '지옥신'을 뜻하는 순우리말로서, 다음과 같은 형태소로 구성되어 있다.

밑땅태구흐들이(Mitlantecuhtli) → 밑(Mic) + 땅(tlan) + 태(te) + 구흐들이(cuhtli)[17]
      뜻   밑/아래   땅   신성한 굿의 사람(무당/신)

'지옥(地獄)'은 중국에서 들어 온 한자어이다. 중국으로부터 한자를 도입하기 이전 시대의 우리선조들은 지옥을 무엇이라고 말했을까? 바로 '밑땅'이다. 아메리카대륙으로 건너간 우리민족은 사라져버린 고대 순우리말에 대한 많은 정보도 이렇게 함께 남겼다.

이와 같이 아스태가제국을 건설했던 맥이족은 '맥이'라는 명칭에서부터 2차장이라는 장례풍습, 그리고 지옥신의 명칭으로 '밑땅태구흐들이'라는 순우리말을 남겼다. 그리고 앞에서 이미 설명했듯이, 고리 기호는 우리민족을 가리키는 그림문자이면서 동시에 민족 정체성의 상징이었다. 따라서 태양의 자리에

---

16 오늘날 멕시코에서는 '밑뜰란태구흐들이'라고 발음하고, 아스땅(Aztlán)도 '아스뜰란'이라 발음한다. 이것은 스페인들이 정복하던 16세기 초에 발생한 언어혼란으로 자음 T 다음에 L이 첨가되어 발생한 현상으로, 문제의 자음 L을 생략하고 읽어야 원주민의 원래 말, 즉 우리말이 된다.

17 구흐들이(cuhtli)에 대한 자세한 형태소 분석과 설명은 '손성태, 「우리민족의 대이동/멕시코편」, p.296을 참조하세요.

고리 기호를 새긴 것은 고대 우리선조들의 가치관 혹은 신앙관에서 비롯되었다는 것은 의심할 여지가 없다. 과연 고대 우리선조들의 신앙에는 태양과 고리 기호 사이에 어떤 연관성이 있었던 것일까?

역사 속 의문의 답은 역사에서 찾아야 한다. 이 의문을 풀어줄 단서가 우리 역사 속에 남아 있다. 부여의 왕들은 '동명성왕(東明聖王/태양의 신성한 왕)'이라 불렸고, 고구려(고구리)의 시조 주몽은 '나는 태양신의 아들'이라고 외쳤으며, 구당서(舊唐書)권199는 '고구리는 태양신을 믿었다'는 기록을 남겼고, 복희여와도는 '모든 생명은 태양신으로부터 태어난다'는 의미를 그림으로 표현했다. 이것은 모두 고대 우리선조들의 중심 신앙이 태양신 신앙이었음을 보여준다. 그리고 우리민족의 진정한 명칭은 기원전 아득한 시대부터 조선조 말까지 이어져 온 '고리'였고, 지금도 '코리아(고리야)'이다. 이러한 사실을 바탕으로 신상 이마에 새겨진 '태양의 위치에 새겨진 고리 기호'를 관찰해 보면, 이 조각은 바로 '태양신의 후예 고리족' 혹은 '태양신을 믿는 고리족'을 의미하고 있다는 사실을 깨달을 수 있다. 그렇다! 문자가 없던 우리선조들은 바로 이런 식으로 자신들이 고리족이며, 태양신의 후예라고 표현했던 것이다!

'태양신을 믿는 고리족' 혹은 '태양신의 후예 고리족'이라는 믿음을 이러한 방식으로 표현한 것과 관련하여 마지막 의문은 다음과 같다. 부챗살 모양으로 빗금을 그어 태양을 표현했던 풍습이 고대 한반도의 우리선조들에게도 있었을까? 국립제주박물관에 전시된 유물과 멕시코 신상을 비교해 보라[18]. 실제로

---

18 멕시코 신상은 태양신을 숭배하던 무당으로, 아스태가제국 이전 시대에 오늘날의 멕시코 수도 멕시코시티 지역을 '혼자서' 지배하던 '홀로-틀(Xolo-tl)'이라는 왕이다. 그는 새로운 집단이 그곳에 오면, 정착할 곳까지 마음대로 정해줄 정도로 절대 권력을 휘둘렀던 왕으로서, 이름에서 '-틀(tl)'은 의미가 없으므로, 실

우리에게도 빗금을 그어 퍼져나가는 햇살을 상징적으로 나타내어 태양을 표현한 유물이 있고, 그것과 매우 유사한 유물이 멕시코에도 있다.

국립제주박물관 소장 　　　 멕시코 신상 　　　 (확대)

우리선조들에게 태양은 최초의 신이자 가장 위대한 신이었다. 멕시코로 건너간 우리말을 보면, 모든 신을 '태워(Teo)'라고 불렀다. '태워'는 '태우다'라는 우리말 동사로서, 원래는 '태양신'을 가리키던 말이었지만, 점점 다양한 신을 숭배하게 되자, 그 신들도 모두 '태워'라고 불렀다. 신을 칭하는 다른 어휘가 없었기 때문이다. 이 사실로부터 우리가 추정할 수 있는 것은 우리선조들이 신(神)을 가리키기 위해 사용했던 최초의 말이 '태워'였고 태양신은 우리선조들이 숭배했던 최초의 신이었다는 사실이다.

따라서 태양이 나와야 할 자리에 고리 기호를 새겼다는 것은 우리민족 최초의 신이었던 '태양신의 후예 고리족'이라는 신앙관이 고대 우리선조들 사이에 매우 널리 퍼져 있었다는 증거이다. 이러한 태양신의 후예라는 믿음은 우리선

제 그의 이름은 '홀로'이다.

조들로 하여금 자신들을 주변 민족에 비해 '뛰어난 존재'로 여기게 한 자부심의 바탕이었을 것이다. 그래서 「삼국지」위지동이전에 기록되어 있듯이 스스로를 '대가(大加)'라고 불렀던 모양이다. '대가'는 미국 인디언도 사용했고 멕시코 원주민도 사용했던 우리말로서, 미국에서는 '태가(Teka)'로 멕시코에서는 '태가(Teca)'로 기록되었다. '태'는 '태양' 혹은 '신성한'을 의미하고 '가'는 '사람'을 의미한다. 따라서 '대가/태가'는 '태양의 사람' 혹은 '신성한 사람'을 뜻하던 말로서, '태양의 자리에 새겨진 고리 기호'를 말로 표현한 것이다.

독자들은 아메리카 모든 인디언들의 기본 신앙이 '자신들은 태양신의 아들'이라고 믿는 신앙이었고, 페루 잉카제국의 황제의 호칭 '잉카(inca)'도 '태양신의 아들'을 뜻한다는 것을 기억하기 바란다. 오늘날까지 이어지는 그들의 태양신 신앙은 고대 우리선조 고리족들의 신앙이 아메리카로 건너간 것임은 물론이다.

◆ **태극의 탄생: 고리 기호에서 태극으로**

고대 우리선조들은 한반도에 남았든 아메리카로 건너갔든 태양을 둥근 원으로 그렸다. 보통 두 개 이상의 동심원으로 그렸는데, 우리나라 곳곳에는 언제 새겨졌는지 알 수 없는 태양을 상징하는 이런 암각화(巖刻畵/바위 그림)가 많다. 다음은 우리나라 울산 전천리와 고령 양전리,[19] 그리고 미국과 멕시코에서

---

19 이은창님은 고령 양전리 암각화를 연구하여, 동심원이 '태양'을 나타낸다고 설명했다. (참고: 이은창, '고령 양전리 암화 조사 약보–석기시대와 암화 유적을 중심으로', 「고고미술」, 1971, pp.38~39.

볼 수 있는 태양을 상징하는 암각화들이다.

| 울산 천전리 | 고령 양전리 | 미국(유타주) | 멕시코(뉴에보레온주) |

태양을 상징하는 동심원 암각화는 우리선조들이 살던 한반도와 주변지역, 그리고 아메리카뿐 아니라 우리민족의 이동루트 곳곳에서 발견된다. 특히 아무르강 하류와 캐나다 서해안에는 고리 기호와 함께 새겨져 있는데, 이것은 태양신을 믿던 우리선조 고리족이 남긴 흔적일 것이다.

흥미로운 것은 다음 고구려 왕관 장식이다. 새깃털을 본떠 만든 왕관 장식품으로, 필자는 이것을 제3장에서 페루 잉카제국 황제의 왕관과 비교하며 보여주었다. 여기서 주목할 부분은 가운데 깃털 맨 위에 새겨진 두 개의 동심원이다. 이것은 위의 암각화에서 본 동심원과 같은 것으로 태양을 상징한다.

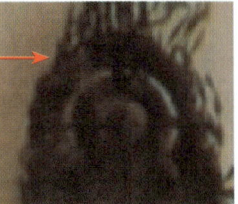
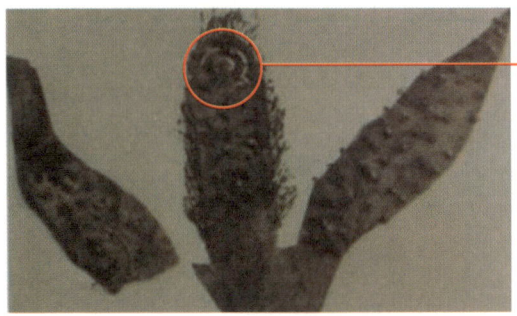

고구려 왕관에 새겨진 태양   (확대)

　고구려가 태양신을 널리 믿었고, 이는 부여의 신앙을 이어받은 것이라는 증거가 우리 역사에 매우 다양하게 남아 있다(제6장에서 자세하게 설명합니다.). 앞에서 잠시 설명했듯이, 부여나 고구려 왕족들의 이름은 태양을 의미하는 우리말 '해'로 시작하는 경우가 많았고, 부여의 역대 왕들과 고구려의 시조 주몽은 동명성왕(東明聖王)이라고 불렸는데, 이는 '태양의 신성한 왕'을 뜻하는 호칭이었다.

　따라서 고구려 왕관 가장 높은 곳에 태양의 상징이 새겨져 있음은 역대 고구려왕들에게 가장 높은 신은 태양신이고 자신들은 그 후예라고 믿었다는 사실을 보여주는 증거이다. 부여-고구려로 이어졌던 우리선조들의 태양신 신앙은, 제6장에서 확인되듯이, 백제-신라에도 널리 퍼져 있었다. 즉 불교가 유입되기 이전의 모든 우리선조들에게 가장 중요한 신은 태양신이었다.

　우리선조들의 태양신 신앙의 구체적인 내용은 '모든 생명은 태양신에게서 태어난다'는 복희여와도의 그림과 '나는 태양신의 아들이다'라는 주몽의 외침으로 요약된다. 이것은 '우리민족은 태양신의 후예'라는 의미로서, 앞에서 본 '태양의 자리에 그려진 고리 기호'는 글자 기록으로 남길 수 없었던 우리선조들이 이러한 신앙관을 그림이나 조각으로 남긴 것이다.

 이러한 사실을 바탕으로 '태양의 위치에 나오는 고리 기호'를 다시 관찰해보자. 태양은 둥글고 우리선조들은 태양을 둥근 원으로 그렸으므로, 멕시코 신상에 나오는 고리 기호의 바깥 둘레에 둥근 원을 그려보자. 앞에서 설명했듯이 그 위치는 원래 태양의 자리이므로, 고대 우리선조들도 이 위치에 태양의 원을 생각했을 것이기 때문이다.

 참으로 놀랍지 않는가! 바로 음양태극이 나타난다. 하나의 고리 기호를 그리면, 작지만 거꾸로 된 또 하나의 고리 기호가 저절로 나타나, 바깥 둘레에 그려진 태양을 상징하는 원으로 인하여, 그 모양은 마치 두 마리의 올챙이가 서로 거꾸로 감싸 안고 돌아가는 듯이 보이는 우리의 음양태극이 된다.

 독자들 중에 우리 태극의 양쪽 올챙이는 모양이나 크기가 같은데 방금 위에서 본 태극은 모양과 크기가 달라, 우리의 음양태극으로 볼 수 없다고 반문할 사람이 있을지 모르겠다. 그런 사람은 다음 사진을 보라. 우리나라 역사상 처

최초의 우표

음으로 사용했던 우표들이다. 최초의 우표는 조선조 말 개화파들의 주장으로 1884년 10월(음력) 우정국을 설치하고 일본에서 인쇄해 온 것으로, 조선왕조의 동심원태극 문양을 담고 있다. 그러나 이 우표는 며칠 후 우정국 개국식에서 개화파들이 일으킨 갑신정변으로 인해 미처 사용되지 못한 채 폐기되었고, 이듬해 우정국을 다시 열면서 미국에서 새롭게 인쇄해 온 우표가 아래 사진이다. 이 우표들의 중앙에 사용된 음양태극을 보라.

1885년 미국에서 인쇄한 우표

멕시코 아스태가 신상의 이마에 새겨진 태극처럼, 하나의 온전한 올챙이 모양의 고리 기호와 다른 하나의 작고 모양이 불완전한 고리 기호가 서로 감싸 안으며 음양태극을 이루고 있지 않는가! 이러한 형태의 태극은 필자가 설명한 대로 태양을 상징하는 원 안에 하나의 온전한 고리 기호를 그리면 또 하나의 불완전한 고리 기호가 저절로 생겼기 때문이다. 바로 우리민족의 태극의 탄생 과정을 반영한 태극이다. 우표의 태극은 20세기 말의 것이지만, 이와 유사한 태극이 백제가 남긴 6세기 유물에도 있다. 다음 장에서 보기로 하고, 원래의 테마인 '고리 기호에서 태극'으로 되돌아가기로 한다.

우리는 제2장에서 아래의 마야달력을 보았다. 어두움과 밝음의 가운데에 우리의 태극문양이 그려져 있었다. 초기 마야문명을 일으킨 사람들은 올메카인들의 후예이고 올메카문명의 유물로는 우리의 음양태극과 우리민족을 상징하는 고리 기호, 그리고 우리민족 고유의 장례형식이었던 고인돌 등이 남아 있어, 그들이 아메리카로 일찍 건너간 우리민족의 후예라는 것은 분명하다. 후기 마야문명은 전기 마야문명의 후손들과, 멕시코 중부지방에서 살던 우리민족의 후예들이 유카탄반도에서 만나 이룩한 문명이었다. 따라서 이 달력 가운데에 우리의 음양태극 문양이 나타나는 것은 당연하다. 그리고 마야인들도 태양신을 믿었으므로 태극문양 둘레에 태양의 둥근 원을 그리면 아래처럼 온전한 음양태극이 나타난다.

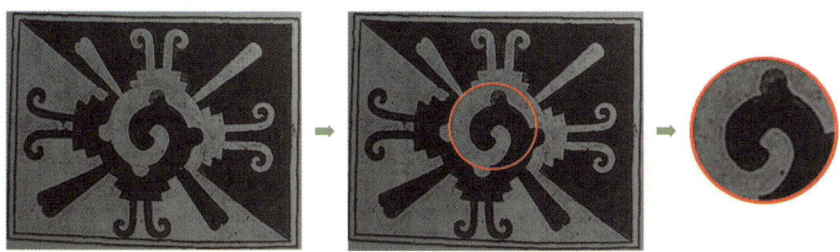

이것을 좀 더 확인하기 위하여 몇 가지 유물을 더 살펴보자. 다음은 아스테가제국의 수도, 태노치티땅(Tenochtitlán)의 가장 중심에 있던 대신전(大神殿) 앞에 설치된 뱀용 꿰잘꼬아들(Quetzalcóatl) 신상이다. 그 신상의 코와 입가에 새겨진 고리 기호에 태양의 원을 그려보면, 역시 우리의 음양태극이 나온다. 여기에 우리의 태극처럼 파란색과 붉은색을 칠해보면, 음양태극의 모습은 더욱 뚜렷해진다.

대신전의 원래 모습과 폐허가 된 오늘날의 모습
(멀리 대신전을 허물어 그 돌로 지어진 멕시코 대성당이 보인다)

올메카의 돌거울

태극과 관련하여 놓쳐서는 안 될 중요한 이야기가 있다. 멕시코의 기록에 따르면 태양의 상징에 파란색과 붉은색을 칠하기도 했는데, 파란색은 '어둠'을, 붉은색은 '밝음'을 뜻했다고 한다[20]. 그렇다! 우리 음양태극의 내용이 바로 그것이다. 태극

---

20 Javier Romero Quiroz, 「El Huehuetl de Malinalco」, Universidad Autónoma del Estado de México, 1958, p.48. 우리민족의 특징을 보여주는 흥미로운 점은 여기에도 있다. 그들도 푸른 색을 나타내기 위하여 '파란색'을 사용하기도 하고 '녹색'을 사용하기도 했다. 우리민족은 이 두 가지 색깔을 모두 '푸른색'이라고 하면서 구별하지 않았다 (예: 푸른 바다, 푸른 들판)

210 고대 아메리카에 나타난 우리민족의 태극

의 푸른색은 '어둠'을 뜻하고, 붉은색은 '밝음'을 뜻한다. 실제로 멕시코 올메카의 기원전 5세기 돌거울을 보면 파란색을 칠해서, 전체적으로 붉은색과 파란색의 태극으로 되어 있다.

아래 유물들은 아스태가제국 황제의 집무실에 걸린 벽걸이 장식, 마야의 그릇, 미국 미시시피강 유역에서 발굴된 서수형 토기이다. 모든 유물에 고리 기호가 그려져 있는데, 하나의 고리 기호를 그리면 자연스럽게 또 하나의 고리 기호가 반대 방향으로 생긴다는 것을 분명하게 보여준다. 그리고 거기에도 앞에서처럼 태양의 원을 그리면, 바로 우리의 음양태극이 나타난다.

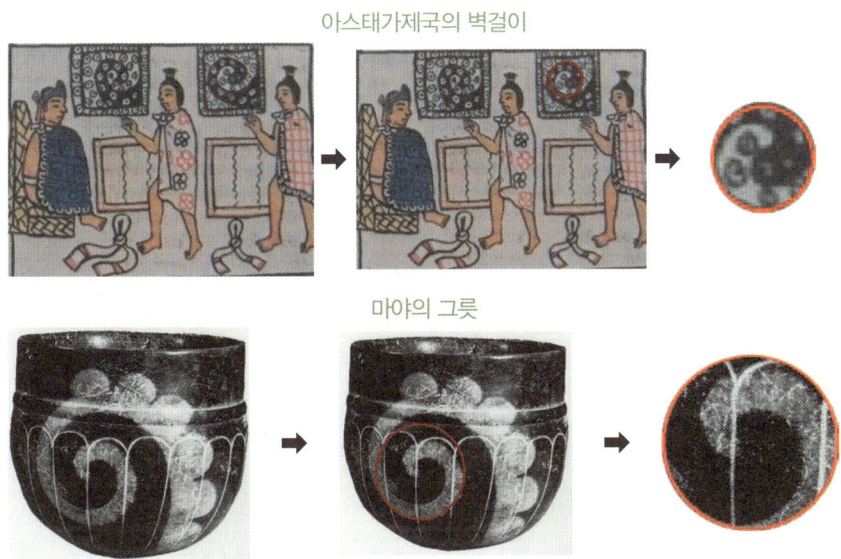

아스태가제국의 벽걸이

마야의 그릇

04. 태극의 탄생, 기원과 의미 211

미시시피강 유역의 토기

특히 마야의 그릇 문양에 태양의 둥근 원을 그려서 나온 음양태극은 조선조 말 우리가 사용했던 우표 속의 태극과 판박이처럼 닮았다. 무슨 설명이 더 필요한가! 우리의 음양태극은 바로 우리민족의 신표이자 상징이며 정체성을 나타내던 '고리 기호'에서 이런 과정을 통해 탄생했던 것이다.

하나의 고리 기호를 그리면, 자연스럽게 또 하나의 고리 기호가 반대 방향으로 생긴다. '태양신의 후예 고리족'이라는 태양신 신앙을 나타내기 위하여 고리 기호 바깥 둘레에 태양을 상징하는 원을 그리면 바로 음양태극이 된다.

이것이 우리민족 음양태극 탄생의 비밀이었다. 앞에서 제기된, '태양, 고리 기호 그리고 태극 사이에 무슨 연관성이 있는가'라는 의문에 대한 답은 바로 이것이다. 우리민족 음양태극의 탄생 비밀을 밝히는 과정에 논리의 비약은 없었다. 필자는 우리선조들이 유물에 새겨놓은 기호를 따라왔을 뿐이다. 먼저 유물에서 기원 수천 년 전부터 근세까지 이어져 온 우리민족의 상징이자 정체성을 표현한 '고리 기호'를 찾아내었다. 그 다음엔 고구려 시조 주몽의 외침과 복희여와도의 의미를 바탕으로, 멕시코 신상의 이마 조각에서 태양이 올 자리에 고리 기호가 새겨진 것을 보고, 그것이 '태양신의 후예 고리족'을 표현한 것이라는 사실을 알 수 있었다. 그리고 고대 우리선조들이 태양을 원으로 그렸으므로 '태양신의 후예 고리족'을 그림으로 나타내려면, 고리 기호 하나를 먼저 그리고 그 둘레에 태양의 둥근 원을 그려야 한다는 것을 깨달았고, 그렇게 원을 그려 보았더니, 저절로 우리의 음양태극이 되었다. 이것은 음양태극의 근본적인 의미가 '태양신의 후예 고리족' 또는 '태양신을 믿는 고리족'이었다는 사실을 확인시켜 주는 것이다. 지금까지 알려져 온 음양 조화는 태극의 근본적인 의미가 아니었다! 기원전 아득한 시대에 우리선조들이 처음으로 음양태극을 그리기 시작했을 때의 의미는 '태양신의 후예 고리족' 또는 '태양신을 믿는 고리족'을 표현하기 위함이었다. 이 원초적인 의미를 찾아낸 과정을 보면, 고리 기호와 음양태극은 서로 다른 '둘'이 아니라, 동전의 양면처럼 분리할 수 없는 '하나'였다는 것도 알 수 있다.

음양태극을 '음과 양의 조화'로 보는 해석은, 세월이 지난 후에 사람들이 그곳에 푸른색과 붉은색을 칠하면서 첨가된 이차적인 뜻일 것이다. 즉 먼저 태양신을 믿는 고리족을 그림으로 나타내다보니 음양태극이 생겼고, 거기에 태호복희의 음과 양의 개념에 따라 푸른색과 붉은색을 칠하면서 '음양조화'의 개념이 나중에 추가되었던 것이다.

멕시코 아스태가인들도 태양의 상징에 푸른색과 붉은색을 칠하고, 각각 '어두움'과 '밝음'을 나타내었다. 이것은 우리선조들이 멕시코로 건너가기 전에 이미 음과 양의 의미, 즉 음양조화의 의미를 알고 있었다는 뜻이다. 따라서 '음양태극이 음과 양의 조화를 나타낸다'는 생각은, 11세기 주돈이가 태극도설에서 처음 주창한 것이 아니라, 이미 오래전부터 우리선조들 사이에서 이어져왔음이 틀림없다. 우리선조들의 아메리카 이주는 10세기에 이미 끝났으니 말이다.

따라서 이제야 우리가 알 수 있는 사실은 주돈이의 태극도설의 핵심 내용으로 알려져 온 '음양조화'라는 개념조차도 원래 우리선조들의 생각이었고, 주돈이는 그것을 어디선가 듣고 기록으로 남겼는데, 만주대평원에서 선조들이 떠난 뒤 많은 세월이 흐르자, 마침내 그가 음양태극의 창안자요 음양조화설의 주창자로 와전되었던 것이다. 그는 어느 것도 새롭게 시작했던 것이 없다. 그는 단지 우리의 것을 가져가 기록한 기록자에 불과했던 것이다.

원래 우리 것이었으나 중국인이 기록으로 남김으로써, 세월이 흐른 후엔 중국에서 창안하거나 만들었다고 알려진 것이 이것뿐이겠는가! 필자가 「멕시코 편」에서 밝혔듯이, 침술도 원래 우리선조들이 창안했으나 오늘날에는 중국인이 창안한 것으로 알려져 있지 않은가!

음양태극은 근본적으로 우리민족 '고리족'과 떼려야 뗄 수 없는 관계이다. 그 탄생이 '태양신의 후예 고리족'을 그림으로 나타내던 과정에서 시작되었기 때문이다. 그런데 왼쪽 음양태극은 오늘날 '중국 도교의 상징'으로 알려져 있다. 11세기 송대 도교 사상가였던 진단(陳摶)이 처음 그렸다고 하는데[21], 우리나라 사전에서조차 같은 설명을 하고 있다. 고대 우리선조들이 '태양신의

도교의 태극

---

21 도교 사상에는 '신선 사상'이 포함되어 있는데, 신선 사상의 발생지가 산동반도이다. 산동반도는 원래 우리선조들의 영토로서, 은나라가 있던 곳이고, 우리민족이 기원후 9세기까지도 남아 살던 곳이다. 이런 역사적 배경을 고려할 때 도교도 원래는 우리선조들과 관련되어 시작되었던 것은 아닐까?

후예 고리족'을 나타내기 위해 창안했던 기호가 어느 시대부턴가 중국인이 창안한 기호라고 알려져, 오늘날의 우리 학자들조차 그렇게 믿고 있는 것이다.

어떻게 이런 일이 일어날 수 있었을까? 태극이 우리 것이라는 것은, 필자가 설명했듯이, 그 탄생 과정이 '우리민족 고리족을 뜻하는 고리 기호'에서 시작되었고, 그 근본 의미가 '태양신의 후예 고리족'이라는 사실로 확인되었다. 중국 화하족이 언제 고리족이었다고 태극을 중국 것이라고 우긴단 말인가! 만약 고리 기호가 중국인이 창안한 것이라면, 아메리카의 그 넓은 지역에 산재해 있는, 고리 기호와 함께 나타나는 그 많은 우리말 지명들은 무엇이란 말인가! 아메리카 원주민들이 남긴 그 많은 우리민족 고유의 생활풍습과 놀이풍습은 또 어떻게 그 유래를 설명할 수 있단 말인가!

아메리카에서 발견되는 고리 기호가 새겨진 모든 유물이나 유적은 언제나 우리말 지명이나 우리민족 고유의 풍습과 함께 발견된다. 이 사실은 아메리카 원주민이 우리민족의 후예이고, 그들이 남긴 고리 기호는 우리민족 고리족의 상징이라는 것을 말해준다. 아메리카로 건너간 우리선조들이 중국의 진단이나 주돈이보다 무려 1600여 년이나 앞서 음양태극을 이미 가지고 있었다는 사실을 올메카 돌거울이 증명하고 있고, 최소 수백 년은 앞섰다는 것을 멕시코 토토나가판의 신상이 증명하고 있다. 그리고, 제5장에서 보듯이, 우리에게도 음양태극이 6세기 백제 무령왕의 칼에 조각되어 있다.

지금까지 살펴본 바, 오늘날 우리가 알고 있는 음양태극과 관련된 모든 이야기는 근본적으로 잘못된 것이었다. '음양태극은 중국에서 시작되었고, 음양조화를 나타낸다'는 설명은, 우리민족을 상징하던 고리 기호의 의미를 깨닫지 못했던 무지(無知)와 중국에 대한 문화적 사대주의가 빚어낸 엄청난 오류였다. 비록 고유 문자가 없어 기록으로 남기지는 못했지만, 현기 넘치고 위대했던 우리선조들은 음양태극 속에 누구도 부인할 수 없고 도용할 수 없는 우리민족의 얼, '태양신의 후예 고리족'이라는 의미를 심어 놓았던 것이다.

혹시 독자들 중에 '도교의 태극은 우리 태극과 다른 것 같다. 올챙이 모양의 머리에 작은 구멍이 있지 않은가'라고 생각할 사람이 있을지 모르겠다. 그러나 필자가 보기에는 오히려 '저 구멍은 저것이 우리의 것이라는 것을 더욱 확실하게 증명해주는 요소'이다. 다음 장에서 '곡옥의 미스터리'를 다룰 때 설명하겠다.

이로써 태극에 대하여 오늘날 알려진 모든 지식은 근본적으로 잘못되었다는 것을 알았다. 음양태극이 처음 그려진 시기는 기원후 11세기가 아니라, 그보다 적어도 1600여 년이나 앞선 기원전 5세기 이전이었다. 음양태극의 뜻으로 알려진 '음양조화'도 이차적인 뜻에 불과하고, 근본적인 뜻은 '태양신의 후예 고리족' 혹은 '태양신을 믿는 고리족'이며, 그 시작은 기원 수천 년 전 우리 선조들이 처음으로 운명공동체로서의 민족의식을 자각하면서 그리기 시작했던 고리 기호에, 태양신 신앙을 함께 나타내기 시작한 데서 비롯되었다. 음양조화라는 해석조차도 중국인 주돈이가 처음 주창한 것이 아니라, 우리선조들의 생각을 그는 기록만 했을 뿐이었다.

기원후 3세기경 서쪽 대흥안령에 살던 선비족의 침략을 받자, '태양신을 믿던 고리족'은 그 이전부터 조금씩 진행해 오던 민족 대이동을 본격적으로 단행하기 시작했고, 5세기말 아메리카로 건너갔다 되돌아 온 혜심스님 일행의 이야기를 전해 듣고부터는, 큰 파도의 썰물처럼 만주대평원을 떠나기 시작했다.

이런 상황 속에서 한반도에 남아있던 선조들도 점차 커져가던 한자와 불교의 영향으로 태양신 신앙을 점점 잊어가기 시작했다. 그리고 다시 수백 년의 세월이 흐르자 태양신 신앙과 함께 '태양신의 후예 고리족'이라는 생각도 사라져 버렸고, 수많은 유물에 새겨진 고리 기호조차 저 먼 시대의 알 수 없는 기호로 전락하고 말았다. 이러한 정황 속에서 주돈이의 기록은 남았고, 동북아 역사에서 학문이라는 분야가 생기고 그것을 공부하는 학자(흔히 유생 혹은 선비라고 불렀음) 집단이 생겨, 주돈이의 기록을 읽고 그것을 태극의 기원으로 판단하기 시작했던 것이다. 이러한 역사적 배경으로 인해, 오늘날 우리나라 학자들조차 '음양태극이든 음양조화든 모두 중국에서, 주돈이에게서 시작되었다'라고 잘못 알게 되었던 것이다.

누구를 탓하랴! 이 모든 오류는 만주대평원을 버리고 대거 떠나버린 민족 대이동의 결과이고, 중국으로부터 들여온 한자와 불교의 범람으로부터 내 것을 지켜내지 못한 탓이며, 그로 인하여 민족의 뿌리 역사 4천 년이 송두리째 사라져버린 때문인 것을. 이러한 역사적 배경으로 우리는 지금까지 우리민족의 고대사에 대하여 '집단 기억상실증'에 걸린 채 살았던 것이다. 기억상실증 환자가 그렇듯이 우리도 기억상실증에 걸렸다는 사실 자체를 모르고 살아왔다. 기억상실증 환자가 자기 이름 석 자를 기억 못하듯이, 우리도 주변에 그렇게 많이 남아있는 고리 기호를 보면서도 우리민족의 정체성이 무엇인지 모르고 살아왔고, 그 정체성을 표현한 음양태극마저 다른 민족이 창안한 것으로 잘못 알고 살아왔던 것이다.

이제 모든 진실이 드러났다. 기원 수천 년 전 우리선조들은 요하강 유역에서 처음으로 함께 모여 살면서, '고리(할아버지)'의 지혜를 바탕으로 문명을 시작했다. 세월이 지나는 동안 구성원들 사이에 단결력은 점점 커졌고, 그 결과 '운명공동체'라는 민족의식을 자각하기 시작했다. 고리의 뛰어난 천문지식 덕분으로 주변 다른 민족에 비하여 잘 살게 되자, 민족적 자부심에 '고리 기호'를 만들어 목에 걸고 다니기 시작했다. 그리고 세월이 흐르면서 어느 시대부터인가 수많은 유물에 고리 기호를 새기는 것이 민족의 전통이 되어 갔다. 그리고 하나의 고리 기호를 그리면 또 하나의 고리 기호가 생긴다는 것을 깨닫게 되었고, '태양신의 후예 고리족'이라는 생각을 하나의 기호로 나타내려고 고리 기호 둘레에 태양의 둥근 원을 그리자 음양태극이 만들어졌다. 그래서 멕시코로 건너간 우리민족의 유물로, 기원전 5세기의 돌거울에 음양태극이 나타날 수 있었고, 기원 1세기 이후에 세워진 토토나가판의 신상에도 나타나게 되었던 것이다.

민족의 대이동으로 많은 선조들이 아메리카대륙으로 건너가면서, 고리 기호와 음양태극도 아메리카로 건너갔다. 아메리카 드넓은 땅으로 뿔뿔이 흩어진 우리선조들은 자신들이 '고리족'이라는 것을 잊지 않기 위해, 정착하는 곳곳에 고리 기호를 남겼다. 거대한 뱀언덕을 축조하여 그곳에 고리 기호를 새겼고, 피라밋을 건축하여 그 돌에 새겼으며, 수많은 신상과 건축물에도 새겼고, 일상생활에서 사용하는 토기 그릇에도 새겼다. 고리 기호의 소중함을 후손들에게 가르치기 위하여 신상의 이마에, 가슴에, 심지어 눈동자 속에까지 새겼다. 그리고 태양신 제사와 같은 특별한 날에는 모든 사람들이 뿔소라를 잘라서 만든 고리 기호를 목에 걸고 참석하였던 것이다.

그럼에도 불구하고, 흐르는 세월은 많은 것을 점차 지워 나갔다. 문자가 없어 기록을 남기지 못한 채 수백 년의 세월이 흐르자, 자신들의 조상들이 원래 어느 곳에 살다가 어디를 통해 그곳에 왔는지도 잊혀졌고, 유물에 새기고 목에 걸며 그렇게 소중하게 여겨왔던 그 기호조차 무슨 의미인지도 잊어 버렸다.

그리고 신대륙 발견으로 백인들이 들어와 아메리카대륙의 새로운 주인이 되었다. 백인들은 대륙 곳곳에서 수없이 발견되는 고리 기호를 보고서, 그것이 원주민 문명에서 매우 중요한 상징이었다는 것을 깨달았다. 20세기에 들어와 원주민 유물을 전시하는 박물관이 세워지자, 박물관의 상징 로고로 그 기호를 내걸었다. 그리고 각자 해석하기 시작했다. '회오리바람'을 상징한다는 이도 있고, '파도의 물결'을 상징한다는 이도 있었으며, '세대를 이어가는 생명의 시작'을 뜻하는 기호라거나 '무당의 상징'이라고 주장하는 이도 있었다.

백인들이 고리 기호의 그 장엄한 역사와 숭고한 의미를 어떻게 알겠는가! 그것이, 동북아의 역사가 시작된 이래 가장 뛰어났던 민족, 고리족의 상징이라는 것을 어찌 알겠으며, 그들이 바다를 건너 아메리카대륙으로 건너갈 때 가져간, 우리민족의 정체성을 나타내던 기호라는 것을 어찌 알겠는가! 한반도에 사는 오늘의 우리들조차 다 잊어버린 채, 그저 먼 시대의 유물에 새겨지던 하찮은 장식문양에 불과한 줄로 알고 살아왔는데 말이다.

이것으로 필자는 우리민족의 반만 년 역사가 시작되면서 함께 싹튼 우리민족의 정체성을 찾았고, 그 정체성을 나타내는 기호가 고리 기호였다는 사실을 밝혔으며, 고리 기호에서 음양태극이 시작되었다는 것도 확인했다. 고리 기호는 우리민족 '고리족'을 의미하고, 음양태극은 근본적으로 '태양신의 후예 고리족'을 의미하는 것으로, 그 둘은 동전의 양면처럼 분리할 수 없는 '하나'라는 사실도 발견했다.

우리에게 고리 기호는 지나간 과거 어느 시대의 유물이 아니었다. 반만 년 민족의 역사가 시작된 이래 오늘날까지 우리는 단 한 순간도 '고리'와 떨어져 본 적이 없었다. 고구려도 고리였고, 고려도 고리였고, 조선도 결국 고리였으며, 오늘날 대한민국도 '고리야(코리아)'가 아닌가!

문제는 우리가 우리 곁에 있는 소중한 고리 기호를 알아보지 못했다는 사실이다. 그래서일까? 남과 북이 갈라지고 동과 서가 반목하는 것이 고리 기호를 알아보지 못한 무지(無知)로 인한 탓은 아닐까? 고리 기호는 동북아의 아득한 역사가 시작된 이래, 남북이나 동서의 구별없이 우리는 오직 '하나'라는 것을 말해주고 있다. 아메리카로 건너가 그 넓은 땅에 퍼져 살고 있는 모든 이들이 우리와 '하나'라는 것을 고리 기호가 묵묵히 전하고 있는 것이다. 묻혀버린 그 오랜 세월을 감내하면서 모든 것이 밝혀질 때가 오기를 기다리면서 말이다.

> 이 세상에 우리 외에 어떤 민족이 기원전 아득한 시대에 시작된 민족의 상징 기호를 가지고 있겠는가! 이렇게 장엄하고 숭고한 민족의 기호를 바탕으로 나라의 국기를 만든 민족이 지구상에 우리 외에 또 있겠는가!

이렇게 장엄하고 유구한 역사의 기호를 가진 민족이 우리민족이다. 그 숭고한 기호를 되찾은 오늘, 우리는 그 기호에 걸맞는 위대한 민족이 되어야 한다. 모든 구성원들이 운명공동체로서 서로가 서로를 돌아보며 함께 나누는 삶을 살아야 한다. 러시아의 유명한 고고학자 엠.웨. 바라비요프는 이런 말을 했다고 한다[22].

한국의 4세기는 서방의 5세기와 같은 의미를 가진다.

서방세계가 어떤 곳인가? 19세기까지 사실상 인류 문명을 이끌어 온 곳이 아닌가. 그럼에도 불구하고 우리선조들은 저 먼 시대에 이미 그들보다 무려 100년을 앞서가던 사람들이었다고 외국 고고학자도 인정하고 있지 않은가! 동북아의 고대 문명을 선도하던 분들은 원래 우리선조들이었다. 그리고 주변 민족은 그것을 배워가고 모방해 갔던 것이다.

이쯤해서 필자는 앞에서 제기했던 의문과「우리민족의 대이동/멕시코편」에서 남겼던 의문에 대한 설명을 하고자 한다. 앞에서 필자는 원래의 음양태극은 세로로 그려져 오늘날의 태극과 다르다는 점에 주목했다. 아래 사진을 비교해 보라. 토토나가판의 석상이나 조선 태조 이성계의 무덤가에 새겨진 음양태극은 '좌우'에서 서로 감싸 안는 모양이지만, 오늘날 우리 태극기의 태극은 '위아래'에서 감싸 안는 모양이다.

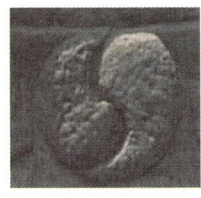
토토나가판 석상

이성계 무덤

태극기

---

22 데.엘.브로단스키,「연해주의 고고학」, 정석배역, 학연문화사, 1996, p.429.

이러한 차이는 왜 발생했을까? 즉 고대 음양태극의 올챙이 문양이 왜 좌우에서 감싸 안는 모양이었을까? 필자는 그 이유가 바로 '고리 기호의 원래 모습' 때문이라고 생각한다. 즉 음양태극은 원래 고리 기호에서 유래했고, 고리 기호는 보통 위에서 아래로 둥글게 그리게 되지, 좌에서 우로 혹은 우에서 좌로 그리지는 않기 때문이다. 고대의 태극은 태극의 근원이 고리 기호였다는 것을 그 모양 속에 반영하고 있었던 것이다. 그러나 오늘날의 태극은 그 유래마저 망각한 채 '붉은 색은 하늘, 푸른 색은 땅'을 의미한다는 해석에 치중하여 위아래로 그리고 있다.

이제부터 「멕시코편」에서 남겨 놓았던 의문을 보기로 하자. 아래는 기원전 1세기부터 기원후 8세기까지 존재했던 멕시코 태오티와간문명이 남긴 공놀이 경기장 입구에 세워져 있던 돌기둥과 남미 페루의 해안가에서 발달했던 치무문명(1300년~1470년)의 전사의 모습이다.

태오티와간 경기장 기둥   치무문명의 전사

태오티와간 경기장 기둥의 둥근 윗부분 내부에서 버팀부분을 제거한 오른쪽 사진을 보면, 둥근 테두리 안에 두 개의 올챙이 모양의 조각이 서로 거꾸로 감싸 안고 있고, 그 둘레에 태양을 상징하는 둥근 테두리가 있어, 이 조각이 우리의 음양태극이라는 것을 알 수 있다. 태오티와간(Teotihuacan)이라는 명칭도 '태양신의 터와 족장'을 뜻하는 순우리말이라는 사실을 생각하면, 여기에 음양태극이 나타나는 것은 조금도 이상하지 않다.

페루 치무 전사도 음양태극 방패를 들고 있다. 페루(Perú)도 멕시코처럼 국명(國名)부터 우리말이고, 페루 최초의 문명이었던 차빈(Chavin)문명에서부터 우리민족을 상징하는 '고리 기호'가 쏟아져 나오며, 모체문명(기원후 1세기~7세기)이 남긴 펠리노라는 짐승 조각상은 고려태조 왕건이 수창궁에 남긴 뱀용 조각상과 거의 판박이처럼 닮았다는 것과 페루의 마지막 제국이었던 잉카제국의 명칭 '잉카(Inca)'도 순우리말이라는 것을 볼 때, 페루에 우리의 음양태극이 나타나는 것은 당연하다.

● 고리 기호의 전파

오늘날 고리 기호는 세계 곳곳에서 보게되는 일반적인 문양 가운데 하나이다. 그러나 과거로 거슬러 올라가면 갈수록 상황은 달라진다. 먼저 중국과 일본의 경우이다. 19세기 말, 아메리카 인디언의 기원을 밝히고자 아무르강 유역을 탐사했던 제섭북태평양탐험대의 버숄드 로퍼(Berthold Laufer)는 다음과 같이 말했다: "만약 아무르의 장식문양이 중국에서 유래한 것이라면, 고대 중국에 그런 문양이 없었고, 그런 문양에 대한 적절한 설명조차 없었다는 것은 이해하기 어렵다[23]." 그는 일본에 대해서도 같은 말을 했다. 그는 아무르강 하류의 길약족의 옷이나 생활도구에서 매우 많은 고리 기호 문양과 닭의 그림을 발견하고서, 그 기원을 고대 중국이나 일본에서 찾고자 했으나, 고대로 올라갈수록 중국이나 일본에서 고리 기호를 찾아 볼 수 없다고 말했던 것이다.

필자도 1984년 영국 박물관에서 발간한 「중국 장식문양(Chinese Ornament)」이라는 책을 통하여 중국 고대 문양을 조사해 본 적이 있다. 동이족 즉 우리선조들이 건국한 상나라만 별도로 하면, 중국은 고대로 올라갈수록 '꽃, 넝쿨, 새'가 주된 장식 소재였고, 고리 기호는 거의 보이지 않았다. 중국 문화에서 고리 기호는 청나라 유물에 주로 나타나는데, 그것은 청나라를 건국한 만주족이 바로 말갈족의 후예이기 때문이다. 말갈족은 고구려와 발해 시대에 우리민족과 어울려 살면서 우리의 전통 문화를 배워갔던 민족이었다. 이러한 필자의 판단에 예외적인 지역이 있다. 중국 남부와 인도 북부 지역에 7~8세기의 것으로 추정되는 유물에 고리 기호가 나타난다. 그런데 필자는 그것도 고구려의 멸망으로 잡혀간 고구려 유민들의 흔적이 아닐까 생각한다.

오늘날 유럽에서도 고리 기호는 매우 흔히 볼 수 있는 문양 가운데 하나이다. 그러나 신대륙 발견 이전의 유럽 건축물이나 유물을 살펴보면, 의미있는 고리 기호는 없고, 어쩌다 나타나는 것도 단순한 장식 문양에 불과하다. 필자

---
23 Laufer, Berthold, 「The decorative art of the Amur Tribes」, AMS Press, 1902, p.3.

는 중세시대 이후의 건축물에 나타나는 유럽의 고리 기호도 신대륙 발견으로 아메리카 원주민 문화가 유럽으로 스며들 때 함께 전파된 것이라고 본다. 신대륙 발견 이후 유럽의 지배계층은 신대륙에서 오는 모든 것들에 대하여 환호하던 시대가 있었기 때문이다. 그들은 신대륙에서 들여온 커피를 마시고 담배를 피우며 옥수수라는 새로운 식물로 만든 음식을 먹는 것을 자신의 부(富)와 능력의 척도로 과시하곤 했다. 바로 이러한 분위기 속에서 아메리카 원주민의 상징이었던 고리 기호도 유럽 사회로 들어가 널리 퍼지기 시작했을 것이다.

　아래는 1805년에 완공된 이탈리아 밀라노 대성당 앞의 광장 벽에 새겨져 있는 조각이다. 중세 이후 이탈리아 북부 지역을 지배했던 비스콘티(Bisconti) 가문의 문장으로, 하늘로 머리를 든 뱀용이 사람을 물고 있는 모습이다. 이 조각을 바로 옆의 그림과 비교해 보라. 이 그림은 멕시코 아스태가인들이 남긴 보르니쿠스(Bornicus) 고문헌에 그려져 있는 것이다. 첫눈에 서로 닮았다는 것을 알 수 있다. 이렇게 유럽 사회는 신대륙으로부터 많은 것을 모방하고 배워갔던 것이다.

밀라노 비스콘티 가문 문장　　　아스태가 그림

04. 태극의 탄생, 기원과 의미　**225**

05. '고리 기호'로 풀리는 우리 고대사의 미스터리

 음양태극의 탄생은 기원 수천 년 전 우리선조들이 '운명공동체'로서의 민족의식을 자각하면서 민족의 상징으로 사용하기 시작했던 '고리 기호'에서 비롯되었다는 사실이 밝혀졌다. 우리선조들은 '고리족은 태양신으로부터 태어난다'라는 태양신 신앙과 민족적 자부심을 함께 나타내고자 고리 기호 둘레에 태양을 상징하는 원을 그리다가 음양태극을 창안하게 되었고, 그 시기는 정확히 알 수 없으나 기원전 5세기 이전으로 중국 주돈이의 태극도설보다 적어도 1600여 년 이상 앞섰다. 또 음양태극의 진정한 의미는 '태양신의 후예 고리족'으로서, 주돈이가 기록한 '음양의 조화'는 이차적인 의미에 불과했다.

 음양태극의 시작과 그 의미를 발견하는 과정에서, 필자는 남북 아메리카 모든 지역에 고대부터 널리 퍼져 있던 '기호'가 있었고, 신대륙 발견 이전의 아메리카 원주민들은 그 기호를 이마, 가슴, 눈동자에 새길 만큼 매우 중요하게 여겼는데, 그 기호가 바로 고대 우리선조들이 '고리족'이라는 민족의 정체성을 나타내기 위해 사용하던 기호였다는 사실도 발견했다. 이 기호를 통하여 지금까지 중국 고대 문헌에 편린처럼 전해오던 '상나래(은나라)는 동이족이 세운 나라'라는 이야기의 진정한 의미, 즉 '상나라를 세운 사람들은 우리선조였다'는 사실도 밝혀내었다.

 그리고 고리 기호는 기원 수천 년 전부터 근세에 이르기까지 우리민족의 역사와 단 한 순간도 떨어져 본 적이 없는 기호로서, 고유 문자가 없던 우리선조들이 우리민족의 진정한 호칭 '고리'를 그림으로 나타내었던 기호문자였다는 사실을 확인했고, 오늘날 국제적으로 알려진 우리의 호칭 '코리아'도 바로 '나는 고리야/ 우리는 고리야'라는 말의 서술어 '고리야'였다는 것도 확인했다.

 결국, '고리 기호'는 문자로 전해지지 못했던 우리민족 고대사의 진정한 모습을 찾는 핵심 열쇠였다. 이 열쇠로 지금까지 의문으로 남아있던 우리민족 고대사의 몇 가지 미스터리를 밝혀보기로 한다.

● 신성한 땅, 다물(多勿)

기원전 37년, 동부여 왕자 주몽은 왕자 대소(帶素)의 위협을 피해 남쪽으로 달아나 어느 강가에 이르렀다. 뒤에는 대소의 군사들이 추격해 오고 있었고, 앞에는 강물이 길을 막고 있던 절박한 상황에 처한 주몽은 강가에서 외쳤다.

나는 태양신의 아들이요, 수신의 외손이다.

이 외침을 듣고 자라와 물고기 떼가 다리를 놓아, 주몽은 무사히 강을 건넜다고 한다. 그리고 주몽 일행은 송양이라는 노인이 다스리던 어느 지역에 도착했다. 송양은 자신이 다스리던 지역을 주몽에게 바쳤고, 주몽은 그곳을 '다물(多勿)'이라고 명명했다. 우리민족 최초의 역사서「삼국사기」를 쓴 고려시대 김부식은 '다물(多勿)'이 '옛 땅을 회복하다'라는 뜻의 고구려 옛말이라고 기록했다.

그런데 필자는「우리민족의 대이동/멕시코편」(325~327쪽)에서, 당시의 역사적 배경과 언어학적 분석을 통해서 김부식의 해석은 잘못되었고, '다물(多勿)'은 순우리말을 한자로 차음표기한 말로서, 실제 발음은 '타뭍'이고, 그 뜻은 '신성한 뭍', 즉 '신성한 물가의 땅'이라고 밝혔다[1].

이제부터 기원전 37년, 도망자 주몽이 처음 정착했던 그 땅을 왜 '신성한 뭍'

---

1 '다(多)'는 역사서에 기록된 '대가(大加), 태성왕(太聖王)'의 '대(大), 태(太)'와 같은 말로서, '신성한'을 뜻하던 고대 우리말이다. 이 말은 최초의 신, 즉 '태양'을 가리키던 동사 '타다, 태우다'의 어간 '타/태'이다.

05. '고리 기호'로 풀리는 우리 고대사의 미스터리

이라고 불렀는지, 그리고 그곳에 나라를 세우면서 국명을 왜 '고-구리(고-고리)' 즉 '높은 고리'라고 지었는지 살펴 보도록 하자. 3세기에 기록된 「삼국지」위지동이전에는 고구려가 처음 시작된 곳이 강가였다고 다음과 같이 기록하고 있다.

句麗作國依大水而居(구리 작국 의대수이거)
구리는 나라를 큰 물 가까이에 건설했다.

독자들은 한자어 '麗(려)'의 원래 발음은 '리'였고, 고구려'의 원래 명칭은 '고리'였으며, 고대 우리말은 모음 '오/우'를 구별하지 않고 사용하여, '고리'가 '구리'로 기록되기도 했다는 사실을 기억하기 바란다.

주몽이 '고리'를 건국했던 최초의 위치는 어디였을까? 「삼국지」위지동이전은 그곳이 '큰 강이 있는 곳'이라고 전하고 있다. 삼국시대에 관한 여러 문헌에는 그곳이 홀본(忽本) 또는 졸본(卒本)이라 부르던 곳이라고 기록되어 있다. 우리나라 사학계에서는 그곳을 오늘날의 환인(桓因)으로 추정하고 있는데, 그 옆에 흐르는 혼강(渾江)을 옛날에는 졸본천(卒本川)이라고 불렀기 때문이다.

다물에 대한 필자의 해석이 옳다면, 환인은 '신성한 뭍'이라고 부를 수밖에 없는 어떤 특징을 가진 물가의 땅이어야 한다. 다시 말하면, 주몽이 처음 환인을 보았을 때 '신성한 곳'이라는 인상을 받을 정도로 어떤 특별한 지형적 특징이 있어야 한다. 독자들은 다음 환인 지역의 지도를 보기 바란다. 그야말로 첫 눈에 바로 "신성한 곳이구나!"라는 탄성이 튀어 나오지 않을 수 있겠는가!

환인(하늘에서 본 전경)   환인의 위치

사진에서 보듯이, 혼강이 안고 흐르는 환인의 지형은 '고리 기호'처럼 휘어져 있다. 환인의 지형을 앞에서 보았던 홍산문화의 목걸이나 토토나가판의 신상에 새겨진 목걸이와 비교해 보자(여기서는 토토나가판 신상의 목걸이의 아랫부분을 위로 향하도록 방향을 바꾸었다.). 무슨 설명이 더 필요하겠는가!

환인의 지형   홍산문화의 고리 목걸이   토토나가판의 목걸이

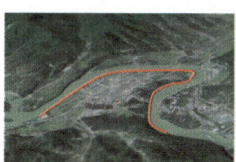 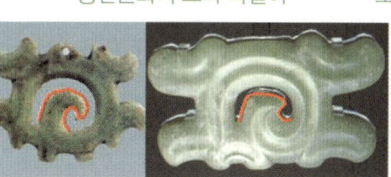 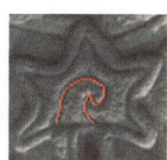

고리 기호는 우리민족의 정체성과 자부심을 나타내던 신표(神標)였다. 이 기호는 기원전 아득한 시대부터 삼국시대와 고려시대를 거쳐 조선시대에 이르기

까지 단 한 순간도 우리민족과 떨어져 본 적이 없다. 따라서 기원전 37년 동부여를 탈출하여 환인에 도착했던 주몽도 고리 기호의 의미와 소중함을 잘 알고 있었을 것이다. 추격해오는 대소의 군사들을 따돌리고 천신만고 끝에 도착한 곳을 문득 바라보니, 강가에 펼쳐진 땅 자체가 바로 고리 기호가 아닌가! 주몽 아닌 누구라도 환인의 지형을 보면 바로 '신성한 고리 기호를 닮은 곳이구나'라고 탄성을 지르지 않을 수 없었을 것이다. '고리 기호'의 유구한 역사와 의미를 아는 사람이라면 누구든지 그 기호를 닮은 환인을 '타몰-신성한 땅'이라고 부를 수밖에 없고, 그곳에 나라를 세우면서 국명을 '고리'라고 지을 수밖에 없었을 것이다. '고리'를 중심으로 모여 살면서 운명공동체라는 민족의식을 가지게 되어 그리기 시작했던 고리 기호가 수천 년 동안 전해져 마침내 지형으로 나타났으니, 나라 이름을 달리 무엇이라 지을 수 있었겠는가!

산에서 내려다 본 환인

태양의 원을 그리면 태극이 되는 환인

예나 지금이나 주변의 산에 오르면 왼쪽 사진과 같은 환인의 지형을 한눈에 내려다 볼 수 있다. 자신을 '태양신의 후예'라고 외쳤던 주몽도 주변 산에 올라서 고리 기호 모양의 환인을 내려다 보았을 것이다. 그리고 강줄기와 어우러진 환인땅 둘레에 태양을 상징하는 원을 그리면, 오른쪽 사진에서 볼 수 있듯이, 태극의 형상이 된다는 사실도 깨달았을 것이다. 태극은 '태양신을 믿는 고리족' 혹은 '태양신의 후예 고리족'을 뜻하는 기호라는 사실을 잘 알고 있었을 주몽은 그러한 환인의 지형을 보고서, 그곳이야말로 태양신이 점지해준 신성한 장소라고 생각하지 않을 수 없었을 것이다. 그래서 나라 이름을 '숭고한 고리, 높은 고리'라고 정하지 않았을까? 그리고 그것을 중국 역사가들이 한자로 옮겨, '고-구리(高-句麗)'라고 기록했을 것이다.

● 곡옥(曲玉)의 진실

곡옥은 '고리' 모양으로 휘어진 옥을 말한다. 곡옥은 우리나라와 일본에서 출토되는데, 시기적으로는 기원전부터 통일신라시대까지의 유물이다. 곡옥은 주로 목걸이나 귀고리로 사용되었고, 신라에서는 금관의 장식용으로 사용되었다. 우리 고대사에서 곡옥과 관련하여 크게 두 가지 논쟁이 있다. 곡옥의 기원에 대한 것과 일본과 우리나라 중에 어느 나라에서 먼저 곡옥을 만들기 시작했는가 하는 논쟁이다.

곡옥의 기원에 대한 설명으로, 고대인들이 짐승을 사냥하면서 동물의 어금니나 송곳니의 휘어진 모양을 본떠 장식용으로 만들기 시작했다는 설과 달을 숭배하던 신앙에서 초승달 모양을 본떠 만들었다는 설이 있다.

그런데 이러한 설명은 문제가 있다. 고대인들이 사냥한 짐승의 송곳니를 본떠서 만들기 시작했다면, 왜 다른 지역 다른 문화권에서는 그런 장식이 없는가? 예를 들어 서유럽이나 아프리카, 혹은 북유럽 지역에서도 큰 짐승을 사냥했다. 따라서 곡옥이 짐승의 송곳니를 본떠 만든 장식이라면, 오직 한반도와 그 주변 지역에서만 출토되는 이유를 설명할 수 없다. 달 숭배의 신앙에서 비롯되었다는 설도 마찬가지다. 달과 태양은 많은 지역에서 숭배의 대상이었다. 중국에서도 달을 숭배하여 달의 여신을 '항아'라고 불렀지만, 곡옥이나 곡옥 모양의 장신구가 유물로 발견되지 않는다. 따라서 곡옥에 대한 이 두 가지 기원설은 곡옥이 왜 한반도와 일본에서만 출토되는가에 대해 전혀 설명하지 못한다. 한반도와 일본에서만 출토된다는 사실은 곡옥이 이 지역 고대인들과 특별한 연관성이 있었다는 것을 의미하는데 이를 간과한 설명이다.

신라 미추왕릉지구 곡옥 목걸이(5~6세기)

두 번째 논쟁은 일본과 우리나라 중에 어느 곳에서 먼저 곡옥을 만들었는가 하는 문제이다. 후지다 후지오(藤田富士夫)를 비롯한 일본 사학자들은 일본에서 곡옥을 먼저 만들기 시작했고, 삼국시대의 우리선조들이 모방하여 만들었다고 주장해 왔다. 심지어 한반도의 곡옥은 일본에서 건너간 것이라고 주장하던 일본 학자도 있었다. 이러한 의견은 1950년대 이전의 주장으로, 일본에서는 청동기시대 이전의 곡옥이 발견되었지만 우리나라에서는 발견되지 않았다는 것을 근거로 제기되어 왔다.

그러나 해방 이후 우리나라에서도 청동기시대의 곡옥이 발견되면서, 곡옥이 일본에서 먼저 제작되었다는 일본 학자들의 주장은 힘을 잃기 시작했다. 한반도의 곡옥은 일본에서 건너간 것이라는 일본 학자들의 주장도, 곡옥 성분에 대한 정밀 검사를 통해 한반도 곡옥은 우리선조들이 직접 만들었다는 사실이 확인됨으로써, 그 거짓이 판명되었다.

그래도 곡옥에 대하여 아직까지 한일 사학자간에 지속되는 논쟁은 어느 나라에서 먼저 시작했는가에 집중되어 있다. 이러한 논쟁에 매몰된 한일 학자들은 곡옥을 왜 우리나라와 일본에서만 만들었는가 하는 본질적인 미스터리는 제쳐둔 채, 초등학생들의 보물찾기게임처럼 두 나라 중에 어디에 더 오래된 곡옥이 있는가 하는 유물 발굴에 매달리고 있는 상황이다.

필자가 보기에, 이러한 논쟁이 벌어진 근본 원인은 곡옥의 진정한 의미를 모른 채 그것을 단순한 장식품이라 생각한 데서 비롯된 것이다. 곡옥을 단순한 장식품으로 보는 시각은 왜 한반도와 일본에서만 이런 유물이 발견되느냐 하는 근본적인 의문에는 관심이 없었다. 곡옥이 장식품이었다면, 그것은 멋을 내기 위한 물건이었다는 이야기인데, 그러면 아래 제주박물관에 소장된 흙으로 빚은 곡옥은 무엇이란 말인가? 진흙으로 대충 빚은 듯이 보이는 이런 곡옥이 멋을 내기 위한 장식품이라 볼 수는 없을 것이다.

진흙으로 빚은 곡옥(국립제주박물관)

따라서 곡옥에 대한 가장 중요한 의문은 '고대 우리선조들에게 곡옥의 의미는 무엇이었을까'이다. 꽃처럼 다양한 모양의 아름다운 장신구도 많은데, 우리 선조들은 왜 굳이 둥글게 휘어진 곡옥을 귀고리나 목걸이로 즐겨 착용했으며, 신라에서는 금관에 주렁주렁 매달았을까?

금관은 왕이 머리에 쓰는 관으로 매우 높은 권위를 나타낸다. 고대의 왕은 '신격화된 지배자'였고, 특히 신라의 왕은 '임금'으로 불렸다. '임금'은 '나의 신'이라는 뜻의 우리말 고어이다[2]. 따라서 금관은 신(神)이 쓰는 모자로서, 왕권의 신성함을 드러내는 신물(神物)이다. 필자가 「우리민족의 대이동/멕시코편」에서 밝혔듯이, 신라 금관의 정면에 세워진 '出(출)'자 형태의 장식은 백제의 칠지도와 같은 모양으로 왕권의 신성함을 나타낸다[3]. 따라서 금관에 매달린 곡옥도 단순한 장식용이 아니라, 그에 상응할 정도의 상징적 의미가 있었을 것이다. 그리고 평민들까지 진흙으로 만든 곡옥을 착용할 정도로 곡옥은 우리민족 전체가 공감하던 특별한 의미를 가지고 있었을 것이다. 그 의미는 무엇이었을까?

서봉총의 금관

황남대총의 금관

이 미스터리를 서봉총의 금관으로 다시 한 번 되짚어 보자. 서봉총은 경주에 있는 5세기 무덤인

---

2 손성태, 「우리민족의 대이동/멕시코편」, 코리, 2014, pp.319~320.
3 손성태, 「우리민족의 대이동/멕시코편」, 코리, 2014, p.185

데, 그 속에서 아래 사진에서 보는 바와 같이 세 마리 닭이 제일 높은 위치에 조각된 금관이 발굴되었다. 금관의 각 부위의 의미는 다음과 같다.

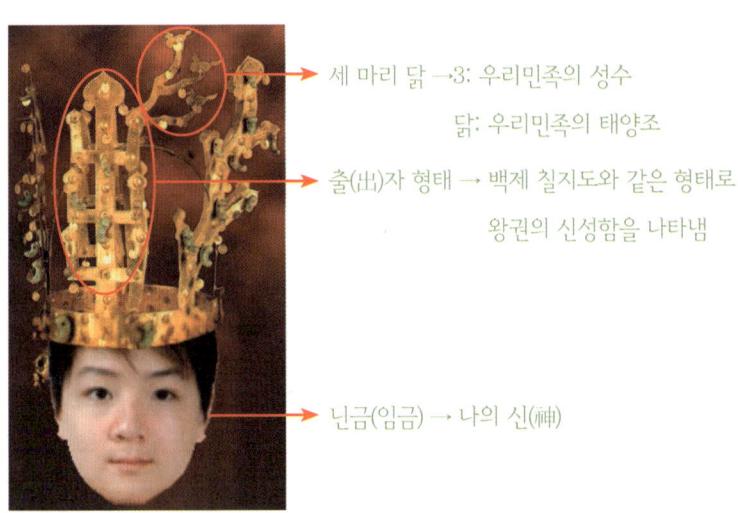

'우리민족의 태양신'을 다루는 제6장에서 구체적으로 설명하겠지만, 숫자 '3'은 우리선조들이 신성하게 여기던 숫자였다. '삼신산, 삼칠일, 제사 지낼 때 잔에 술을 세 번 나눠 따르고, 그 술을 향불 위에 세 번 돌리는 풍습' 등은 바로 우리선조들이 숫자 '3'을 신성하게 여기던 풍습에서 비롯되었다[4]. 숫자 '3'에 더해 고대 우리선조들은 수탉을 '태양조', 즉 태양신의 상징으로 생각하고 신성

---

4 '3'을 우리선조들이 민족의 성수로 여기게 된 것도 태양신 신앙과 직접 연관된다. 필자는 19세기 말 미국인 인류학자 버솔드 로퍼(Berthold Laufer)가 아무르강 하류 길약족을 탐사하여 남긴 기록에서,우리민족 고리족의 천지창조 신화와 그 안에 담긴 태양신 신앙의 시작을 발견했다. 바로 그 내용 속에 우리선조가 왜 '3'을 신성한 숫자로 여기기 시작했는지에 대한 실마리도 나온다.

시했다.[5] 왕관 정면의 出(출)자형 장식도 고대 우리선조들이 왕권의 신성함을 나타내던 상징이었다. 따라서 왕관의 중요한 부분은 모두 '나의 신'이라고 불릴 정도로 신성한 존재로 추앙받던 왕의 권위에 어울리게, '왕권의 신성함'을 나타내는 요소로 구성되었다는 것을 알 수 있다.

따라서 왕관의 장식으로 가장 많이 사용된 곡옥도 의미 없는 단순한 장식이 아니라, 다른 부분과 상응할 정도로 왕권의 신성함을 강조하는 요소였을 것이다. 왕권의 신성함만 나타내서도 안 된다. 제주도에 살던 가난한 백성들까지 비록 흙으로 빚은 것일지라도 목걸이나 귀고리로 착용할 정도로, 곡옥은 고대 우리민족 누구에게나 소중한 의미가 있던 것이었다. 따라서 우리선조들에게 곡옥은 '신성함'과 '보편적 소중함'의 의미가 있었다. 과연 곡옥의 정체는 무엇이었을까?

고대 우리선조들에게는 신라 왕관에 장식된 곡옥처럼 휘어진 옥을 목걸이로 사용하며 신성하게 여기던 것이 있었다. 기원 수천 년 전의 홍산문화에서부터 시작된 것으로, 우리민족 '고리족'의 정체성을 나타내는 기호, 바로 '고리 기호'이다. '고리 기호'야말로 고대 우리선조들에게는 남녀노소 지위 고하를 막론하고 누구나 숭배하던 신성한 기호였다. 필자는 곡옥이 바로 '고리 기호'를 형상화한 것이라고 판단한다.

곡옥이 고리 기호라는 사실은 다양하게 증명된다. 먼저 신라 왕관의 모든 장식은 왕권의 신성함을 나타내고 있으므로, 왕관의 곡옥도 이에 상응하는 의

---

5 오늘날 우리나라 학자들은 우리민족의 태양조를 까마귀라고 설명한다. 까마귀는 원래 중국인의 태양조로서, 삼국시대의 우리선조들이 받아들였다. 그러나 그 이전의 고대 우리선조들에게는 우리민족의 태양조가 따로 있었다. 바로 '수탉'이었다. '우리민족의 태양신 신앙'을 다루는 6장에서 자세히 설명하겠다.

미가 있었을 것이다. 둘째, 곡옥은 목걸이로도 사용되었다는 점에서 홍산의 옥 목걸이와 용도가 일치한다. 그리고 제3장에서 밝혔듯이, 홍산문화의 옥 목걸이는 고리족이라는 사실을 나타내던 고리 기호를 형상

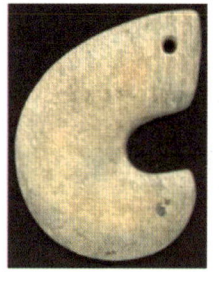

후기 홍산문화와 미추왕릉 목걸이

화한 유물이었고, 신라 미추왕릉 지구에서 발굴된 곡옥 목걸이를 보면, 후기 홍산문화의 옥 목걸이와 매우 닮았다는 것을 알 수 있다. 따라서 곡옥도 같은 의미, 즉 '고리 기호'를 상징하는 의미가 있었을 것이다.

고리 기호는 수천 년 전의 조상으로부터 전해 내려왔던 민족의 신성한 기호였으므로, 곡옥은 이 '신성함'과 '전통성'까지 포함한 유물이다. 그래서 곡옥은 위로는 왕권의 '신성함'을 나타내고, 아래로는 조상 대대로 이어져 온 전통을 중요시하던 일반 평민들까지, 우리민족이면 누구나 몸에 착용하던 유물이 되었던 것이다.

곡옥이 고리 기호라는 마지막 증거로 홍산문화의 고리 기호 목걸이에서부터 곡옥으로 변화되었던 과정을 보여주는 유물들이 존재한다는 사실이다. 다음 유물들은 후기 홍산문화의 옥 목걸이와 신라의 곡옥으로서, 이를 비교해 보면 홍산의 옥 목걸이에서 삼국시대 곡옥으로 변해갔던 과정을 알 수 있다.

홍산문화　　　신라 금관총　　(삽화도)　신라 미추왕릉지구

　　먼저 홍산문화의 고리 기호 목걸이와 신라 금관총의 곡옥을 비교해 보자. 모양이 마치 애벌레가 몸을 구부리고 있는 형태로 비슷하고, 입가의 주름을 몇 개의 선으로 표현했다는 것도 일치한다[6]. 금관총의 곡옥은, 옆에 제시된 삽화도처럼, 목걸이의 메달로 발굴되었다. 그리고 이것을 미추왕릉 지구에서 발굴된 5~6세기의 곡옥과 비교해 보면, 그 모양이 같으나 미추왕릉 곡옥은 입 주변의 주름살 표시가 없어져, 일반적으로 널리 알려진 곡옥과 같아졌다는 것을 쉽게 확인할 수 있다. 따라서 전체적으로 비교해 보면 '고리 기호'를 형상화하여 시작된 홍산문화의 목걸이가 단순해지면서 금관총의 목걸이가 되었고, 장식 문양이 완전히 사라진 형태가 미추왕릉지구의 곡옥이라는 것을 알 수 있다.

　　이러한 변화 과정을 보여주는 것은 신라의 곡옥만이 아니다. 백제나 가야의 곡옥도 같은 변화 과정을 보여준다. 다음은 최은주님이 '한국 곡옥의 연구'에서 제시한 벌레형 곡옥들이다[7]. 특히 맨 오른쪽 사진의 곡옥은 홍산문화의 두 번째 목걸이처럼 머리 부분이 위로 살짝 튀어나와 그 연관성이 두드러진다.

6　일부 학자들은 이런 유형의 홍산 옥기를 '벌레형'이라 하고, 다른 학자는 '옥저룡(玉猪龍/돼지처럼 생긴 룡)'이라고 부른다.
7　최은주, '한국곡옥연구', 「숭실사학」, 1986. 3월호. pp. 1~150.

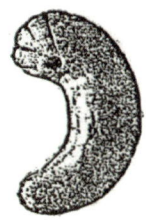    

이 곡옥들은 벌레 문양이 뚜렷한 가야 곡옥에서부터 그 문양이 점점 희미해지면서 일반적인 곡옥으로 변해갔던 과정을 잘 보여준다. 여기에 홍산문화의 고리 기호 목걸이를 맨 앞에 두고 함께 관찰하면, 전체적으로 홍산의 목걸이에서 조각이 점점 사라지면서 문양이 없는 일반적인 곡옥 형태로 변해갔던 변천 과정을 엿볼 수 있다. 일부 학자들은 벌레 모양을 '태아'를 닮았다고 보고, 이런 곡옥을 모자곡옥(母子曲玉)이라고도 부른다. 이 견해를 빌리면, 곡옥은 우리민족을 상징하는 '고리'의 의미에 '생명 탄생'의 의미가 더한 것이라 봐야 한다.

이것으로 신라 금관의 곡옥의 의미와 기원이 밝혀졌다. 왕관의 곡옥은 단순한 장식용이 아니라 우리선조들이 기원전 아득한 시대부터 신성하게 여기던 민족의 상징 기호를 형상화한 유물로서, 문자가 없던 우리선조들이 고리족으로서 자부심을 느끼고 '운명공동체'라는 민족의식을 자각하면서 목걸이로 만들어 착용하던 '고리 기호'가 그 시작이었다. 뿔소라를 잘라 만들었던 홍산문화의 고리 기호에서 외부의 울퉁불퉁한 부분이 먼저 제거되어 고리 기호 부분만 남은 목걸이로 변한 후, 시간이 흐르면서 점점 단순해져 신라 금관의 곡옥 형태가 되었던 것이다. 따라서 곡옥은 우리민족을 가리키는 '고리'라는 말을 나타내던 일종의 기호 문자였던 셈이다.

일본에서 곡옥이 나오는 이유는 역사적으로 다음과 같이 설명된다. 러시아 고고학자 브로단스키에 따르면, 그들은 기원전 4세기경까지 두만강 북쪽 어딘가에서 살다가 일본섬으로 집단 이주해, 고대 일본의 야요이문명을 일으켰다고 한다[8]. 따라서 그들은 일본섬으로 집단 이주하기 전 오랫동안 우리민족 옆에 살면서 우리선조들과 교류했던 사람들이었다. 삼국시대에 고구려의 담징이나 백제의 왕인, 아직기 같은 인물들이 일본으로 건너가 학문과 문화를 전해줄 정도로 우리선조들은 일본인 선조들과 밀접하게 교류했다. 그리고 7세기 백제와 고구려가 망하자, 상당수의 백제인과 고구려인들이 일본으로 건너가 정착했다. 따라서 일본에서 고리족을 상징하는 곡옥이 출토되는 것은 당연하다.

그러나 아무리 가까웠던 이웃이라도 이웃은 이웃일 뿐이다. 그들이 고리족일 수는 없다. 우리민족은 기원전 아득한 시대부터 '고리'였고, 고구려도 '고리'였고, 고려나 조선도 '고리'였으며, 영어 국명 '코리아'도 '고리야'라는 말이었다. 일본이 언제 고리였던 역사가 있었던가? 일본인들이 '나는 고리야'라고 외칠 수 있는가? 고리 기호에서 유래된 곡옥은 우리민족에게는 '정체성'을 나타내는 신성한 기호이지만, 이웃 일본에게는 의미 없는 장식품에 불과할 뿐이다. 일본이 곡옥을 자기네 선조들이 먼저 만든 유물이라고 주장하는 것은, 곡옥이 품고 있는 상징적 의미를 모르는 무지(無知)에서 비롯된 것이다. 신성한 '고리족'을 의미하는 기호를 단순한 장식품으로 착각하여 내놓은 어리석은 주장이 일본 사학계를 대표하는 학자들 입에서 나왔다는 것이 안타까울 따름이다. 주

---

8 데.엘.브로단스키, 「연해주의 고고학」, 정석배역, 학연문화사, 1996, p.427.

인이 기억상실증에 걸려 조상 대대로 내려오던 문패(門牌)를 챙기지 못하고 있으니, 이웃이 그 문패에 주인 이름이 적혀있는 줄도 모르고, 오로지 오래된 골동품의 가치에 욕심내어 제 것이라 우기는 어리석음과 무엇이 다를까?

우리선조들은 스스로를 '대가(大加)'라고 불렀고, 이 말이 멕시코 고대 기록에는 '태가(teca)'로, 미국 인디언 말로는 '태가(teka)'로 기록되었으며, 그 의미는 '신성한 사람'이었다. 우리선조들은 고리족이라는 민족적 자부심이 매우 높아, 스스로를 '신성한 사람'이라고 불렀고, '고리족'임을 드러내기 위해 고리 기호를 목걸이로 만들어 목에 걸고 다녔다. 이 풍습이 아메리카로 건너가, 제3장에서 보았듯이, 대륙 전 지역에 그 흔적을 남겼다. 특히 멕시코 원주민들은 15세기 신대륙 발견으로 백인들이 몰려 들 때까지도 조상 대대로 내려오던 풍습 그대로, 뿔소라를 잘라 만든 고리 기호 목걸이를 목에 걸고 다녔다. 따라서 고리 기호에서 유래된 곡옥은 우리에게는 '신성하다'는 의미까지 있어, 신라 금관에 매달아 왕권의 신성함을 나타내었던 것이다.

지금부터는 멕시코 원주민들이 착용했던 목걸이와 삼국시대 곡옥을 비교해 보기로 하자. 매우 흥미로운 사실을 발견하게 될 것이다. 다음은 앞에서 이미 보았던 토토나가판 신상이다. 우선 뿔소라를 잘라 만든 목걸이를 본떠 조각한 토토나가판의 목걸이를 보면, 목걸이에서 가장 중요한 가운데 부분(붉은 색)의 모양이 오른쪽 미추왕릉지구에서 출토된 곡옥 목걸이와 같다는 것을 알 수 있다.

토토나가판 신상과 목걸이

미추왕릉지구 곡옥 목걸이

아래는 홍산문화의 고리 목걸이와 멕시코 아스태가인들이 뿔소라를 잘라 만든 목걸이다. 목걸이의 방향을 약간 바꾸어 보면, 조개 안의 빈 공간이 형성하고 있는 고리 기호 모양(푸른색)이 왼쪽의 홍산의 목걸이와 매우 흡사하다는 것을 알 수 있다.

홍산문화 목걸이

(방향을 바꾼 것)

아스태가 목걸이

앞 장에서 확인했듯이, 우리의 음양태극은 고리 기호에서 나왔다. 하나의 고리 기호를 그리면 또 하나의 고리 기호가 저절로 생겨, 그 둘레에 태양의 원을 그리면 음양태극이 되었다. 즉 음양태극을 형성하고 있는 두 개의 올챙이 모양은 두 개의 '고리 기호'이다. 이 과정을 좀 더 주목해 보면, 하나의 고리 기호를 그리면, 저절로 생기는 다른 기호는 약간 작거나 모양이 온전하지 않을 수도 있다는 것을 알 수 있다. 이런 형태는 방금 위에서 보았던 아스태가인들의 목걸이에서도 볼 수 있다. 붉은 선의 고리 기호는 온전한 모양이지만 푸른 선의 기호는 조금 불완전하다. 바로 아래 아스태가의 유골함 신상의 이마에 있는 고리 기호에 태양의 원을 그리면 나타나는 태극도 그렇다. 하나는 크고 모양이 온전한 고리 기호이지만, 다른 하나는 작고 모양도 약간 불완전하다. 방향을 바꾸어 이 태극을 보면, 바로 오른쪽에 제시된 미추왕릉지구에서 출토되었다는 두 개의 곡옥으로 이루어진 태극과 모양이 흡사하다. 얼마나 놀라운가!

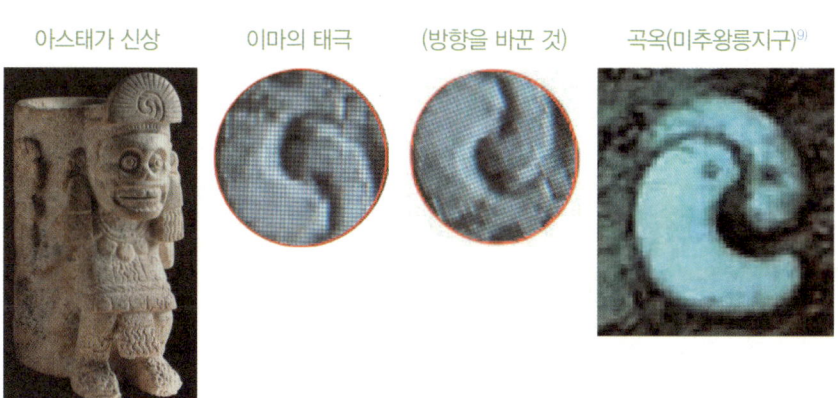

아스태가 신상 　 이마의 태극 　 (방향을 바꾼 것) 　 곡옥(미추왕릉지구)[9]

9 　이 사진은 아직 그 출처가 분명하지 않다. 필자가 웹에서 구한 것으로, 미추왕릉지구에서 출토되었다는 설명이 덧붙어 있었다.

우리는 지금까지 곡옥이 원래 고리 기호였다는 것, 즉 홍산의 옥으로 된 고리 기호 목걸이가 단순화된 것이 곡옥이라는 것을 살펴보았고, 하나의 고리 기호를 그리면 역으로 된 또 하나의 고리 기호가 자연스럽게 생겨 서로 감싸 안는 모양이 된다는 것도 보았다. 그리고 앞 장에서 마야의 달력과 아스태가 신상의 이마에서 태양이 올 자리에 고리 기호가 있는 것을 보고, 거기에 태양의 원을 그렸더니 음양태극이 되는 것도 확인했다. 이 모든 사실은 고리 기호-곡옥-음양태극이 모두 '하나'라는 것, 즉 셋 다 '고리족'의 상징이었다는 것을 보여 준다. 음양태극을 이루는 두 개의 올챙이 모양의 그림은 바로 서로 역으로 감싸 안는 고리 기호이자 곡옥이었던 것이다. 이런 과정으로 만들어진 것이 우리의 음양태극이라는 사실을 최종적으로 확인해 주는 증거가 앞에서 본 우표 속에 그려진 태극이다.

아래는 아스태가 신상 이마에 원을 그리면 나타나는 태극, 아스태가인들의 뿔소라 목걸이에 원을 그리면 나타나는 태극, 미추왕릉 지구에서 발견되었다는 두 개의 고리 기호 목걸이(곡옥)가 형성하고 있는 태극, 그리고 조선조 말 우표에 그려진 태극이다. 모두 완전한 고리 기호 하나와 불완전한 또 하나의 고리 기호가 결합하여 음양태극을 이루고 있다.

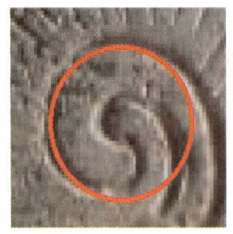
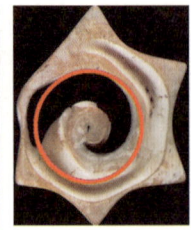
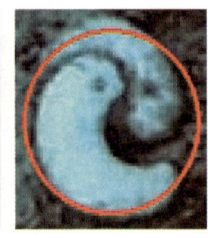

특히 우표 속의 태극은 멕시코 아스태가인들의 뿔소라 목걸이 속의 고리 기호 태극을 그대로 모방하여 그린 듯이 같다. 이것은 음양태극이 바로 이런 과정으로 탄생했다는 의미가 아니고 무엇이겠는가!

여기서 우리가 주목해야 할 또 하나의 태극은 미추왕릉지구에서 출토되었다는, 두 개의 곡옥으로 형성된 태극이다. 첫눈에 중국 도교의 태극과 그 모양이 흡사하다는 것을 알 수 있다. 우리의 곡옥은 기원전에 시작되었다. 따라서 중국 도교의 태극은 이렇게 형성된 우리의 태극을 원형 그대로 모방한 것은 아닐까? 도교의 태극에 있는 작은 흰 점과 검은 점은 곡옥을 목에 걸기 위해 끈을 넣었던 구멍을 표시한 것으로 보인다.

도교의 태극

중국은 지금까지 저 문양을 11세기 송대 도교 사상가였던 진단(陳搏)이 창안한 태극이라 하며, 우리가 저들 것을 모방해 왔다고 얘기해 왔다. 일본은 저 문양의 반쪽인 곡옥을 자기네 선조가 먼저 만들었고, 오히려 우리가 모방했다고 주장하고 있다. 얼마나 어이없는 일인가! 내 것을 제대로 챙기지 못하고 있으니 주변의 힘 있는 자들이 다투어 제 것이라 주장하고 있는 현실 앞에서, 우리민족은 하루 빨리 오랜 잠에서 깨어나, 아메리카로 떠난 선조들의 흔적을 되찾고, 우리 후세들이 자부심을 가질 수 있는 위대한 우리민족의 진정한 역사를 세상에 알려야 한다.

● 백제 무령왕의 환두대도의 미스터리

 곡옥의 진실을 설명한 김에, 백제 제25대 무령왕(武寧王, 462년~523년 재위)이 남긴 환두대도의 미스터리도 설명해 보기로 한다. 아래 사진에서 보듯이, 이 칼은 손잡이 끝 부분에 문고리처럼 둥근 테가 있는데, 이것 때문에 학자들은 이런 칼을 환두대도(環頭大刀/둥근 머리가 달린 큰 칼)라 부른다. 환두대도는 고대 동북방의 모든 민족들 가운데 우리선조들만이 사용했던 칼로서, 천안 용원리 고분과 신라 천마총(5~6세기)에서도 발굴되었다.

백제 무령왕릉 / 천안 용원리 / 신라 천마총

 칼은 전쟁에서 목숨을 걸고 적과 겨룰 때 사용하는 무기이다. 따라서 자신을 잘 보호하고 적을 효율적으로 죽일 수 있는 구조 외에는 일체의 장식을 하지 않는 것이 일반적이다. 그런데 우리선조의 환두대도는 이러한 상식을 깨고, 적과 겨룰 때 오히려 번거로울 수 있는 고리 장식을 손잡이 끝에 달았다. 주목할 점은 동북아의 어느 민족도 하지 않는 장식을 우리선조들은 고구려, 백제, 신라계 모든 선조들이 공통적으로 했다는 사실이다. 따라서 환두대도의 고리 장식은 우리민족에게 매우 중요한 의미가 있었다고 보아야 한다.

백제 무령왕의 환두대도에 대한 학계의 지금까지 설명은 대체로 다음과 같다.

> 손잡이에 섬세하게 조각된 용으로 둥근 고리를 만들어, 왕의 신분을 나타내었고, 재질은 금과 동의 합금으로 만들었다.

그런데 필자가 보기에 이러한 설명은 환두대도 손잡이의 겉모양만 설명한 것에 불과하고, 정작 이 조각을 통하여 선조들이 전하고자 했던 의미는 놓친 것 같다. 이 칼의 손잡이를 앞에서 본 아스태가 신상 이마에 새겨진 고리 기호 태극과 비교해 보자.

무령왕 환두대도

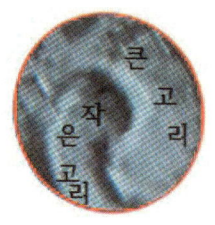
아스태가 신상

평안남도 유물

05. '고리 기호'로 풀리는 우리 고대사의 미스터리

이렇게 비교해 보면, 전체 모양이 매우 비슷하다는 것을 발견할 수 있다. 환두대도의 뱀용 머리(붉은색)는 아스태가 신상의 작은 고리 기호에 해당하고, 둥글게 휘어진 뱀용 몸통과 머리에 의해 만들어진 빈 공간(파란색)은 큰 고리 기호에 해당한다. 그리고 둥글게 휘어진 뱀용 몸통 자체는 둥근 태양의 원을 구현했다. 따라서 이 칼 손잡이의 전체 모양은 '태양 안의 두 개의 고리 기호', 즉 음양태극이라는 것을 알 수 있다. 그렇다! 무령왕의 환두대도 손잡이는 바로 백제의 근원이 '태양신의 후예 고리족'이라는 의미를 담고 있었던 것이다.

백제의 건국과 관련하여 「삼국사기」에 기록된 이야기가 있다. 고구려 시조 주몽이 동부여에서 도망쳐 졸본땅에 도착하여, 그곳의 지배자 송양의 딸 소서노와 결혼했는데, 그녀는 홀로 두 아들을 키우고 있던 미망인이었다. 고구려를 건국한 주몽은 동부여에 두고 왔던 아들 유리가 찾아오자 그에게 왕위를 물려주었다. 이에 소서노는 자신의 두 아들을 데리고 한강 유역으로 와 새로운 나라를 세웠는데, 그것이 백제이다. 따라서 백제의 근본도 태양신을 믿는 고리족이었다. 무령왕은 왕조의 뿌리가 '태양신을 믿는 고리족'이라는 것을 자기 칼의 손잡이에 새겨 놓았던 것이다.

뱀용의 몸통을 둥글게 구부려 만든 빈 공간으로 고리 기호를 표현했다는 필자의 이러한 생각을 뒷받침해주는 유물이 평안남도에서 발굴된 청동기 유물이다(오른쪽 사진). 뱀용의 몸을 둥글게 말아서 만든 빈 공간(붉은색)으로 매우 선명한 고리 기호를 만들고 있다.

따라서 천안 용안리나 경주 천마총에서 나온 칼의 손잡이도 단순한 용머리 조각이 아니다. 이 모든 칼의 손잡이는 하나같이 '태양신의 후예 고리족', 즉

'태양신의 믿는 고리족'을 의미하는 태극을 담고 있었던 것이다. 그리고 그 의미는 궁극적으로 아스태가 신상의 이마에 새겨진 문양이 전하고자 하는 의미와 같다. 따라서 환두대도의 손잡이에 담겨있는 의미를 볼 때, 삼국시대의 우리선조들은, 고구려인이든 백제인이든 신라인이든 모두 '태양신의 후예 고리족'이라는 민족정신을 가지고 있었음이 분명하다. 그리고 우리의 음양태극은 백제의 5~6세기 유물에도 이렇게 남아, 중국 도교 태극보다 적어도 500년 이상 앞서 이미 존재했다는 것을 보여준다.

둥근 고리가 칼을 사용할 때 불편함을 더할 수는 있어도 특별한 용도가 전혀 없었다는 점과 고대 동북아 모든 민족들 가운데 칼의 손잡이에 둥근 고리를 장식으로 단 민족은 우리민족밖에 없었다는 사실은 이러한 필자의 설명을 더욱 뒷받침해준다.

독자들이 주목할 만한 중요한 사실이 하나 더 있다. 아래 사진에서 원으로 표시된 부분을 비교해 보라.

무령왕 뱀용

평안남도 뱀용

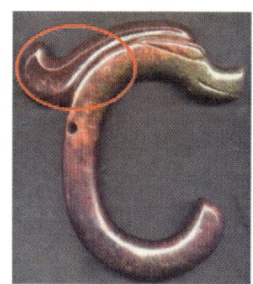
홍산문화 뱀용

멕시코 아스태가의 양 머리 뱀

(확대)

'뒤로 길게 뻗어 위로 살짝 휘어진 고리 모양'이 모든 유물에서 같다. 백제든, 고구려든, 아득한 홍산문화든, 뱀용의 머리 뒤에 새겨진 고리 기호의 모양이 같다. 그리고 멕시코로 건너가 정착했던 우리민족의 후예 아스태가인들이 남긴 뱀용 머리의 고리 기호 모양도 역시 같다. 중국에는 머리 뒤에 이러한 모양의 기호를 가진 용이 없다. 이 사실은 홍산문화의 주인공이 우리선조였다는 사실을 보여주는 또 하나의 증거이다.

참고로 홍산문화의 유물로 발굴된 이와 같은 모양의 뱀용 조각은 크기가 매우 다양하다. 작은 것은 목걸이로 사용했지만, 어떤 것은 너무 커서 들고 다니기도 힘들 정도이다. 그렇게 큰 것은 중요한 큰 행사, 즉 제사와 같은 의례(儀禮)에서 사용되었을 것이다.

● 용의 진실

필자는 서울 용산 국립중앙박물관에 갈 때마다 발해관에 전시되어 있는 아래 유물을 보면서 아쉬움을 느끼곤 했다.

발해 시대의 용

진품은 일본에 있고 전시된 것은 복제품이란 사실도 그렇거니와, 몸통은 어디로 사라지고 왜 용머리만 남았을까 하는 아쉬움이었다. 그런데 첫 번째 용머리를 자세히 보면 머리 뒷부분이 뾰족하게 줄어들어 처음부터 몸통을 조각하지 않았고 벽이나 계단의 난간에 꽂혀 있었다는 것을 알 수 있다. 이렇게 머리만 조각한 용은 발해 용만이 아니었다. 고려 태조 왕건이 개성 수창궁과 만월대 앞에 조각해 둔 용도 머리만 있고, 조선시대 건축된 북한산 대서문의 벽에 붙여진 네 마리 용도 머리만 있고, 경복궁과 같은 고궁의 지붕 기와에 새겨진 용도 머리만 있다.

고려(10세기/수창궁과 만월대)

북한산 대서문 (18세기)   용(확대)

    나중에 알고 보니, 용을 이렇게 머리만 조각하여 바닥이나 벽에 붙여놓던 특징이 멕시코 유물에도 많았다. 다음 사진은 멕시코 태오티와칸문명이 남긴 꽤잘꼬아들(Quetzalcóatl)신전의 용과 유카탄반도의 마야문명이 남긴 쿠굴칸신전의 돌계단 앞에 새겨진 용이다. 꽤잘꼬아들은 '꽤 잘 꼬는 것들'이라는 뜻의 우리말로서, 고대 멕시코에서 사용된 '뱀용'을 가리키는 말이었다.

멕시코 태오티와칸의 꽤잘꼬아들 신전 (2세기 경)

꽤잘꼬아들(확대)

마야문명의 꽤잘꼬아들

그러나 고대 중국의 용은 이렇게 용머리만 조각하여 벽이나 땅에 부착한 형태는 없다. 아래 사진에서 보듯이, 중국의 용은 기원전부터 대부분 몸 전체가 조각되거나 그려졌다.

진(秦)나라(기원전 2세기)[10]

한나라(1세기)[11]

---

10 왕대유, 「용봉문화 원류」, 임동석역, 동문선, 2002, p.588.
11 Jessica Rawson, 「Chinese ornaments」, British musium publication Ltd., 1984, p.94.

당나라(8세기)[12]

요나라(11세기)　　　　명나라(16세기)　　　　오늘날

　이러한 차이점은 왜 발생했을까? 중국 용과 우리선조들의 용이 근본적으로 달랐기 때문이 아닐까? 오늘날 중국인은 물론이고 우리나라 사람들을 포함한 전 세계 사람들이 '용은 중국에서 시작되었다'고 알고 있다. 그러나 멕시코와 우리나라의 용을 중국 것과 비교 조사해 본 결과 필자는 이것도 잘못 알려진 사실이라는 것을 알았다. 중국에는 중국 용이 있었고, 우리선조들에게는 우리민족의 용이 따로 있었다.

　「용봉문화 원류」의 저자 왕대유에 따르면, 중국 용은 기원전 2천 년경 하(夏)나라 시대에 양자강에 살던 악어의 모습에서 시작되었다고 한다[13]. 이것을 악

12　Jessica Rawson, 「Chinese ornaments」, British musium publication Ltd., 1984, p.94.(같은 페이지)
13　왕대유, 「용봉문화 원류」, 임동석역, 동문선, 2002, p.195.

룡(鰐龍)이라 한다. 악어는 네 개의 발이 있고, 각 발마다 세 개의 발가락이 있다. 그래서, 사진에서 보듯이, 중국의 초기 용들은 악어를 매우 닮았고, 네 개의 튼튼한 발에, 발마다 세 개의 발가락이 있다. 그리고 기원후 13세기부터는 발가락이 많은 용일수록 신령한 용이라는 믿음이 생겨, 중국 황실만이 발가락이 다섯 개인 오조룡(五爪龍)을 사용했고, 신하들은 네 개인 사조룡(四爪龍)이나, 세 개인 삼조룡(三爪龍)만 사용할 수 있었다[14].

우리민족의 용의 시작은 악어가 아닌 뱀이었다. 뱀은 발도 없고 발가락도 없다. 그래서 우리민족의 용은 발이나 발가락이 없다. 악어는 주로 물가에서 살며 몸 전체를 드러내지만, 뱀은 땅굴 속에서 살며, 비가 많이 오면 숨쉬기 위해 머리를 들고 밖으로 기어 나오는 습성이 있다. 그래서 비를 기원하는 마음을 담아 의도적으로 머리만 조각하는 풍습이 생겼던 것이다. 바로 악어와 뱀의 이러한 습성의 차이로 인해, 중국 용은 처음부터 몸 전체로 묘사되었고, 우리의 뱀용은 머리만 조각되어 벽에 부착되거나 땅에 박혀 있었던 것이다.

중국 용과 우리민족의 뱀용 사이에는 이것 외에 또 하나의 중요한 차이점이 있다. 중국 용은 처음부터 암컷과 수컷의 구별이 없고 모양이 하나였다. 용은 신령한 존재이므로 '암수 동체', 즉 암컷과 수컷이 한 몸이라고 그들은 믿었다. 그러나 우리선조들의 용은 처음부터 암컷과 수컷으로 구별되었다. 앞에서 보았던 고려 태조 왕건이 수창궁과 만월대에 설치한 조각들을 다시 보라. 모양이 서로 다르다. 이것은 우리선조들이 암수를 구별했다는 증거이다.

---

14 왕대유, 「용봉문화 원류」, 임동석역, 동문선, 2002, p.277. 경복궁 근정전 천장에는 칠조룡(七爪龍)이 그려져 있다. 이것은 중국의 영향으로, 조선 왕조도 많은 발가락을 그려서 왕실의 권위를 높이기 위함이었다.

필자는 우리선조들이 아메리카대륙으로 건너가 언어, 풍습, 신앙 등 우리민족 고유의 많은 것을 그곳에 남겨 놓았다고 밝혀 왔다. 우리선조들의 뱀용 신앙도 아메리카로 건너가 멕시코의 '꽤잘꼬아들(Quetzalcóatl)' 신이 되었다. '꽤잘꼬아들'에서 '꼬아'는 '뱀이 움직이지 않을 때 또아리를 틀고 있는 습성'을 나타내는 말로서, 전체적으로 '꽤 잘 꼬는 것(들)'이라는 뜻이다. 뱀을 은유적으로 부른 명칭이다. 그렇다면 멕시코 꽤잘꼬아들도 암수 구별을 했다는 말인가? 아래 사진을 비교해 보라. 고려 태조 왕건이 남긴 두 마리 뱀용처럼, 멕시코의 꽤잘꼬아들도 암컷과 수컷을 구별했다.

고려 태조 왕건의 뱀용   (확대)

멕시코 공놀이 경기장의 뱀용[15]   멕시코 대신전의 뱀용

---

15 Norman Bancroft Hunt, 「Gods and Myths of the Aztecs」, Grange books, 1999, p.76. 이것은 멕시코 공놀이 경기장의 양쪽 벽 중간에 설치된 골대 구멍의 삽화이다.

확대한 사진에서 볼 수 있듯이, 우리의 뱀용 중 한 마리는 머리 주변이 비늘 혹은 깃털로 덮혀 있는 모습인데, 멕시코의 뱀용도 역시 그렇다. 왕대유는 멕시코 꽤잘꼬아들이 중국 용이라고 주장했지만, 암수를 구별한 이 유물들은 멕시코의 뱀용 꽤잘꼬아들이 우리민족의 뱀용이라는 것을 보여주는 결정적인 증거이다. 더구나 '꽤잘꼬아들'이라는 명칭 자체도 우리말이지 않은가!

그리고 우리의 뱀용처럼 멕시코 뱀용도, 중국인들이 그렇게 중요하게 생각하는 발과 발가락이 없다. 아래 사진을 보라. 삼국시대 혹은 그 이전 것으로 추정되는 평안남도 유물과 홍산문화 유물은 모두 발과 발가락이 없다. 그리고 멕시코의 뱀용도 마찬가지이다.[16]

평안남도 유물[17]   홍산문화 유물   멕시코 그림

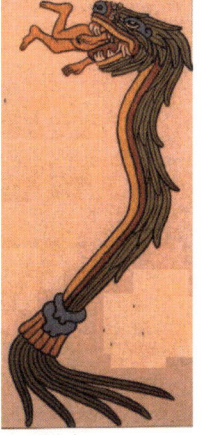

---

16 이 그림은 신대륙 발견 이전에 그려진 보르히아 고문헌(Códice de Borgia)에 나온다. 보르히아 고문헌은 오늘날 몇 개 남지 않은 원본 가운데 하나로 알려져 있다.
17 평안남도지편찬위원회, 「평안남도지」, 삼화인쇄주식회사, 1977, 그림37번.

참고로 앞에서 보았던 멕시코의 양쪽 머리 뱀, 즉 꼬리에도 머리가 달린 뱀의 유래는 다음과 같다. 양 머리 뱀은 홍산문화 유물에서부터 나오는데, 그 유래도 고대 우리선조들의 신앙에서 비롯되었다. 우리선조들은 '비가 오면 뱀이 머리를 들고 땅굴에서 나오는 모습'이 비를 내려주기 위해 모습을 드러내는 신(神), 즉 수신(水神)의 모습으로 믿기 시작했다. 비는 하늘에서 뿌려지므로 수신은 비를 뿌리기 위해서 하늘로 올라간다고 믿어 '용의 승천'에 대한 믿음과, '하늘을 나는 용', 즉 창룡(蒼龍)에 대한 상상이 나왔다. 비가 쏟아질 때 천둥 번개가 치는 것을 보고서 '불을 내뿜는 용'을 상상했으며, 비가 그친 뒤에 무지개가 나타나는 것을 보고서, 뱀용이 땅으로 되돌아오는 모습으로 상상했다. 긴 몸은 하늘의 무지개가 되었고 땅에 닿은 무지개의 양쪽 끝에는 땅으로 돌아오는 머리가 있다고 상상하여 '양 머리 뱀'이 나왔다. 아래는 산동반도의 무씨 사당 벽에 조각된 양 머리 뱀의 탁본과 페루 치무문명 유적의 양 머리 뱀 조각이다. 치무의 유적에는 이와 똑같은 조각이 매우 많다.

무씨 사당의 뱀용

페루 치무문명 유적[18]

18 Cecilia Bakula외 6명, 「The Inca World」, University of Oklahoma Press, 1999, p.72. 치무(Chimú) 문명은 잉카문명이 본격적으로 시작되기 직전에 페루 북부 해안가에서 발달했던 문명이다.

무씨 사당은 기원후 147년에 건축되었고, 페루 치무문명은 페루 북부 해안가에서 기원후 13세기~15세기까지 발달했던 문명이다. 이 사진은 둘 다 무지개를 나타내는 양 머리 뱀용으로, 무씨 사당의 것은 발이 있지만, 페루의 것은 없다. 이 차이점은, 우리민족의 무지개 뱀용 신앙은 민족의 대이동과 함께 페루로 건너가 온전하게 보존되었지만, 산동반도의 무지개 뱀용은 중국 용의 영향을 받아 발이 생긴 것으로 보인다. 산동반도는 원래 은나라가 건국되었던 곳으로 우리민족 동이족의 영토였고, 기원후 9세기까지도 우리선조들이 살던 곳이었다. 독자들은 두 그림에 '고리 기호'가 선명하게 나오는 것을 주목하기 바란다. 페루에서는 양 머리 뱀이 무지개를 뜻한다고 설명까지 전해지고 있다[19]. 항공대 우실하교수도 무지개를 뜻하는 '홍(虹)'이라는 글자에 벌레 '충(虫)'자가 사용된 연유로 뱀용과의 연관성을 설명한 적이 있다(개인 대담).

이로써 우리민족에게는 중국의 용과는 다른 용이 원래 있었다는 또 하나의 우리 역사를 찾아내었다. 우리의 용은 뱀용으로서, 암수 구별이 있었고 발이나 발가락이 없었다. 중국인과는 다르게, 고대 우리선조들이 오직 용머리만 조각했던 이유는 비가 오면 땅굴에서 밖으로 나오는 '수신'으로서의 상징을 표현하기 위함이었고, 양 머리 뱀용도 우리선조들의 신앙에서 나왔다는 것을 확인했다. 따라서 고려 태조 왕건이 나라를 세우자마자 수창궁 앞마당에 설치하여 그 콧등에 '고리 기호'를 새겨 놓았던 용은 중국 용이 아니라, 암수 구별이 분명했던 우리민족 고유의 뱀용이었다.

오늘날 중국과 우리나라에 널리 퍼져있는 용은 뱀처럼 긴 몸통에, 튼튼한

---

19 이 설명은 다음 웹 주소에서 볼 수 있다:https://es.wikipedia.org/wiki/Huaca del Dragon

다리, 발, 발가락을 가진 악어 모습이 합쳐진 형태로, 두 민족의 용이 하나로 결합된 형태이다. '용이 하늘을 난다'거나 '입에서 불을 뿜는다'는 상상은 모두 우리민족의 신앙이었다. 그 증거는 아메리카에 온전하게 남겨진, 다음과 같은 우리민족의 신앙 내용이다.

꽤잘꼬아들은 그 속에 물을 품고 있는 신으로, 구름 위를 날기도 한다[20],

뱀용은 입에서 불을 뿜는다[21].

끝으로 다음 두 장의 사진을 보기로 한다. 둘 다 북경 천단에 있는 용의 모습이다. 북경 천단은 명나라 때 기본 형태가 갖추어졌지만, 왼쪽 사진 속의 건축물은 17세기에 건국된 중국 마지막 왕조 청나라 시대의 것이고, 오른쪽 것은 근세에 만들어진 것이다. 왼쪽 건축물의 용은 고려 태조 왕건이 919년 수창궁 앞에 세운 뱀용의 모습을 모방한 것이고, 오른쪽 사진도 양 머리 뱀용을 모방한 것이다. 특히 왼쪽 사진에서 보듯이, 중국은 콧등에 새겨진 '고리 기호'까지 모방하고 있다. 그 기호가 '고리족' 즉 '코리아'를 상징하는 기호 문자라는 것을 저들이 알았다면 저렇게까지 모방했을까?

---

20 Euard Seler, 「Collected Works in Mesoamerican Linguistics and Archaology」, Vol. 2, Labyrinthos, 1991, P.6 & P.21
21 Jiménez R. & Graeber R., 「The Aztec Calendar Handbook」, Historical science publishing, 2001, p.34

북경 천단의 용 조각들

　이 사진을 처음 보았을 때 필자의 심정은 복잡했다. 무슨 뜻인지도 모른 채 베껴간 저들의 '무지(無知)'와 '무모함'이 우스웠고, 우리 것이라는 사실도 모르고 살아온 우리 모습이 안타까웠으며, 북경 천단을 본 세계인들은 멕시코의 뱀 용이나 페루의 펠리노를 중국에서 온 것으로 생각할 테니, 이 또한 어찌 바로잡아야 할지 마음이 무거웠다.

　청나라를 건국했던 만주족은 원래 숙신의 후예인데, 삼국시대에는 고구려의 속국으로 '말갈'이라 불렸다. 말갈은 우리선조들이 만주대평원을 버리고 아메리카대륙으로 떠날 때 그 땅을 물려받은 종족으로, 만주대평원에 남아 있던 우리민족 고유의 신앙과 철학과 풍습까지 배워갔던 사람들이었다. 그래서 고구려를 '어버이 나라'라고 부르기도 했고, 오랜 세월이 지나면서 우리선조들에게서 배워 간 것을 원래부터 제 것인양 착각까지 했다. 저 주둥이 위에 새겨진 기호가 '고리'를 뜻한다는 사실은 전혀 깨닫지 못한 채로 말이다. 일본이 곡옥의 의미를 몰라 제 것이라고 주장하는 모습이, 저 곳에 고리 기호를 새겨두고도 제 것이라 착각하고 있는 중국인들과 어찌 그리도 닮은꼴인지… 동북아의 역사는 언제쯤 이러한 '무지'에서 벗어나 진실을 말하게 될까?

우리민족은 단일민족인가?

우리민족이 단일민족인가 아닌가 하는 문제는 중국, 일본, 우리나라 사학자들 사이에 오랫동안 벌어져 온 논쟁이다. 이 논쟁의 출발점은 중국 고대 사가들이 우리민족을 예맥(濊貊)이라 기록하고, 예(濊)와 맥(貊)의 거주 지역을 구별한 데서 시작되었다. 그들은 옛 고조선의 중심지였던 요동·요서에 거주하던 사람들을 맥이라 하고, 만주대평원에 살던 사람들을 예라고 했다.

예족과 맥족을 서로 다른 종족으로 본 대표적인 학자는 일본의 미카미 쓰기오(三上次男)이고, 동일 종족으로 본 대표적인 학자는 우리나라의 김정배(金貞培)님이다. 미카미 쓰기오는 '예족과 맥족은 계통이 다른 종족으로, 예맥은 만주와 조선에 거주하던 사람들에 대해 중국인이 부른 통합적인 명칭이다. 예족은 강가에 주로 살며 물고기를 잡아먹던 사람들이고, 맥족은 짐승 사냥으로 살던 사람들이다'라고 했다. 김정배님은 '예와 맥은 진(秦)나라 이전부터 서로 다르게 부르던 우리민족에 대한 칭호로서, 요동과 산동반도에 살던 사람들은 맥족으로, 길림, 송화강, 눈강 지역에 살던 사람들은 예족으로 불렸다. 둘 다 하나의 같은 민족을 가리킨다'라고 분명히 했다. 김정배님의 주장은 비록 우리민족이 하나의 같은 종족이었다는 결론은 내리고 있지만, 예맥의 거주지를 중국 기록에 따라 구별하고 있다.

흥미로운 주장은 예맥이칭설(濊貊異稱說), 즉 예와 맥은 같은 종족에 대해 다르게 부른 명칭이라는 주장이다. 예를 들어 조선시대 정약용은 '예는 우리선조들이 살던 땅을 가리키던 지명이고, 맥은 우리민족의 종족 명칭이다'라고 했다.

그런데 필자가 보기에 이러한 주장들은 한 가지 중요한 점을 놓치고 있다. 그것은 외국인이 우리말을 기록할 때 항상 부딪히는 문제이다. 외국인들이 우리말을 기록하고자 할 때 '뜻'에 따라 자기네 말로 번역하여 기록할 것인가, 자기네 말의 뜻은 무시하고 우리말의 발음에 일치하는 어휘로 기록할 것인가 하는 문제에 부딪힌다. 예를 들어 우리말 '골(머리)'을 중국 한자로 기록할 때 뜻으로 하면 '뇌(腦)'라고 기록하게 되고, 발음으로 기록하면 '골(骨)'로 기록하게 된다. 뜻으로 기록하면 중국인은 알아듣지만 우리는 이해 못하고, 발음으로 기록하면 중국인은 이해 못하지만 우리는 알아듣는다. 바로 신라시대 향가가 그렇게 기록되어 있다. 향가는 한자로 기록되어 있지만, 그 한자 중에는 우리말이 '뜻'으로 기록된 글자도 있고, '발음'으로 기록된 글자도 있다.

'예맥'이라는 칭호를 기록했던 고대 중국 사가들도 바로 이와 같은 문제에 부딪혔을 것이다. 필자는 언어학자로서 바로 이 점을 염두에 두고 예맥이라는 글자를 관찰해 보았다. 먼저 예맥은 뜻이 다른 여러 한자로 기록되어 있다. 예는 '濊, 穢, 獩, 薉'라는 뜻이 다른 네 가지 글자로 기록되었고, 맥은 '貊, 貉'으로 기록되어 있다. 이렇게 우리말을 여러 가지 한자로 기록한 경우에는 보통 '발음'에 따라 기록한 것이다. '예(濊, 穢, 獩, 薉)'라는 네 글자의 공통점은 모두 발음이 '희'에 가깝다는 점이다. '희'는 우리말 '해'의 방언이다. 우리선조들은 아이를 '아해'라고도 불렀고, '아희'라고도 불렀다. 따라서 이 한자들은 우리말 '해'를 발음대로 기록한 글자로서, 우리선조들이 '태양신'을 믿는 것을 보고서 '해족'이라고 표현한 칭호였다는 것을 짐작할 수 있다.

맥은 '貊, 貉'으로 기록되어 있는데, 역시 우리말을 발음에 따라 기록한 글자이다. 흥미로운 것은 '貉(맥)'은 '담비'를 뜻하는 글자(담비 학)로도 사용되었다는 사실이다. 담비는 고대 우리선조들에게 '부(富)'를 가져다 준 동물이었다. 담비 가죽은 매우 비싸고 귀해서, 이 짐승을 많이 잡을 수 있던 민족은 풍요와 번영을 누릴 수 있었다. 우리선조들은 천문지식을 바탕으로 아무르 유역과 오호츠크해 연안을 지나 춥지·캄차카 반도까지 가서 이 짐승을 잡아, 중국인들에게 팔았던 것으로 보인다. 삼국시대 숙신족은 집 근처로 오는 담비를 잡기 위해 부모의 사체까지도 미끼로 이용했을 정도였고, 18세기 러시아 피터대제는 전쟁 비용을 감당하기 위해 더 많은 담비를 잡아오도록 춥지·캄차카 반도로 군대를 파견했을 정도였다. 우리선조들은 그렇게 비싸고 귀한 담비를 대량으로 잡아 중국에 판매함으로써 풍요와 번영을 누렸을 것이다. 중국인들은 자기들에게 많은 담비 가죽을 판매하던 요동·요서의 우리선조들을 '담비족'으로 인식하기 시작했을 것이다. 우리선조들이 담비를 '맥'이라고 부르자, 어느 시대부터인가 중국인들도 '담비 학(貉)'을 우리선조들처럼 점점 '맥'으로 읽기 시작했던 것으로 보인다. 참고로 아메리카로 건너간 우리선조의 후예들은 귀한 짐승을 지금도 '맥'이라고 부르고 있다(예: 콜롬비아 원주민들).

담비

따라서 '예맥'은 둘 다 우리민족을 가리키던 호칭이었지만 '예'는 '해'를 가리키던 말로서, 우리선조들이 태양신을 널리 믿던 것에서 비롯된 종교적 관점의 호칭이었고,

'맥'은 우리선조들이 주변 민족에 비하여 많은 담비를 잡아와 판다는 점에 착안하여 부르던, 직업적 관점의 호칭이었던 것이다.

예맥은 어디까지나 중국 사가들이 우리민족의 두 가지 특징, 즉 종교적 특징과 직업적 특징에 따라 기준 시각을 달리하여 붙였던 칭호에 불과한 것이지, 우리선조들이 근본적으로 서로 다른 두 종족이었기 때문이 아니었다. 오늘날 우리선조들을 서로 다른 두 종족이었다고 주장해 온 일본 학자들을 비롯한 주변국의 학자들은 '예맥'의 이러한 역사적 배경과 차음(借音) 표기라는 언어적 특징을 이해하지 못한 채, 오직 다른 글자라는 표면적 차이만 보았던 것이다.

앞에서 밝혔듯이, 우리민족의 진정한 호칭은 오직 하나, '고리'였다. 요동·요서에서 홍산문화를 일으켰던 선조들도 고리 기호를 담은 옥 목걸이를 남겨 자신들이 '고리'라는 사실을 전하고 있고, 그 문화를 이어받아 기원전 2333년 그곳에 고조선을 건국했던 선조들도 '고리'였으며, 기원전 16세기에 산동반도에서 상나라를 일으켰던 선조들도 수많은 유물에 고리 기호를 새겨 자신들이 '고리'라는 증표를 남겼다. 그리고 부여-고구려, 신라, 백제, 고려, 조선왕조까지 모두가 '고리'였다는 증거를 앞에서 보았다. 우리선조들이 기원 수천 년 전부터 '운명공동체'로서의 민족의식을 깨닫기 시작하여, '고리 기호'를 창안하고 그것을 형상화한 고리 목걸이를 착용하던 그 순간부터 19세기 말까지 우리는 오로지 '고리'였고, 오늘날도 '코리아', 즉 '고리야'인 것이다.

06.
우리민족의 태양신 신앙과 아메리카 이동

> 우리의 역사나 풍습에는 우리 자신조차 '왜?'라고 의문을 던지지 않을 수 없는 미스터리들이 있다. 그 가운데 하나가 숫자 3에 대한 것이다. 우리선조들은 신이 산다는 산을 '삼신산'이라 불렀고, 아기 탄생을 주관하는 신을 '삼신할머니'라 불렀으며, 신생아가 태어나면 '삼칠일'을 금기일로 정했고, 제사에서 잔에 술을 따를 때 세 번 나누어 따르고, 그 잔을 향불 위에 세 번을 돌린 후에 상에 올렸다. 우리는 '삼세번'이라는 말도 자주한다. 숫자 '3'은 우리에게 도대체 무슨 의미가 있었을까?
> 우리선조들은 아기를 수태할 때 머리를 동쪽으로 향해 누워야 한다고 믿었다. 우리 역사상 가장 오래된 절로 알려진 영주 부석사나 경주 불국사 석굴암의 불상은 태양이 떠오르는 동쪽을 바라보고 안치되어 있다. 우리선조들은 불상을 왜 동쪽을 바라보도록 안치했을까?
> 그리고 고구려가 남긴 삼족오(三足烏)는 중국이나 일본의 삼족오와 달리 머리 위에 '벼슬'이 있다. 이 벼슬은 어디에서 유래했을까?

● 아무르강 하류에 남아있던 우리민족의 태양신 신화

19세기 말, 미국 학자들은 아메리카 인디언의 기원을 밝히기 위하여 제섭북태평양탐험대(Jesup North Pacific Expedition)를 조직했다. 러시아 학자들까지 포함한 이 탐험대는 춥지·캄차카 반도와 아무르강 하류 지역까지 탐사하여, 그곳 원주민들의 언어·문화·종교·전설이 아메리카 인디언들의 그것과 일치함을 확인했다. 그리고 이 탐험대가 내놓은 결론은 '춥지·캄차카 반도와 아무르강 하류에 사는 길약족과 같은 원주민들은, 시기는 알 수 없으나 아메리카에서 아시아로 되돌아간 사람들의 후예'라고 설명했다. 이른바 '아메리카 인디언의 언어·문화·종교·전설 등은 아메리카에서 독자적으로 발생하고 발달했다'는 종래의 입장을 재확인한 것이면서, 동시에 아무르강 하류에서부터 그 북쪽 지역에 살던 원주민들의 기원에 대하여 '아메리카노이드(아메리카 인종)'라는 새로운 주장을 내놓았던 것이다[1].

필자는 2010년 어느 날, 이 탐험대의 아무르강 하류 지역 탐사 책임자였던 버솔드 로퍼(Berthold Laufer)의 탐사 기록을 조사하던 중, 아래와 같은 우리민족 태양신 신화의 실체에 대한 소중한 기록을 발견했다.

버솔드 로퍼는 아무르강 하류의 바위에 새겨진 암각화(岩刻畵/바위그림)를 조사하면서 나나이(Nanai)족 노인들에게 그 암각화를 누가 그렸냐고 물었고, 노인들의 대답은 다음과 같았다고 기록했다[2].

> These petroglyphs were made by a people preceding them, whom they identify with the Koreans: but there is also a tradition referring

---

1 이에 대한 자세한 내용은 '손성태, 「우리민족의 대이동/멕시코편」, 코리, 2014. pp.428~438'을 참조하세요. 제섭북태평양탐험대는 필자가 우리민족의 이동루트로 찾아낸 알류산열도는 조사하지 않았다. 그들은 그전부터 내려오던 '빙하기 이동설'을 믿어, 바다를 건넜던 곳을 베링해협으로 생각했기 때문이었다.
2 Laufer, Berthold, 'Petroglyphs on the Amoor', 「American Antropology」, Vol. 10-1, American Anthropologist Association, 1899, p. 749.

to the origin of these rock carvings, which is as follows.

이 암각화들은 자기들보다 그곳에 먼저 살다가 떠난 사람들이 그린 것이며, 그들은 한국인들(Korean)이었다: 그런데 이 암각화의 기원과 관련된 전설이 있었는데, 다음과 같다.

나나이(Nanai)족 노인들이 버솔드 로퍼에게 말해준 암각화를 그린 사람들에 대한 전설, 즉 오래전에 그곳에 살다가 떠난 '코리안'들이 남긴 전설의 내용은 다음과 같았다. 내용이 우리에게 워낙 중요하여 독자들과 함께 원문과 번역을 보기로 한다.

In the beginning of the world there were only three men called Shankoa, Shanwai and Shanka. There were three divers and three swans. Once on a time the three men sent the three swans and, the three divers to dive to dive for soil, stones, and sand. The birds dived. For seven days they stayed under water. Then they emerged. They brought earth, stones, and sand, and they began to fly about, carrying the earth that they had brought. They flew all around the world. The earth originated when the divers flew, holding earth and stones in their bills. Mountains and plains arose. The divers flew about; and where they flew, rivers arose. Thus they determined the course of the rivers. They flew toward the sea, and the Amoor river arose. Flying along the shore, they formed bays of the sea.

Then the three men made a man called Ka'do, and a woman called Julchu'. After a while they had a girl, who was called Ma'milji. The people multiplied, and the whole country adjoining the Amoor was populated. Ka'do said, "there are three Suns in the sky. It is impossible to live. Itis too hot. I will shoot the Sun." Then his wife said, "Go!" Ka'do went to where the Sun rises. He dug a pit, in which he hid; and when the firt Sun rose, he shot him. He missed the second Sun; but when the third Sun rose, he killed him also. Then he returned. Now it was no longer too hot. Ma'milji drew pictures on stones. Julchu' said, "The people have seen that my husband has killed two Suns." After the Suns had been killed the stones began to harden.

Then Ma'milji said, "there are too many people; there will be no room for them if they do not die. I will die to show them the way." When she was dying Ma'milji said: "The Burunduk does not die; in winter he hibernates; in summer he revives. The Tuma lives as a fish in summer; in winter hibernates. Thus they will continue to live. The small snake and the large snake will hibernate in winter; in summer they will revive. Other animals shall be borne and die. Man shall be borne and die."

세상이 처음 시작될 때, 산고아(Shankoa), 산와이(Shanwai), 산가(Shanka)라는 세 사람이 있었다. 또 물속을 잠수하는 세 마리 새가 있었는데 흰 새였다. 그들은 그 흰 새들에게 물속에 들어가 흙, 돌, 모래를 가져 오라고 보냈다. 새들이 잠수하여 7일 동안 물속에 머문 후에 흙, 돌, 모래를 가져왔다. 그 새들은 주변을 날아다니며 가져 온 흙을 옮기기 시작했다. 그 새들이 부리로 흙과 돌을 물고 온 세상을 날아다님으로써 땅이 처음 생겨났고, 산과 들도 생겼다. 물속을 오가는 새들이 주변을 날아다녔다. 그리고 새들이 날아다닌 그 곳에 강들이 생겼다. 강줄기도 그렇게 만들어져 바다로 흘렀고, 아무르강도 그렇게 해서 생겼다. 해안가를 따라 날면서 바다의 만(灣)도 만들었다.

그리고서 그 세 사람은 남자와 여자를 만들어 가도(Kado)와 줄추(Julchu)라고 불렀다. 얼마 후 그 둘은 마밀지(Ma'milji)라는 딸을 낳았다. 사람들이 점점 많아져 아무르강 주변 모든 땅에 사람들이 살게 되자, 가도가 말했다. "하늘에 태양이 세 개야, 너무 더워서 살 수 없어. 내가 태양을 (활로) 쏘아 떨어뜨려야겠어." 그의 아내가 말했다. "출발하세요". 가도는 태양이 뜨는 곳으로 가서, 구덩이를 파고 그 안에 숨었다. 첫 번째 태양이 떠오르자 (활을) 쏘아 떨어뜨렸다. 두 번째 태양은 못 맞혔고, 세 번째 태양도 떨어뜨렸다. 그는 돌아왔고, 세상은 더 이상 너무 덥지 않았다. 마밀지가 바위에 그림을 그렸다. 줄추는 말하기를 "사람들이 내 남편이 두 개의 태양을 떨어뜨리는 것을 봤다"고 했다. 그 태양들이 죽은 후에, 바위들이 단단하게 굳기 시작했다.

그때 마밀지가 말했다. "사람들이 너무 많아서, 죽지 않으면 더 이상 살 곳이 없겠어요. 사람들에게 죽는 법을 알려주기 위해서 내가 먼저 죽을 거예요." 마밀지가 죽어가면서 말했다. "푸른뚝(Burunduk)은 죽지 않아요. 겨울엔 동면하고 여름에는 되살아나요. 툼나(Tumna)는 여름에는 물고기로 살고 겨울에는 동면해요. 그렇게 해서 그들의 생명은 이어질거예요. 작은 뱀과 큰 뱀도 겨울에는 동면하고 여름에는 되살아나요. 다른 동물들도 태어나고 죽고, 인간도 태어나고 죽을 거예요."

이것은 '천지창조'의 신화이다. 버솔드 로퍼에게 이것을 이야기해 준 노인들에 따르면, 이것은 고대 우리선조들이 가지고 있던 우리민족의 천지창조 신화이다.

'삼', 이 전설에서 가장 눈에 띄는 단어는 '3'이라는 숫자이다. 세 명의 남자로 표현된 '세 명'의 신들, 그들의 심부름꾼으로 나오는 '세 마리' 흰 새, 흙과 돌과 모래로 표현된 '세 가지' 자연물, 그리고 '세 명'의 인간과 '세 개'의 태양[3].

우리민족에게는 유달리 숫자 '3'과 관련된 풍습이나 속담이 많다. 그래서 민속학자들은 '3'을 민족의 성수(聖數), 즉 신성한 숫자라고 말한다. '3'과 관련된 우리민족 고유의 풍습으로, 예를 들면 다음과 같은 것들이 있다.

-집안 어른이 죽으면 염할 때, 입에 쌀 세 숟가락을 넣어준다.
-장례식을 치른 후 삼일째 되는 날에 첫 제사를 올린다(삼우제(三虞祭) 풍습)
-제사에서 잔에 술을 따를 때 세 번 나눠 따른다.
-술잔을 향불 위에 세 번 돌린 뒤에 제사상 위에 올린다.

---

3 중국 청(淸)나라를 건국한 만주족은 9개의 태양 신화를 가지고 있다. 태초에 9개의 태양이 떴으나 장백산의 영웅 베이지가 활로 쏘아 8개를 떨어뜨렸다는 내용이다. 만주족은 원래 숙신족의 후예로서 4세기~10세기까지는 말갈족으로, 12세기에는 여진족으로 불렸던 종족이다. 이들은 고구려·발해 시대에 우리민족과 함께 어울리면서 고대 우리민족의 전설, 신앙, 풍습을 배워갔고, 결국 만주대평원도 물려받은 사람들이다. 따라서 필자가 보기에 태양신 신화에서 활로 태양을 쏘아 떨어뜨렸다는 내용도 모방해 간 것으로 보인다.

- 아기를 낳으면 삼칠일(21일) 동안 금줄을 쳐서 외부 사람이 아기와 산모에게 접근하는 것을 금한다.
- 그 외 '삼세번, 삼신할머니, 삼신산'이라는 말이 있다.

이와 같이 우리의 풍습이나 말 속에는 '3'을 매우 중요하게 생각하는 전통이 있지만, 그 시작이 언제이며 무엇 때문인지 지금까지 알려진 바 없다. 필자는 바로 이 태양신 전설에서 시작되었다고 본다.

이 태양신 전설이 우리선조들의 것이었다는 사실은 의심할 여지가 없다. 나나이족 노인들이 이미 '코리안의 것'이라고 증언했고, 실제로 내용 중에 우리민족의 성수 '3'이 매우 많이 나오며, '푸른 뚝(Burunduk)'이라는 우리말 어휘도 나온다는 사실이 그 증거이다[4].

이 전설에서 세 개의 태양 이야기는 아래와 같은 환일(幻日)현상을 말한다. 환일현상은 추운 북방지역에서만 볼 수 있는데, 해가 뜰 때 발생하는 빛의 굴절현상으로, 공기에 포함된 수증기가 얼어서 아침 햇살이 굴절되어 태양이 일시적으로 두 세 개로 보이는 현상을 말한다.

---

4 필자가 「멕시코편」에서 말했듯이, 아메리카 인디언의 기원을 알아내기 위해 아무르강 하류까지 갔던 버솔드 로퍼는 '이 전설이 코리언의 것'이라는 증언까지 듣고도, 인디언의 언어, 문화, 종교, 전설을 우리나라의 것과 비교하지 않았다. 그는 아무르강 하류 지역의 길약족이나 나나이족의 언어, 문화, 종교, 풍습이 아메리카 인디언의 그것과 일치한다는 사실을 확인한 후, 당시 만주대평원을 차지하고 있던 중국의 것과 비교하여 다르다는 사실을 확인했고, 중국과 함께 동북아의 강국으로 떠오른 일본의 그것과 비교하여 역시 다르다는 사실만 확인했지, 정작 기원 후 10세기까지 수천 년 동안 만주대평원의 주인공이었던 우리민족과는 비교할 생각조차 하지 않고 돌아갔다. 그의 이러한 실수가 아메리카 인디언 문명은 독자적으로 발달했다는 잘못된 결론을 내리는 결정적인 계기가 되었음은 물론이다. 그는 심지어 미국 인디언들의 가죽신인 모카신(moccasin)이 원래 아무르 유역에서 살던 사람들의 신이었다고 주장하던 구트문트 하트(Gudmund Hatt)의 연구도 묵살해버렸다.

환일현상

세 개의 태양이 동시에 보이는 환일현상에서는 가운데가 진짜 태양이며, 양쪽의 태양은 허상으로 시간이 지나면 없어진다. 이 전설에서는 활을 쏘아 떨어뜨렸다고 나오는데, 이것은 옛날 북방민족의 영웅들은 모두 활을 잘 쏘는 명궁으로, 환일현상과 북방 영웅의 이야기가 결합된 형태이다. 고구려를 세운 영웅 주몽도 '활을 잘 쏘는 사람'으로 전해진다.

이것으로 필자는 매우 소중한 우리선조들의 태양신 신화와 민족의 성수 '3'의 유래를 찾았다고 본다. 지금부터는 이러한 고대 우리선조들의 태양신 신화가, 부족국가가 형성되고 발전하던 삼국시대 이후에는 어떤 형태로 우리선조들의 중심 신앙이 되어 있었는가를 확인해 보기로 한다.

● 우리 역사 속의 태양신 신앙

◆ 「삼국지」위지동이전에 기록된 태양신 신앙

지금까지 남아있는 문헌 자료 가운데, 우리선조들의 태양신 신앙에 대하여 가장 먼저 기록한 문헌은 「삼국지」위지동이전이다. 그 책의 '부여편'에는 다음과 같은 내용이 있다.

> 옛날 북쪽에 고리(高離)라는 나라가 있었다. 왕의 시녀가 달걀만한 기운이 (하늘에서) 내려와 임신을 하게 되었고, 나중에 아들을 낳았다. 왕이 그 아이를 돼지우리에 버리자 돼지가 입김을 불어 주어 죽지 않았고, 마구간에 옮겨 놓았으나 말도 입김을 불어 주어 죽지 않았다. 왕은 천제(天帝)의 아들일 것이라 생각하여 그 어머니에게 거두어 기르게 하고, 이름을 동명(東明)이라 하고 항상 말을 사육토록 하였다.

'달걀만한 기운'은 '햇살'을 의미하고, '동명'은 '태양'을 의미한다. 이 기록은 부여를 건국했던 해모수와 관련된 전설로 알려져 있다. 해모수는 우리 역사에서 처음으로 '동명성왕(東明聖王)'이라 불렸던 왕으로, 그 뜻은 '태양의 신성한 왕'이다. 위의 신화도 그가 태양신으로부터 태어났다는 내용이다.

제3장과 제4장에서 이미 보았듯이, 이 책에 기록되어 있는 옛날 북방에 있

던 '고리'는 기원 수천 년 전 우리선조들이 처음으로 '운명공동체'라는 민족의식을 자각하면서 사용하기 시작했던 우리민족의 호칭으로, 우리선조들은 그 호칭을 '고리 기호'로 나타내었다.

◆ 「삼국사기」에 기록된 태양신 신앙

우리선조들의 태양신 신앙은 부여를 거쳐 고구려로 이어졌다. 고구려의 시조 주몽과 관련하여, 414년 건립된 광개토대왕비문에는 주몽이 '하늘 황제의 아들(天帝之子/천제지자)' 또는 '태양의 아들(皇天之子/황천지자)'이라고 기록되어 있고[5], 7세기에 편찬된 「수서(隋書)」(열전 46)와 12세기에 편찬된 「삼국사기」에는 주몽이 다음과 같이 외쳤다고 각각 기록되어 있다.

我是河伯外孫 日之子也(아시하백외손 일지자야)
나는 하백의 외손이요, 태양의 아들이다

我是天帝子 河伯外孫(아시천제자 하백외손)
나는 천제의 아들이요, 하백의 외손이다

특히 「삼국사기」권13, 고구려편은 다음과 같은 이야기를 기록하여 주몽이 '태양신의 후예'라는 것을 전하고 있다.

---

5   황천(皇天)은 '태양'을 의미한다. 하백(河伯)은 수신을 뜻한다.

동부여 왕 금와는 태백산(太白山) 남쪽 우발수(優渤水)에서 한 여자를 발견하여 물어보니, 그 여자가 다음과 같이 대답했다. "나는 하백(河伯)의 딸로서 이름이 유화(柳花)입니다. 여러 동생과 나와 노는데, 한 남자가 스스로 천제의 아들 '해모수'라 하고 나를 웅심산(熊心山) 아래 압록수(鴨淥水) 가의 집으로 데려가 잠자리를 하고 가서는 돌아오지 않았습니다. 부모는 내가 중매도 없이 남을 좇았다고 책망하여 우발수에서 귀양살이하게 하였습니다." 금와는 이상하게 여겨서 (그 여자를 데려와) 방 안에 가두어 두었는데, 햇빛이 비추어 유화는 피하였으나 햇빛이 또 좇아와 비추었다. 그래서 임신하게 되었고 알 하나를 낳았는데, 크기가 다섯 되쯤 되었다. 금와왕은 알을 버려 개와 돼지에게 주었으나 먹지 않았다. 또 길 가운데에 버렸으나 소나 말이 피하였다. 다시 들에 갖다 버렸더니 새가 날개로 덮어 주었다. 왕은 그 알을 깨뜨리려 하였으나 깨뜨리지 못하여, 마침내 그 어미에게 돌려주었다. 그 어미는 물건으로 싸서 따뜻한 곳에 두었더니, 한 사내아이가 껍질을 깨고 나왔는데 골격과 외모가 빼어나고 기이하였다. 나이 겨우 일곱 살에, 이미 남달리 뛰어나 스스로 활과 화살을 만들어 쏘면 백발백중이었다. 부여의 속어에 활 잘 쏘는 것을 주몽(朱蒙)이라고 하였으므로 이것으로 이름을 삼았다[6].

이 기록은 고구려를 건국한 주몽의 탄생에 관한 전설로서, 중심 내용은 주몽이 햇살을 통하여 잉태된 자, 즉 태양신의 아들이라는 것이다. 부여를 건국

---

6 필자는 주몽이라는 이름이 '활 잘 쏘는 것'을 의미하는 것이 아니라 주몽이 활을 잘 쏘므로 '주몽'하면 '활 잘 쏘는 사람'으로 통했다고 이해한다.

했던 해모수의 탄생 전설와 고구려를 건국한 주몽의 탄생 전설의 공통점은 '태양신으로부터 태어났다'는 내용이다. 여기에 '해두, 해명, 해색주, 해우'처럼 '해'자를 즐겨 사용했던 고구려 왕족들의 이름을 함께 생각해 보면, 고대 우리 선조들 특히 지배계층이 태양신을 믿었다는 사실을 쉽게 알 수 있다. 그들은 모두 자신들이 '태양신의 후예'라고 믿었던 것이다.

● 태양신의 경배 방법

◆ 초기 고구려의 무덤 방향에 반영된 태양신 신앙

중국 길림성 문물고고학 연구소 소장 방기동은 집안현에 있는 고구려 무덤 가운데 4세기 초부터 7세기 초까지 축조된 것으로, 벽화가 있는 무덤 약 30여 기를 시기적으로 네 단계로 구별하여 비교 조사하여, 매우 흥미로운 사실을 발표했다[7]. 그는 제1기와 제2기에 해당하는 모든 무덤들, 즉 4세기 초부터 5세기 초까지의 무덤들은 하나같이 서쪽을 바라보며 축조되었고, 제3기에 해당하는 6세기 초까지의 무덤은 오직 한 기만 빼고 역시 모두 서쪽을 바라보고 축조되었으며, 그 이후의 무덤들은 점차 여러 방향으로 축조되었다는 사실을 발견했다. 427년 평양으로 수도를 옮긴 뒤부터 5세기 중엽까지 축조된 평양지역의

---

7 방기동, '집안 고구려 고분적 건축' 「고구려연구」 제16집, 2003, PP.355~357.

고구려 벽화 무덤을 조사했던 조우연님도 역시 같은 사실을 보고했다[8].

　벽화가 있는 무덤은 고구려 최고 지배계층의 무덤이다. 그런데 6세기 초까지 축조된 무덤들 가운데 한 기를 제외한 모든 무덤들이 한결같이 서쪽을 바라보고 있다. 무덤 양식은 장례문화의 핵심 내용 가운데 하나이고, 장례문화는 신앙에 바탕을 두고 있으며, 신앙은 정신세계의 일부분이다. 민족의 정신세계는 한 순간에 이루어지는 것이 아니라 고대로부터 장구한 세월에 걸쳐 형성되고, 일단 형성되면 잘 변하지 않는다는 특성이 있다. 따라서 6세기 초까지 모든 무덤들을 사실상 서쪽으로 향하도록 축조했다는 사실은, 그 방향이 우리선조들의 정신세계에 매우 중요한 의미가 있었다는 것을 의미한다. 그 의미가 무엇일까?

　우리민족은 사후세계가 있다고 믿었다. 죽은 조상들은 소멸되는 것이 아니라 사후세계로 가서 신(神)이 되어 계속 산다고 믿었다. 따라서 저승은 신들의 세계이고, 무덤은 이승과 저승을 잇는 문(門)이었다. 즉 인간세계에서 신의 세계로 들어가는 문이 바로 무덤이었다. 따라서 6세기 초까지의 무덤들을 모두 서쪽으로 향하도록 축조한 것은 고대 우리선조들에게 그 방향이 신앙적으로 매우 중요한 의미가 있었기 때문일 것이다.

　필자는 그 의미를 멕시코에 남은 우리민족의 흔적에서 찾았다.

8　조우연, '4~5세기 중엽, 평양지역 소재 고구려 벽화 고분의 묘향에 관한 시론', 「한국학연구」, 제19집. 2008. 무덤의 정확한 방향은 정서향이 아니라 남쪽으로 약간 기울어진 서향이다. 필자는 정서향을 피한 이유로, 정서향으로 축조하면 사자(死者)가 정동향을 바라보게 되는데, 이것은 태양신을 똑바로 쳐다봄을 의미하고, 우리민족의 예절은 똑바로 쳐다봄을 '예의가 부족함, 무례함'으로 받아들이기 때문이 아닐까 추정한다.

cuyo culto consistía en cortar la cabeza de la primera caza que tomaban, y mostrarla al sol como sacrificándola.

그들의 종교는 처음 잡은 사냥감의 머리를 잘라, 태양신에게 바치듯이 태양을 바라보며 높이 드는 것이었다[9].

이 인용문으로 알 수 있는 것은 태양신을 경배하는 방법이다. 멕시코 원주민들의 태양신 경배 방법은 '태양을 향해 바라보는 것'이었다. 고구려의 무덤들이 모두 서쪽을 향해 축조된 이유도 이와 같이 태양신을 경배하기 위함이 아니었을까? 무덤을 서쪽으로 향하도록 축조하면 죽은 자가 무덤으로 들어설 때, 즉 인간세계에서 신의 세계로 들어가기 위해 무덤의 문에 들어설 때 동쪽을 바라보게 되고, 동쪽에는 떠오르는 태양이 있으므로, 자연스럽게 태양신을 경배하게 되기 때문이다. 이 사실로 우리는 우리선조들의 사후세계에 대한 종교관을 엿볼 수 있다. 우리선조들은 사후세계의 주관자가 태양신이라고 믿었던 것이다.

복희여와도는 '아이의 탄생은 태양신으로부터 시작된다'는 의미였고, 해모수와 주몽의 탄생 신화는 '우리 선조들, 특히 왕족들은 태양신의 아들'이라는 믿음이 중심 내용이었다. 이것과 고구려 무덤의 방향을 함께 생각해 보면, 고대 우리선조들은 '우리민족은 태양신으로부터 태어나 살다가, 죽어 태양신의 세계로 간다'고 믿었다는 것을 알 수 있다. 그렇다! 이것이 우리선조들의 태양신 신앙의 중심 내용이었다. 그리고 이러한 태양신 신앙은 장례식에서만 반영

---

9 Luis Nava Rodríguez, 「Tlaxcala en la Historia」, Editorial Progreso S.A., 1966, p.15.

된 것이 아니었다. 조상을 추모하기 위하여 무덤을 찾아가는 후손들도 항상 동쪽을 바라보면서 무덤에 접근하게 되어, 일상생활 속에서도 자연스럽게 태양신을 경배했다는 것을 알 수 있다.

6세기 중엽부터 축조된 무덤들의 방향이 다양하게 바뀌었다는 사실은 고구려 지배계층들 사이에서 태양신 신앙이 점점 희미해졌다는 것을 의미한다. 이 시기는 우리나라 사학계가 그동안 이야기해 온, 고구려의 쇠퇴가 본격적으로 시작되었던 시기이다. 그리고 필자가 「멕시코편」에서 설명했듯이, 멕시코까지 갔다가 되돌아온 혜심스님 일행들이 아메리카로 건너가는 이동루트에 대한 소문을 퍼트린 직후의 시기로서, 만주대평원에 살며 태양신을 믿던 우리선조들이 본격적인 민족 대이동으로 고구려를 떠나기 시작했던 시기에 해당한다.

따라서 이 시기의 고구려 지배계층이 태양신 신앙을 버리고 불교를 숭배하기 시작하며 무덤의 방향마저 바꾸었던 것이 백성들의 이탈을 가속화시킨 또 하나의 계기가 되지는 않았을까? 기원후 248년 동천왕이 죽었을 때, 그를 따라 저승세계로 가겠다며 스스로 순장되겠다는 지원자가 너무 많았다는 기록을 볼 때[10], 불교 이전의 고구려는 태양신 신앙으로 왕실과 백성이 혼연일체가 되었던 나라였다. 그러나 6세기 중엽의 고구려 왕실은 외래 종교인 불교를 믿음으로 말미암아, 오랫동안 왕실과 백성들 사이를 연결해주던 신앙적인 연대감이 사라져, 지배계층과 백성 사이의 단결심에 큰 괴리가 생겼음이 분명하다.

---

10 박태호, 「장례의 역사」, 서해문집, 2008, p.52.

◆ 아메리카의 태양신 경배

이러한 필자의 생각을 뒷받침해주는 증거는 아메리카대륙과 우리나라에 많이 남아 있다. 먼저 멕시코 아스태가제국의 대신전(大神殿)을 들 수 있다. 오른쪽 사진으로 제시된 신전의 구조를 보면, 신들의 제단은 동쪽에서 서쪽을 향하고 있고, 정문도 서쪽에 있다. 이것

멕시코 대신전(화살표는 신전으로 가는 방향)

은 정문을 통하여 신전으로 가는 사람들이 동쪽을 바라보도록 하기 위함이고, 동쪽의 떠오르는 태양을 바라봄으로써 태양신에게 경배 드리도록 하기 위함이었다. 대신전 중앙 제단 윗부분이 둘로 갈라져 있는데, 한쪽은 맥(이)족을 아스땅(아사달)에서 이끌고 온 기질로포치들이(Huitzilopochtli) 신을 모시는 제단이고, 다른 쪽은 비의 신 따르께(Tlaloque)를 모시는 제단이다. 이 두 제단 사이에 '브이(V)'자 모양으로 갈라진 틈이 있는데, 아침에 정문을 통해 제단으로 가는 사람들은 바로 그 틈 사이로 떠오르는 태양을 바라보게 되어 있다.

두 번째 증거는 페루 잉카제국의 후예들의 태양신 경배이다. 그들은 지금도 태양신에게 경배를 드릴 때, 다음 사진에서 보듯이 태양을 바라보며 잔을 높이 든다. 세 번째 증거는 미국 수족 인디언들의 태양신 축제이다. 사진 속의 수족 전사는 태양신을 위한 춤을 추기 전에 먼저 태양을 향해 오른손을 높이 들고 경배를 올린다. 슈족의 원래 명칭은 '나도 왔수'라는 우리말이고, 여인들은 붉은 볼연지를 찍었고 남자들은 상투를 했다. 그들은 일상생활에서 우리말을 사

용했던 우리민족의 후예이다.

잉카 후예의 태양신 경배

수족의 태양신 경배[11]

◆ **우리나라의 태양신 경배**

우리나라에 남아 있는 태양신 경배의 흔적으로 영주 부석사와 불국사 석굴암의 석가여래좌상을 들 수 있다. 영주 부석사는 신라 문무왕 16년(676년) 의상대사가 왕명으로 창건한, 현존하는 가장 오래된 절이다. 이 절은 다른 모든 절과 구별되는 한 가지 특이한 점이 있다. 바로 무량수전의 석가여래좌상이 사람들이 들어오는 문을 향하여 앉아 있는 것이 아니라, 해 뜨는 동쪽을 바라보며 앉아 있다는 점이다.

---

11 Ralph W. Andrews, 「Indians as the westerners saw them」, Superior Pub. Co., 1963, p.104.

이에 대하여, 건축학자 김승제님은 석가여래좌상이 동쪽을 바라보며 앉아 있는 이유를 다음과 같이 설명했다[12].

부석사 석가여래좌상

부석사의 석가여래좌상(아미타여래불)은 남향으로 건축된 무량수전의 방향과는 달리, 정면에 위치하지 않고 서쪽에 앉아 동쪽을 바라보고 있다. 이를 좀 더 정확히 말하면 정동(正東)에서 약30도 기울어진 동남동(東南東)을 바라보며 앉아 있다. 여기서 동남동 30도는 동지와 하지의 일출(日出) 방향과 일치한다. 이는 고대 태양신 신앙에 있어서 대단히 중요한 의미가 있다. 석가여래좌상이 서쪽에 앉아 동남동을 바라보고 있는 것은, 서방정토 사상 이외에 토속신앙의 하나인 태양신 신앙과 밀접한 관계를 입증하는 것이라고 볼 수 있다.

이 설명에서 보듯이, 우리선조들의 태양신 경배 방법도 '떠오르는 태양을 바라보는 것'으로, 멕시코, 페루 및 미국 인디언의 태양신 경배 방법과 같았다. 알류산열도의 원주민들도 아침마다 지붕에 올라가 태양을 바라보는 풍습이 있었다. 이것도 우리선조들이 민족 대이동으로 아메리카로 건너갈 때 그곳에 남긴 태양신 숭배의 흔적일 것이다.

---

12 김승제, '부석사의 창건에 미친 토속신앙과 불교의 융합 및 문무왕의 호국신앙의 영향에 관한 연구', 「대한건축학회논문집」, 5권 2호, 통권 22호, 1989, pp.59~68.

태양신을 경배하는 모습으로 불상을 안치한 절은 영주 부석사만이 아니다. 751년 건축된 경주 불국사의 석굴암 불상도 하지와 동지에 해가 뜨는 방향, 즉 동남동 30도 방향을 바라보고 있는데[13], 영주 부석사의 석가여래좌상과 정확하게 같은 방향이다. 우리선조들이 하짓날 태양을 맞이하는 큰 제사를 지냈다는 옛 풍습과 이러한 불상의 방향은 고대부터 내려오던 우리민족의 태양신 숭배 신앙의 분명한 증거이다.

불국사 석굴암(1912년 이전 모습)

7~8세기는 통일신라시대 초기로서 백성들 사이에 불교가 아직 대중화되지 않았던 시대이다. 이 시대의 통일신라는 왕족이나 지배계층들이 한자를 습득하기 위하여 불교 경전을 읽다가 불교를 종교로 받아들이기 시작했던 시기로서, 원효나 의상대사 같은 왕자들이 스님으로 출가하고 불교 사찰을 처음으로 건축하던 시기였다. 비록 왕족과 지배계층들이 불교를 믿기 시작했지만 일반 백성들은 아직 태양신을 깊이 숭배하고 있었으므로, 불상을 동쪽으로 향하도록 안치한 것은 백성들의 신앙심을 존중하여 나라를 안정시키고자 했기 때문일 것이다. 그러나 10세기에 시작된 고려 시대에는 불교가 백성들 사이에서 널리 전파되어 태양신을 밀어내고 '국가적 신앙'으로 자리매김했다. 따라서 8세기부터 10세기까지 200여 년 동안, 태양신 신앙은 점점 쇠퇴한 반면, 불교는 백성들 사이에 신앙으로 점점 널리 퍼졌을 것이다.

---

13 박찬흥, 「석굴암에 대한 연구사 검토」, 『신라문화제학술발표논문집』, 2000, 199~234쪽.

● **태양신의 상징**

◆ 동심원

우리선조들은 태양을 둥근 동심원으로 자주 그렸다. 아래는 경남 울주 천전리와 고령 양전리에 남아 있는 바위그림과 고구려 왕관에 꽂았던 깃털 모양의 장식이다. 모두 '태양을 상징'하는 동심원이 새겨져 있다.

천전리   양전리    고구려 왕관

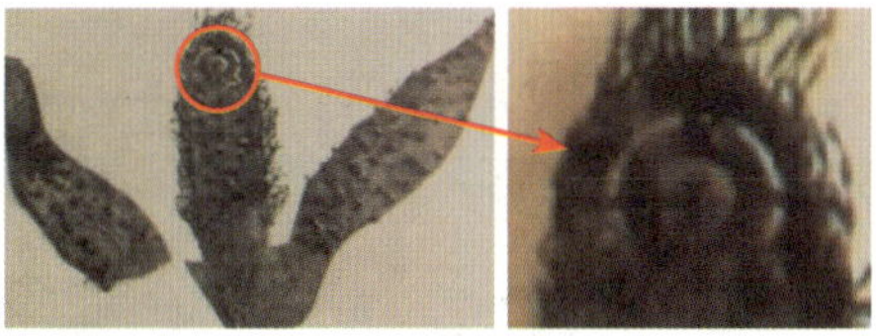

고구려 왕관에 꽂았던 황금으로 된 새깃털 장식을 보면, 가운데 깃털 가장 높은 부분에 태양을 상징하는 동심원을 새겨 놓았다. 이것은, 주몽의 외침처럼, 역대 고구려 왕들이 자신은 '태양신의 아들' 혹은 '태양신의 후예'라고 믿고 그것을 표현하고자 했던 증거이다.

아메리카대륙에도 태양을 상징하는 동심원 바위그림이 매우 많다. 대표적

으로 멕시코에는 아래와 같은 바위그림들이 있는데, 퍼지는 햇살을 상징적으로 나타내기 위해서 사방으로 빗금을 긋기도 했다. 또 아스태가제국은 수도 태노치티땅(Tenochtitlán/신성한 나의 사람의 땅)의 신전에 그림과 같은 제단을 설치해 두고, 52년마다 그 해의 마지막 날 밤에 모든 가정의 불을 끄게 하고, 새해 새벽 이 제단에서 새로운 불을 피운 뒤에, 전사들이 갈대에 불을 붙여 모든 가정으로 새로운 불을 전달해 주던 풍습이 있었다. 새로운 불은 '새로운 태양'을 상징했다. 그림에서 보듯이, 새로운 불을 지피던 제단에는 세 개의 동심원이 그려져 있는데, '세 개의 태양'을 나타낸다. 독자들은 우리민족의 성수 '3'이 이렇게 아스태가제국으로 이어졌다는 것도 눈여겨보기 바란다.

멕시코 소노라(Sonora) 지방의 바위그림
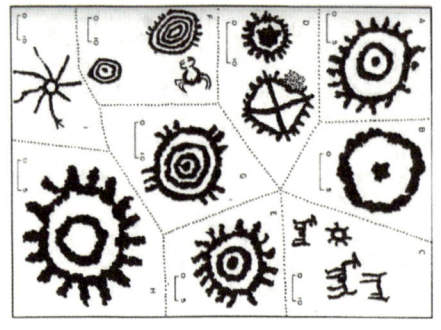

아스태가제국의 신전 재단

◆ 고구려 삼족오(三足烏)의 미스터리

중국에는 기원 이전에 쓰였다는 산해경(山海經)이라는 책이 있다. 그 책에

'일중삼족오(日中三足烏)'라는 말이 기록되어 있는데, 그 뜻은 '태양에는 발이 세 개인 까마귀가 있다'라는 뜻이다. 중국인들에게 이 까마귀는 태양을 상징하는 새, 즉 태양조(太陽鳥)이다. 중국의 태양조 삼족오는 고대 중국인들이 황하강 중상류 지역에서 일으킨 앙소(仰韶)문화의 토기에서부터 나오므로, 그 시작은 기원 수천 년 전까지 거슬러 올라가는 매우 오래된 상징이다.

그들의 삼족오는 중국 문화의 전파와 더불어 우리나라와 일본으로 전파되어 삼국시대의 많은 벽화에 나온다. 고구려 무덤 벽화에도 나오는데, 4세기 말에 축조된 각저총에서부터 무용총을 비롯하여 그 이후에 축조된 여러 무덤 벽화에 나온다.

그런데 우리가 주목해야 할 매우 중요한 차이가 있다. 아래 사진을 비교해 보라. 중국과 일본의 삼족오는 머리에 벼슬이 없지만, 우리선조들이 남긴 삼족오에는 반드시 벼슬이 있다[14].

중국   일본

---

14 이 그림들은 '우실하, 「동북공정 너머 요하문명론」, 소나무, 2007, pp.335~385'에서 빌려 온 것이다. 우실하님은 고구려 삼족오의 벼슬에 주목하지 않았다. 그의 자료에 따르면, 중국의 상(은)나라 삼족오도 벼슬이 있다. 이 사실은 상(은)나라의 '고리 기호'와 함께 그들이 우리민족이었다는 것을 증명해주는 근거이다.

고구려 삼족오(각저총, 무용총, 쌍영총, 오회분4호묘, 장천1호분 순서)

까마귀는 벼슬이 없는 새이다. 따라서 우리는 다음과 같은 의문을 제기할 수밖에 없다.

삼국시대 우리선조들은 중국의 삼족오를 받아들이면서 왜 벼슬을 추가했을까?

집안의 고구려 삼족오 동상

왼쪽 사진은 중국 집안에 있는 고구려 삼족오 동상이다. 중국은 1990년대부터 '동북공정'이라는 이름으로 만주의 고대사를 중국인 역사로 고치기 시작했다. 그들은 만주대평원에 남겨진 우리선조들의 역사를 '중국의 역사'라고 왜곡하기 시작하면서, 그 작업의 일환으로 곳곳에 이와 같은 조각상을 세우고, 고구려의 역사마저 중국인 선조들의 역사라고 주장하기 시작했다. 그러나 그들도 왜 고구려의 삼족오만 벼슬이 있으며 그 유래가 무엇인지 설명하지 못하고 있다.

● 백제 금동대향로의 미스터리

1993년 부여군 능산리 절터에서 우리나라 역사상 가장 아름다운 금동대향로가 발굴되었다. 백제가 공주에서 부여로 도읍을 옮긴 후인 6세기에서 7세기 초 사이에 제작된 이 향로는 높이가 무려 64cm나 되는 대향로로서, 아름답고 섬세한 조각으로 유명하다. 그런데 이 향로가 무엇에 사용되었는가 하는 의문은 아직도 설명되지 못하고 있다. 학계에서는 다음과 같이, 단지 향로의 외적 모양에 관한 설명만 내놓았다.

연꽃을 모태로 한 불교사상과 우주 삼라만상을 음양 조화로 구현한 도교사상이 반영된 백제인의 정신세계를 표현한 향로로서, 맨 위의 새는 봉황이다[15].

향로는 제사에 사용되는 그릇이므로, 의문의 핵심은 어떤 신을 위한 제사에 사용되었는가이다. 이 향로의 크기나 아름다움으로 보건대, 백제인들에게 매우 중요한 신이었다는 것은 의심의 여지가 없다. 향로의 전체 구조는 '받침대, 몸통, 새장식'의 세 부분으로 구성되어 있는데, 가장 중요한 부분은 당연히 새장식이다. 학자들은 이 새를 '봉황'이라고 설명했다.

그런데 필자가 보기에 이 설명에는 문제가 많다. 향로

백제 금동대향로

---
15 국립중앙박물관문화재단, 「국립중앙박물관」, 중앙문화인쇄, 2007, p.71.

의 가장 중요한 부분인 '새'가 봉황이라면, 봉황과 관련된 신이 우리선조들의 신앙에 있어야 하고, 그 신은 이렇게 크고 아름다운 향로로 제사를 올려야 할 만큼, 우리선조들에게 매우 중요한 신이어야 한다. 그러나 봉황은 그저 '신령한 새'라는 의미 외에, 우리선조들이 모시던 특정 신앙과 연관되었다는 옛 기록이나 연구를 들어 본 적이 없다.

따라서 백제 선조들이 남긴 금동대향로에 대한 의문은 그대로 남아 있다. 향로 위에 놓인 새장식은 무슨 새이며, 어떤 신앙과 관련된 새일까?

◆ **우리민족의 태양조: 닭**

길약족의 거주지

민족 대이동 시기에 아메리카대륙으로 가던 길을 중도에 포기하고 아무르강 하류에 멈춰 정착했던 사람들이 있었다. 그들은 고대 우리선조들의 태양신 신화뿐 아니라, 태양을 상징하던 우리민족의 태양조가 무슨 새였는지에 대한 정보도 19세기 말까지 간직하고 있었다. 한반도에 남은 우리들은 중국 문화와 불교의 영향으로 선조들이 모시던 신들에 대한 정보를 거의 다 잃어버렸지만, 불교의 영향을 받지 않았던 그들은 민족의 전통 신앙에 관한 정보를 그대로 간직하고 있었던 것이다.

1898년부터 1899년까지 아무르강 하류의 길약족을 탐사했던 버솔드 로퍼는 길약족이 특이하게 '고리 기호'(그는 '회오리문양'이라고 함)와 함께, 오른쪽 그림과 같은 새 문양을 매우 좋아했다고 보고했다. 그의 보고에 의하면, 길약족은 이 새를 옷, 모자, 가죽신, 무기 등과 같은, 생활 필수품을 비롯한 온갖 물건에 수놓거나 조각하곤 했다고 한다. 오른쪽 그림은 길약족 전통 의복에 수놓인 그 새의 모습이다. 버솔드 로퍼는 이 새에 대하여 다음과 같이 보고했다.

길약족의 전통문양

그 새는 닭이었다. 길약족의 설명에 따르면 수탉은 '태양의 상징'으로, 버드나무에 앉아 태양이 떠오르는 것을 알려준다. 땅 위의 닭도 있지만, 하늘의 닭도 있다. 그들은 닭이 악마(귀신)로부터 사람을 지켜주는 동물로 믿었다[16]. 그들은 그 새를 다기야(takiya)라고 불렀다. '다기야'는 몽골어이다[17]. 닭은 나중에 그 지역으로 들어 온 동물로서, 고대에는 이 지역에 없었다. 심지어 사할린 북부에 사는 길약족은 아직도 닭을 한 번도 본 적이 없었다. 그럼에도 그들의 전통 장식문양에는 닭이 있다[18]. 다른 짐승들도 옷의 문양으로 사용되었지만, 그 모든 짐승들을 합한 수보다 닭 문양이 더 많았다[19].

16　Berthold laufer, 「The decorative art of the Amur tribes」, The Jesup North Pacific Expedition1897~1902, vol. IV, 1902, pp.19~20./ Berthold Laufer, 'Preliminary Notes on Exploration among the Amoor tribes'「American Anthropologist」,Vol. 2, N° 2, 1900, p.302.
17　Berthold Laufer, 'Preliminary Notes on Exploration among the Amoor tribes'「American Anthropologist」,Vol. 2, N° 2, 1900, p.301.
18　Berthold Laufer, 'Preliminary Notes on Exploration among the Amoor tribes'「American Anthropologist」,Vol. 2, N° 2, 1900, pp.301~302.
19　Berthold Laufer, 「The decorative art of the Amur tribes」, The Jesup North Pacific Expedition1897~1902, vol. IV, 1902, p.19.

'우리민족의 이동루트'를 다루는 다른 책(준비 중)에서 자세한 증거를 보겠지만, 길약족은 우리민족의 후예이다. 그들의 종족 명칭 '길약'은 원래는 '길에께'라는 말이었는데, '길의 것', 즉 '길을 가다가 도중에 멈춘 사람들'이란 뜻의 우리말이다. 그들의 또 다른 종족 명칭은 '길래미/질래미'이다. '래미'는 '아들래미, 딸래미, 며늘래미'에서 보듯이 '사람'을 뜻하는 순우리말이고, '길/질'도 우리말이다. '길래미, 질래미'는 글자 그대로 '길의 사람'이라는 뜻으로, '길을 가다 도중에 멈춘 사람'을 뜻하는 '길에께'와 같은 말이다. 그들은 일상생활에서도 우리말을 사용했고, 다른 민족이었다면 절대로 사용할 수 없는, 우리말의 독특한 '주격 조사, 처소격 조사, 방향격 조사'까지도 정확하게 사용했던 사람들이다.

그런 그들이 이 새를 '다기야'라고 하면서 '태양의 상징'이라고 설명했다. '다기야'는 우리말 '닭이야'이다. 버솔드 로퍼는 몽골어라 했지만, 몽골어는 '타햐(таxиа)'이다. 그리고 '닭이 귀신을 쫓아내는 능력을 지닌 새'라는 믿음은 우리민족 고유의 신앙이다. 우리 옛이야기에는 '새벽닭이 울면 귀신들이 도망갔다'는 이야기가 매우 많다. 신앙이란 정신세계의 일부로서 매우 오랜 세월에 걸쳐 조상 대대로 물려받아 형성되는 가치관이다. 그래서 민족이 다르면 이러한 가치관도 다르다. 인도인들이 '소'를 매우 신성하게 여기는 것은 그들의 신앙적 가치관에서 비롯된 것이고, 우리민족이 '닭은 귀신을 쫓아내는 능력이 있다'고 믿었던 것은 우리 고유의 신앙적 가치관이다.

귀신을 쫓아내는 닭의 능력은 어디에서 온 것일까? 아직까지 이 의문을 구체적으로 다룬 설명이나 연구는 없다. 필자는 그 능력이 바로 태양조로서의 닭의 권능이라고 본다. 모든 생명을 잉태하고 보호하는 태양신이 떠오르고 있다는 것을 알려주는 새벽닭의 울음은, 고대 우리선조들의 신앙에서, 귀신에게 두려움을 심어주고 도망쳐야 함을 알려주던 경고였을 것이다.

버솔드 로퍼의 보고서 내용 중에 가장 중요한 부분은 '원래 아무르 하류에는 닭이 없었음에도 불구하고, 그들의 전통 문양에는 닭이 매우 많았으며, 한 번도 닭을 본 적이 없는 사람들조차 닭에 대해 잘 알고 있었다'라는 내용이다. 닭은 원래 따뜻한 기후에서 사는 새로서, 추운 아무르강 하류에서는 살 수 없는 동물이다. 그럼에도 길약인들은 닭에 대해서 잘 알고 있었고, 그 닭이 '태양의 상징'이라는 신앙적 의미까지 분명하게 알고 있었다. 어떻게 그들이 이러한 지식과 신앙을 가지게 되었을까? 필자는, 그들의 종족 명칭이 우리말이고 그들이 우리말을 사용했다는 사실과 더불어, 바로 이 지식과 신앙이야말로 그들이 원래 만주대평원에 살던 우리민족의 후예였다는 것과, 만주에 살던 고대 우리선조들의 태양조(太陽鳥)는 바로 '닭'이었다는 것을 동시에 증명한다고 본다.

이제 이 발견을 가지고, 앞에서 제기된 의문, 즉 중국이나 일본의 삼족오는 벼슬이 없는데, 고구려의 벽화 속의 태양조에는 왜 반드시 벼슬이 있는가 하는 의문을 다시 살펴보자. 굳이 설명할 필요도 없이, 그 벼슬은 바로 '닭'의 벼슬이다. 즉 고구려 고분에 그려진 태양조는 우리민족의 태양조 '닭'과 중국의 태양조 '까마귀'가 합쳐진 형태이다. 불교와 함께 밀려든 중국 문화의 영향으로 인해, 우리민족의 태양조는 중국의 태양조처럼 '세 개의 발'을 가지게 되었지만, 닭의 '벼슬'만큼은 그대로 간직했던 것이다[20].

---

20 참고로, 삼족오가 나오는 고구려 최초의 고분은 4세기 말에 축조된 각저총이다. 독자들 중에는 불교와 중

◆ 백제 금동대향로와 아무르 문양의 비교

독자들 중에는 백제 금동대향로의 모양이 아무르강 하류에 사는 길약족의 전통 문양과 기본 구조가 매우 비슷하다는 것을 눈치채신 분들도 있을 것이다. 그 둘은 밑의 받침대나 몸통 모양도 비슷하지만, 맨 위의 새가 날개를 펴고 있는 모습까지 닮았다. 따라서 금동대향로의 새가 봉황이 아니라 길약족이 말하는 태양조 '닭'이 아닐까 짐작하는 분도 있을 것이다.

금동대향로   아무르 문양

왜 아니겠는가! 금동대향로의 새는 닭이 분명하다. 그리고 필자가 보기에 이 향로는 백제인들이 태양신에게 제사를 올리는데 사용하던 유물이 분명하다. 그 증거는 향로의 구조에서부터 분명하게 나타난다.

국 문화가 유입되기 이전의 무덤에는 태양조로서의 닭이 나오지 않을까 생각하는 사람도 있을 것이다. 그런데 아쉽게도 4세기 이전의 고구려나 부여의 무덤은 확인된 것이 아직 없다. 만주대평원에는 발굴되지 않은 고구려시대 피라밋이 일만 기가 넘지만, 중국은 발굴하지 않고 있다.

먼저, 금동대향로의 구조부터 살펴보자. 향로의 전체 구조는 '새, 몸통, 받침대'의 세 부분으로 구성되어 있다. 몸통도 아랫부분은 연꽃으로 불교사상을 반영했고, 윗부분은 신선들이 산다는 산의 모습으로 도교사상을 반영했는데, 중요한 점은 모두 세 단계로 구성되었다는 점이다. 가운데 사진에서 볼 수 있듯이 아랫부분의 연꽃도 3단계이고, 윗부분의 산도 3단계로 조각되어 있다.(붉은 원 참조). 그리고 받침대도 세 부분으로 나눠져 있다(보이는 붉은 원 두 개와 뒷부분에 하나). 따라서 백제 금동대향로의 구조는 온통 '3'으로 구성되어 있다. '3'은 우리민족의 신성한 숫자로서, 앞에서 본 태양신 신화의 숫자가 아닌가! 태양신의 숫자 3으로 구성된 구조, 그 위에 한 마리 새가 있다. 당연히 태양조가 아니고 무엇이겠는가!

버솔드 로퍼가 방문했을 때의 길약인들은, 원래 만주대평원 어딘가에 살다가 민족 대이동 시기에 다른 집단들처럼 북쪽으로 이동하다 아무르강 하류에

고리 기호가 새겨진 길약족 가구

정착한 사람들의 후예였다. 그들은 일천 년 이상 추운 그곳에 살면서, 따뜻한 만주대평원과 너무나 다른 자연환경에 적응하느라 조상들이 원래 가지고 있던 전통과 풍습 대부분을 잊어버렸다. 그럼에도 불구하고 그들에게도 조상의 흔적이 남아 있었다. 바로 '고리 기호' 문양과 태양조로서의 '닭 문양'이었고, 그 닭이 태양조라는 지식이었으며, 태양신에게 제사를 올릴 때 사용하던 향로의 모양이었다. 그들은 조상의 향로 모양을 기억하여 의복에 수놓기 시작했고, 세월이 흐르자 그 향로의 문양이 그들의 전통 문양이 되었던 것이다.

이와 같은 역사적 배경 지식을 갖추고서 살펴보면, 백제의 금동대향로의 구조와 길약족의 의복 문양이 '받침대, 둥근 몸통, 날개를 편 새'의 세 부분으로 구성되어, 판박이처럼 닮은 이유가 우연의 일치로 인한 것이 아니라, 같은 민족으로서 태양신 신앙을 공유했기 때문이라는 것을 알 수 있다. 길약족은 날개를 편 새를 태양조 '닭'이라고 했다. 따라서 백제 금동대향로의 새가 닭이 맞는지 실제의 닭과 비교해 볼 필요가 있다.

금동대향로의 새와 실제 닭의 비교

수많은 새들 가운데 닭만이 가지고 있는 특징이 있다. 그 특징은, 앞의 사진에서 보듯이, 머리에는 '벼슬'이 있고 다리에는 '퇴화된 발가락 하나'가 있다는 점이다. 사진 비교에서 확인할 수 있듯이, 백제 금동대향로의 새도 이 두 가지 모두 가지고 있다.

그러면 금동대향로의 새 부리 아래에 있는 둥근 구슬은 무엇일까? 역시 아직까지 설명된 적이 없다. 이 구슬은 닭의 목에 매달려 있는 것이 아니라, 닭이 목을 일부러 둥글게 구부려 부리와 몸통으로 그 구슬을 간직하고 있는 모습이다. 필자는 이 구슬이 '태양'의 상징이라고 본다. 버솔드 로퍼는 아무르의 문양에서 닭 부리 근처에 태양을 상징하는 원이 있다고 했다[21]. 새벽닭은 날이 밝아올 때 머리를 높이 쳐들고 고개를 뒤로 젖히면서 '꼬끼오'하고 운다. 특히 날이 밝아올 때 우는 닭은 항상 날개를 활짝 펴며 우는 습성이 있다. 백제 금동대향로의 닭도 태양조로서 태양이 떠오를 때 바로 그렇게 울었을 것이고, 이때 구슬로 표현된 태양은 부리를 벗어나 하늘로 떠올랐을 것이다.

백제에게 5세기부터 6세기 전반까지는 시련의 시기였다. 고구려 장수왕의 평양 천도와 함께 시작된 남진 정책으로, 475년 개로왕이 전사하고 한강유역의 영토는 빼앗겼다. 위기의 백제는 수도를 공주로 옮겼지만, 신하들의 반란과 백성들의 저항은 계속되어 왕실의 권위는 날로 추락했다. 538년 성왕은 수도를 다시 부여로 옮기고 국명마저 '남부여'로 고쳤다. 이것은 외침과 내분으로 혼란에 빠진 나라를 재건해 보려던 왕실의 마지막 시도였음은 말할 것도 없다.

---

21 Berthold Laufer, 'Preliminary Notes on Exploration among the Amoor tribes', 「American Anthropologist」, Vol. 2, N° 2, 1900, pp. 302 & 303.

따라서 이 시기에 금동대향로가 제작되었다는 것은 이 향로에 백제 왕실이 얼마나 많은 간절한 염원을 담아 태양신에게 빌었는지 조금이나마 짐작할 수 있다. 백제 왕실은 기원 아득한 시대부터 내려오던 민족의 신, 태양신에게 국가의 부흥을 간절히 비는 마음으로 이 향로에 향불을 피웠을 것이다. 이 향로로 제(祭)를 올리면서 백성들 사이에 널리 퍼져있던 태양신 신앙으로 그들을 단결시켜 나라를 안정시키고자 했을 것이다.

이로써 필자는 우리민족의 태양조가 까마귀가 아니라 닭이었다는 사실을 밝혔고, 고구려의 삼족오에 왜 벼슬이 그려져 있는지 그 근원을 밝혔으며, 이 과정에서 백제 금동대향로의 미스터리도 모두 밝혔다. 백제 금동대향로는 전체적인 구조도 태양신 신앙에서 비롯된 민족의 성수 '3'으로 구성된 구조이고 맨 위의 새도 민족의 태양조 닭이지, 중국인이 창안한 봉황이 아니었다[22].

◆ **신라에 남은 태양조 닭의 흔적**

백제 왕실이 금동대향로에 태양조 '닭'과 성수 '3'을 통하여 태양신 신앙을 남겼듯이, 신라 왕실도 태양신 신앙을 반영한 유물을 남겼다. 서봉총에서 출토된 왕관에는 '세 마리의 닭'이 왕관 제일 높은 곳에 새겨져 있다. 앞에서 필자가 설명했듯이, 신라 왕관에서 정면 가운데의 '출(出)'자 장식은 백제의 칠지도

---

22 「용봉문화 원류」의 저자 왕대유가 제시한 봉황의 그림 가운데, 일부 그림에는 부리 사이에 까만 점이 그려져 있다. 이런 봉황은 주로 한(漢)나라 시대 이후의 그림에 나타나는데, 필자가 보기에, 이것은 닭이 태양을 물고 있다는 우리선조들의 태양조 신앙의 영향을 받은 것으로 보인다.

와 같은 모양으로 왕권의 신성함을
나타내고, 주렁주렁 매달린 곡옥도
우리민족의 신성한 상징 기호, '고
리 기호'를 형상화한 것이다. 거기에
세 마리의 닭이 새겨져 있다[23]. 세
마리의 닭은 바로 민족의 성수(聖數)
'3'과 태양조 '닭'을 의미한다.

서봉총 금관의 세 마리 닭

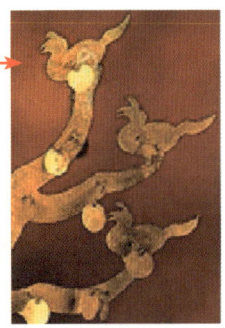

이로써 백제 금동대향로가 전하는 의미와 신라 서봉총 왕관에 담긴 의미가 같다는 것을 알 수 있는데, 이것은 백제 왕실이든 신라 왕실이든 태양신을 믿었다는 근거이다. 고대 우리선조들 가운데 한반도의 동쪽에 정착하여 나라를 세운 사람이든 서쪽에 정착하여 나라를 세운 사람이든, 그 뿌리는 오직 하나, 태양신의 후예였던 것이다.

기록으로 남은 신라 역사에도 닭이 우리민족의 태양조였음을 증명하는 내용이 있다. 「삼국사기」 신라본기 석탈해조에는 아래 이야기가 실려 있다.

有金色小櫝 掛樹枝 白雞鳴於其下…有小男兒在其中…改始林名雞林 因以爲國號

(유금색소독 패수지 백계명어기하…유소남아재기중… 개시림명계림 고이위국호)

---

23 민속학의 대가 임재해님은 이 새가 닭이고, 그것도 '흰 닭'이라고 처음으로 밝혔다(임재해, 「신라금관의 기원을 밝힌다」, 지식산업사, 2008. p.97.). 길약족도 '흰 닭'을 특히 숭배했다. 그들은 장례식을 치를 때 살아 있는 흰 닭을 사용했다(Berthold laufer, 「The decorative art of the Amur tribes」, The Jesup North Pacific Expedition1897~1902, vol. Ⅳ, 1902, p.20.).

금색 작은 상자가 나뭇가지에 걸려있고, 흰 닭이 그 아래서 울고… 그 안에 작은 남자 아이가 있었다… 시림을 고쳐서 계림이라고 부르고, 그로 인해 나라 이름이 되었다.

이 사건은 탈해 이사금 9년(서기 65년) 3월 어느 날 밤에 일어났다. 금성 서쪽의 시림(始林)이라 부르던 곳에서 닭 울음소리가 들려 가보니, 황금색 상자 하나가 나무에 걸려있고 그 아래 '흰 닭'이 울고 있었다. 그 상자 안에 남자 아이가 있어, 데려와 이름을 '알지'라 하고 성(性)은 김씨로 정했다. 그로 인해 잠시 시림을 '계림'이라 고쳐 부르고, 나라 이름으로 사용하기도 했다고 한다. 김알지는 오늘날 경주 김씨의 시조가 되었다[24].

「만주원류고」에 따르면, 계림은 만주 길림을 뜻한다[25]. 그 당시의 길림은 부여의 중심지 가운데 한 곳이었고, 해모수의 탄생 설화에서 보았듯이 부여는 태양신을 믿던 우리선조들의 나라였다. 따라서 이 기록으로 우리가 짐작할 수 있는 것은 부여 길림에 살던 사람들 가운데 일부가 기원후 65년경 경주로 집단 이주했고, 그들이 가져 온 '흰 닭'은 바로 태양신의 상징이었다는 사실이다. 그리고 나라 이름을 계림으로 바꾸었다는 것은 그 집단의 힘이 그 정도로 컸다는 것

---

24 성(性)으로 '김(金)'씨를 주었다는 것은 만주지역에 살던 그 당시의 우리선조들은 아직 성씨(姓氏)를 사용하지 않았다는 사실을 의미한다. 또 4세기 중엽부터 신라 왕의 칭호도 이사금에서 마립간으로 바뀌고, 금관이 나타나며, 왕의 묘도 봉분이 매우 커졌다. 역사학계에서는 이 시기에 새로운 집단이 경주로 이주했다고 본다. 흥미로운 점은 이 사람들도 '김(金)'씨 성으로 기록되었다는 사실이다. 신라는 원래 그곳에 살던 사람들, 요동·요서의 고조선 지역에서 기원전 2세기경 이주해 온 사람들, 그리고 만주대평원에서 이동해 온 사람들로 구성되었는데, 만주대평원 일대에서 온 집단은 모두 김씨 성을 부여 받았던 것으로 보인다. 또 흥미로운 사실로, '김(金)'은 '금'으로 읽히는데, 만주대평원에서 온 사람들은 많은 금을 가져왔다.
25 남주성역, 「흠정만주원류고」, 글모아, 상권, 2010, 29쪽.

을 의미하므로, 상당히 많은 사람들이 이주해왔을 것이라고 짐작할 수 있다.

● 아메리카로 건너간 우리민족의 태양신 신앙

◆ 아메리카 인디언의 태양조: 독수리

　민족 대이동에 따라 우리민족의 태양신 신앙도 태양조와 함께 아메리카로 건너갔다. 그런데 변화가 생겼다. 만주대평원을 떠나 아메리카에 도착하는 길은 멀고 험했다. 여정이 멀고 험한 만큼 시간도 많이 걸렸고, 이동루트와 아메리카대륙의 자연환경도 만주대평원과 완전히 달라, 민족 고유의 풍습에 여러 가지 변화가 생길 수밖에 없었다. 따라서 태양신 신앙에도 변화가 생겼다.

　태양신 신앙의 중심내용은 '생명은 태양신으로부터 태어나고, 죽어 태양신의 세계로 되돌아 간다'이다. 이런 근본적인 내용은 아메리카대륙 인디언들에게도 그대로 이어져, 그들은 태양신을 '아버지 태양신'으로 믿었다. 문제는 태양조 '닭'에 있었다. 닭은 원래 태국과 같은 따뜻한 곳에 살던 새로서, 먹이는 곡식이었다. 그런데 아무르강 하류지역에서부터 오호츠크해 연안, 춥지·캄차카 반도, 알류산열도를 거쳐 캐나다 서해안까지의 이동루트는 매우 추워서 농사를 지을 수 없는 지역이었다. 따라서 모이가 될 곡식도 없었고 날씨도 너무 추워, 닭이 살 수 있는 자연환경이 아니었다. 그래서 우리선조들은 닭을 아메리카로 가져갈 수 없었다.

태양신 신앙도 그대로이고 태양조에 대한 기억도 그대로였지만, 이동루트와 아메리카에서는 그것을 구체적으로 형상화한 닭을 볼 수 없게 되었던 것이다. 그런 상태로 오랜 세월이 흐르자, 춥지·캄차카 반도나 알류산열도 같은 지역에서는 태양조에 대한 개념이 아예 사라져 버렸고, 캐나다 서해안에서는 닭이 아닌, 그 지역에 서식하는 다른 새를 태양조로 믿기 시작했다.

캐나다 서해안 지역의 원주민들은 어느 시대부터인가 태양조를 '까마귀'라고 생각하는 집단과 '독수리'라고 생각하는 집단으로 갈라졌다. 이렇게 갈라지기 시작한 집단은 수백 년의 세월이 흐르자, 완전히 다른 종족으로 굳혀져 갔다.

미국땅에서부터 남미대륙까지의 광대한 지역도 마찬가지였다. 인디언들은 '독수리'를 태양조로 믿었다. 멕시코 원주민들도 독수리를 태양조로 생각했고, 남미 페루 원주민들도 그렇게 생각했다. 페루 원주민들은 독수리 가운데 특히 덩치가 매우 큰 '콘도르(Condor)'를 태양조로 믿었다. '콘도르'는 우리말 '큰'과 일본어 '도리(とり/새)'가 합쳐진 말이다[26]. 즉 '콘도르'는 '큰 새'라는 뜻이다.

콘도르

중요한 사실은, 그럼에도 불구하고 태양조로서

---

26 필자는 아메리카 인디언 언어에서 우리말 외에 일본어, 한자, 몽골어 어휘를 발견했다. 그런데 일본어나 한자 어휘는 몇 개에 불과하고, 몽골어 어휘는 열 개 정도였다. 일본어나 몽골어에 대한 필자의 언어 능력의 한계를 감안하더라도 일본어나 한자 어휘는 거의 없는 것으로 판단되며, 몽골어 어휘는 주로 아리조나 나바호족이 남긴 어휘 속에서 발견했다. 그러나 우리말 어휘는 셀 수 없이 많다. 아메리카대륙의 중요 산맥, 큰 호수, 혹은 큰 강의 이름은 대개 우리말에서 유래되었고, 미국의 주 명칭 가운데 인디언 말에서 유래된 명칭은 대개 우리말에서 유래된 것이다. 준비 중인 「미국편」에서 보기로 한다.

의 닭에 대한 기억이 아메리카로 전해졌다는 것이다. 잠시 후에 보기로 한다.

◆ **멕시코의 태양조: 독수리**

멕시코의 아스태가제국 건국과 관련하여 전해오는 태양조 독수리의 이야기는 유명하다. 820여 년경 아스땅(아사달)을 떠나 아메리카에 도착한 맥(이)족은 약 500여 년 동안 떠돌이 유목생활로 살다가, 마침내 1325년 오늘날의 멕시코 수도 멕시코시티 지역에 있는 태흐고고(Texcoco) 호수 안의 작은 섬에 나라를 세울 수 있었다. 그곳에 나라를 세우게 된 동기는 다음과 같은 꿈이었다. 맥(이)족이 아사달을 떠날 때의 지도자이며 무당이었던 최초의 기질로포치들이(Huitzilopochitli)가 죽은 후 신(神)이 되어, 그 당시의 지도자 무당의 꿈속에 나타나 다음과 같은 계시를 주었다고 한다[27].

> … de él salió un tunal y está tan grande y hermoso que un águila habita en él y allí encima se mantiene y come… y allí extiende sus hermosas y grandes alas y recibe el calor del sol y la frescura de la mañana…a este lugar donde hallaréis el tunal con el águila encima,

---

27 멕시코 역사에서 지도자 무당의 이름 기질로포치들이(Huitzilopochtli)는 매우 오랫동안 나온다. 처음 아스땅(아사달)을 출발할 때부터 1325년 나라를 세울 때까지 약 500여 년 동안 가장 높은 지도자는 언제나 기질로포치들이라고 불렸다. 그 이유는 최초의 기질로포치들이가 죽은 후에, 그가 신(神)이 되었다고 믿어, 기질로포치들이 신을 모시던 역대 모든 무당들은 가장 높은 지도자가 되어 같은 명칭으로 불리었기 때문이다.

le pongo por el nombre Tenochtitlán.

… 그곳에 선인장 한 그루가 크고 아름답게 자라고 있다. 그 선인장 위에 독수리 한 마리가 앉아 (뱀/새 한 마리를) 잡아먹으며 크고 아름다운 날개를 펴고서 신선한 아침의 따뜻한 햇살을 맞이하고 있을 것이니라. 독수리 한 마리가 선인장 위에 앉아 있는 그 땅에 태노치티땅(Tenochtitlán)이라는 이름을 주노라[28]."

이와 같은 꿈의 계시를 바탕으로 건국된 나라가 바로 아스태가(Azteca)제국이었다. 필자가 「멕시코편」에서 밝혔듯이, '맥이'는 고조선을 건국했던 우리선조들에게 중국인들이 붙여준 호칭이고, 아스땅은 고조선의 수도 '아사달'이며, 태노치티땅은 '신성한 나의 사람의 땅'이라는 고대 순우리말이다.

맥(이)족의 역사를 살펴보면, 그들은 신이 예정해준 곳을 찾기 위하여 수백 년 동안 떠돌이 생활을 했다. 아무리 살기 좋은 곳일지라도 신이 예정해준 곳이 아니라고 판단되면 미련 없이 떠나 다시 유목생활을 시작했다. 그리고 마침내 태노치티땅에 나라를 건국했다. 그곳이야말로 수백 년 동안 떠돌며 조상 대대로 찾던 곳이라는 확신을 그들에게 심어준 신표가 바로 꿈속에 나타난 '아침의 떠오르는 태양을 향해 날개를 펴고 있는 독수리'였다.

아메리카대륙으로 건너간 후 500여 년이 흐르면서 맥(이)족도 태양조로서의

---

28 Juan de Tovar, 「Historia y creencias de los indios de México」, Miraguano, 2001. p.84/ 초기 역사가인 디에고 두란 신부가 쓴 멕시코 역사서에는 이 독수리를 발견했을 때 모든 사람들이 신에게 하듯이 땅에 엎드려 절까지 했다고 기록되어 있다.(참고: Fray Diego Duran, 「Historias de las indias de Nueva España e Islas de la Tierra firme」, Editorial Porrúa, 1984. p.48.)

닭을 더 이상 기억할 수 없게 되었고, 어느 순간부터 '독수리'를 태양조로 여기기 시작했지만, 그럼에도 불구하고 태양조의 가장 중요한 특징인 '날개를 펴고 아침의 떠오르는 태양을 맞이한다'는 내용은 기억하고 있었던 것이다.

태양신 신앙에서 시작된 우리민족의 성수(聖數) '3'도 멕시코 원주민들에게 남아 있었다. 우리는 52년마다 새 불을 지피는 제단에 태양을 상징하는 '세 개의 동심원'이 그려져 있는 것을 앞에서 보았다. 멕시코시티 남쪽 약 60km 거리의 말리날곳(Malinalco)에는 태양조 독수리를 모시는 신전이 있다. 오른쪽 사진에서 보듯이 그 신전에는 날개를 편 세 마리 독수리가 조각되어 있다. 한 마리는 바닥 정가운데에, 다른 두 마리는 좌우에 있으며, 뒤쪽 가운데에는 호랑이(재규어) 한 마리가 문을 바라보고 있다.

독수리 신전

1821년 멕시코인들은 스페인으로부터 독립하여 새로운 나라를 건국했다. 국가 명칭은 그 당시에 이미 국민 절대 다수를 차지하게 된 혼혈인들, 즉 스페인인과 원주민의 피가 섞인 사람들의 뜻에 따라 '맥이곳(Mexico)'으로 정했다. 오늘날 우리가 흔히 알고 있는 멕시코(Mexico)는 이 명칭의 영어식 발음이다. 맥이곳은 아스태가제국 시대에 이미 사용하던 말로서 '맥이족이 사는 곳'이라는 의미의 우리말이다. 국명(國名)을 '맥이곳'으로 정한 멕시코는 아스태가제국 건설의 중심 이야기였던 '아침의 떠오르는 태양을 향해 날개를 편 독수리'의 형상을 국기(國旗)에도 담아, 다음과 같이 그렸다.

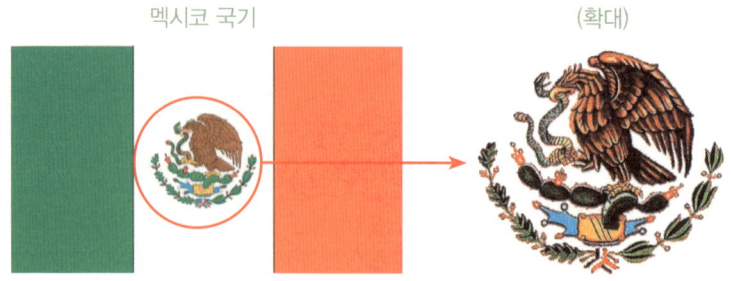

나라의 상징인 국기 한가운데에 '떠오르는 태양을 향해 날개를 편 독수리'를 그렸다는 것은, 아스태가제국이 사라진 지 수백 년이 지나 국민의 절대 다수가 혼혈이 되었지만, 멕시코인들은 신대륙 발견 이전의 그들의 조상들에 대해 큰 자부심을 품고 있었고, 그들의 정체성은 그 땅에서 살던 원주민 조상들로부터 시작되었다고 생각하던 국민 의식을 반영한 것이다.

이제 백제의 금동대향로, 길약족의 전통 문양, 그리고 멕시코 국기 속의 새들을 비교해 보자.

이 새들은 모두 떠오르는 태양을 바라보며 날개를 활짝 펴고 있다. 떠오르는 태양을 바라본다는 것은 '태양신을 경배한다'는 뜻이고, 날개를 활짝 펴고 있는 것은 새벽 닭의 특징이면서 동시에 '하늘로 날아오를 준비를 하고 있다'는 뜻이다. 이 새는 원래 우리민족의 태양조 '닭'이었지만, 아메리카로 이동한 우리선조들은 이동루트의 추위로 닭을 가져가지 못하였고, 그 결과 독수리가 그 자리를 차지했던 것이다.

그래서 아스태가인들은 '태양의 신전'을 '과우흐갈리(Cuauhcalli)' 혹은 '과우흐히갈리(Cuauhxicalli)'라고 불렀다. 멕시코에서는 이 말을 '독수리의 집'과 '독수리 태양의 집'으로 각각 해석하고 있다. 이 말은 아래와 같은 형태소로 구성된 우리말이다.

과우흐갈리(Cuauhcalli) → 과우(cuau) + 흐(h) + 갈(call) + 이(i)
          뜻   독수리 울음소리 의   집   이

과우흐히갈리(Cuauhxicalli) → 과우(cuau) + 흐(h) + 히(xi) + 갈(call) + 이(i)
          뜻   독수리 울음소리 의 해   집   이

'과우(cuau)'는 독수리 울음소리를 나타내는 의성어이고, '흐(h)'는 관형격조사 '의'에 해당하는 것으로 고대 우리 국어의 'ㅎ종성체언'의 일부이다(예: 내ㅎ, 따ㅎ 등). '갈(call)'은 오늘날 몽골어 '겔/게르'에 해당하는 말로서 '큰 집'을 그렇게 불렀다. 그리고 마지막 '이(i)'는 뜻 없는 말로서 우리말에서 명사 뒤에 자주 사용된다(예:영순→영순이, 덕문→덕문이). 그리고 '과우흐히갈리'의 '히(xi)'는 태양을 뜻

하는 우리말 '해'의 방언 '희'이다.

　이로써 우리는 고대 우리선조들에게 '날개를 편 태양조'가 얼마나 중요했는지 깨닫게 되었다. 한반도에 남은 우리선조들은 태양신 제사에 사용하던 향로 제일 위에 태양조를 조각하였고, 민족 대이동의 길을 나섰다가 추운 아무르강 하류에 정착하여 길약족이 된 선조들은 옷의 문양으로 새기곤 했으며, 멕시코까지 가서 아스태가제국을 세웠던 선조들은 꿈속에 나타난 태양조의 계시로 나라의 중심지를 정하였고, 그 후예들은 마침내 새로 건국한 나라의 국기 한 가운데에 태양조를 그려 넣었다. 우리민족의 태양조 신앙은 이렇게 이동루트에 흔적을 남기며 아메리카대륙으로 이어졌던 것이다.

◆ **멕시코 고대 문헌 속의 태양조 닭**

　신대륙이 발견되어 유럽의 백인들이 닭을 가져가기 전까지 아메리카대륙에는 닭이 없었다. 우리선조들은 아메리카로 건너갈 때 개나 돼지와 같은 짐승은 데려갈 수 있었지만, 말이나 소처럼 풀을 먹는 큰 짐승이나 곡식을 먹으며 따뜻한 기후에서만 사는 닭은 가져갈 수 없었다.

　우리민족의 아메리카 이동은 대략 10세기경에 끝났고 신대륙 발견은 1492년이므로, 아메리카 원주민들은 적어도 500여 년 이상 닭을 보지 못했다. 따라서 신대륙 발견 당시의 아메리카 원주민들은 닭에 대한 기억이 전혀 없어야 정상이었다.

그런데 아스태가제국을 정복한 지 8년 후에 멕시코로 가서 원주민의 언어, 풍습, 신앙 등에 관하여 많은 것을 조사하고 기록했던 카톨릭 신부 사하군(Sahagún)은 원주민들 사이에 구전(口傳)으로 전해지던 시(詩)가 있었는데, 그 내용 중에 '꼬꼬(coco)'라는 새가 있고, 그 특징이 다음과 같다고 기록해 놓았다.

꽤잘꼬꼬흐들이(Quetzalcocoxtli)

Esta bella ave, aquí personifica … al sol naciente[29]. … ya conocido por alguno de los poemas sacros de los que Sahagún hizo recoger en Tepepulco, para representar al ave de la alborada, que en suma es el representante del sol mismo[30].

꽤 잘 꼬꼬하는 것들

이 아름다운 새는, 여기서는 '떠오르는 태양'을… 의인화로 나타낸다.

(꽤 잘 꼬꼬하는 것들은)… 사하군신부가 태배풀곳(Tepepulco)에서 (사람들에게) 수집하도록 했던 원주민들 사이에 전해 내려오던 시(詩)에 기록되어 있는데, '태양이 밝아오는 새벽의 새'로서, '태양 자체'를 나타낸다.

이 설명의 중심 내용은 '꽤잘꼬꼬흐들이(Quetzalcocoxtli)라는 새가 있는데 떠오르는 태양을 상징한다'이다. 꽤잘꼬꼬흐들이는 다음과 같은 형태소로 구성된 우리말이다.

---

29 Romero Quiroz, Javier, 「El huehuetl de Malinalco」, Universidad Autónoma del Estado de Mexico, 1958, p.37.
30 Romero Quiroz, Javier, 「El huehuetl de Malinalco」, Universidad Autónoma del Estado de Mexico, 1958, p.38.

꽤잘꼬꼬흐들이 → 꽤(que) + 잘(tzal) + 꼬꼬(coco) + 흐(x) + 들(tl) + 이(i)
　　　뜻　　　　꽤　　　잘　　　꼬꼬　　　것　　들　　이

　　짐승의 울음소리를 나타내는 의성어(擬聲語)는 언어마다 다르다. 중국어는 닭의 울음소리를 '워워(喔喔)'라고 하고, 일본어는 '고게고(こけっこぅ)'라 하며, 우리말은 '꼬끼오' 또는 '꼬꼬'라고 한다. 멕시코 원주민의 언어 '꼬꼬(coco)'는 우리말이고, '닭'을 뜻하는 의성어이다. 고대 우리선조들은 'ㄱ'을 자주 'ㅎ'으로 발음했다(예: 불혀다=불커다, 내해=내것). 따라서 '흐(x)'는 오늘날의 '것'으로 추정되지만, 또 다른 가능성으로, 위에서 보았던 관형격조사 '의'에 해당하는 말일 수도 있다. '들(tl)'은 우리말 복수형 접사 '들'이고, '이(i)'는 앞에서 설명했듯이 우리말에서 명사 뒤에 뜻 없이 붙는 말이다.

　　따라서 1500년대 사하군(Sahagún) 신부가 기록한 '꽤잘꼬꼬흐들이'는 '꽤 잘 꼬꼬하는 것들'이라는 뜻으로, '닭'을 의미하는 것이 분명하다. 스페인인들이 닭을 가져오기 전까지 아메리카대륙에는 닭이 없었다. 그럼에도 불구하고, 멕시코 원주민들은 태양조로서의 닭을 기억하고 있었던 것이다. 맥이족은 아사달을 떠난 지 무려 700여 년이 지난 후에도 '꼬꼬라는 새가 떠오르는 태양을 상징한다'는 기억을 조상 대대로 이어받아, 1500년대 그곳에 온 스페인 사하군 신부에게 이야기해 주었던 것이다.

　　여기서 조금만 더 깊이 들여다보면, 이 명칭에는 다른 민족이 절대로 모방할 수 없는 고대 우리말의 언어적 특징이 배어있음을 깨달을 수 있다. 고대 우리말의 특징은 동사가 많았던 반면, 명사는 많지 않았다. 즉 동사는 발달했지만 명사는 발달하지 못했다. 명사가 발달하지 못한 이유는 명사를 대신할 수 있는 의성어나 의태어를 많이 사용했기 때문이다. 예를 들어, '멍멍'은 '개'를 뜻하고 '음메'는 '송아지'를 뜻한다. '꽤잘꼬꼬흐들이'는 닭을 의미하는 의성어 '꼬꼬'를 사용한 명칭으로서, 고대 우리말의 특징을 반영한 표현이다. 이제 독자들은 고대 멕시코에서 사용되었던 다음과 같은 명칭들을 보기 바란다.

꽤잘꼬아들(Quetzalcoatl) → 꽤 잘 꼬는 것들 – 뱀
꽤잘파팔로들(Qetzalpapálotl) → 꽤 잘 펄펄하는 것들 – 새, 나비
꽤잘꼬꼬흐들이(Quetzalcocoxtli) → 꽤 잘 꼬꼬하는 것들 – 닭

이 명칭들은 공통점이 있다. 먼저 '꽤 잘'이라는 말을 사용하고, 그 다음에 가리키는 동물의 특징을 나타내는 말을 사용했다. '꼬아(coa)'는 뱀이 몸통을 꼬는 습성을 나타내는 우리말 동사이고, '파팔(papal)'은 새나 나비가 나는 모습을 나타내는 우리말 의태어 '펄펄'이며, '꼬꼬(coco)'는 닭의 울음소리를 나타내는 우리말 의성어이다. '파팔'이 '펄펄'인 이유는, 스페인어 알파벳은 우리말 모음 '어' 소리를 나타내지 못하여 '아(a)'로 대신 표현했고, 첫 소리가 '팔'이 아니라 '파'인 것은 우리말에서 'ㄹ 받침'이 연달아 오면, 앞의 것이 탈락하는 현상이 있었기 때문이다(예: 날날이→나날이, 달달이→다달이 등).

무엇보다 독자들이 기억해야 할 것은, 신대륙 발견 당시의 멕시코 원주민들은, 아스테가인들이 출발했던 820년을 기준으로 보면 적어도 700년 이상 '닭'을 본 적도 없으면서, '꼬꼬'라는 우리말과 함께 '꼬꼬'는 '떠오르는 태양을 상징

하는 새'라는 지식을 가지고 있었다는 사실이다.

그들이 우리민족의 후예가 아니라면, 즉 기존 학설처럼 1만 5천 년 전 베링해를 건너갔던 원시 고아시아인들의 후예들이라면, 어떻게 우리말의 울음소리와 함께 그 신앙적 의미까지 같을 수 있겠는가!

◆ 남미에 나타난 우리민족의 태양신 신앙

남미대륙의 원주민 문명은 우리민족의 주된 이동로였던 대륙 서쪽의 태평양 연안 지역에서 발달했다. 안데스산맥 너머 동쪽 지역은 거대한 아마존 밀림지대로, 소수의 사람들이 작은 집단으로 살았기 때문에 문명다운 문명을 이루지 못했다. 또 파라과이나 아르헨티나 같은 지역에 정착했던 사람들 가운데 상당수는 일찍부터 그 지역으로 간 것이 아니라, 1533년 스페인인들이 잉카제국을 멸망시키고, 이어서 칠레를 정복하기 위하여 남쪽으로 진군하자, 안데스산맥을 넘어 동쪽으로 피신한 사람들이었다.

우리민족의 주요 이동로

남미에서 신대륙 발견 이전부터 문명이 발달했던 지역은 잉카제국의 중심지였던 페루이다. 페루의 역대 모든 문명에는 우리민족의 흔적이 뚜렷하게 나온다. 앞에서 이미 보았듯이, 가장 오래된 차빈(Chavin)문명의 유물에 우리민족 고리족을 상징하는 '고리 기호'가 새겨져 있고, 기원후 1세기부터 7세기 사이에 발달했던 모체(Moche)문명의 펠리노 조각상은 고려 태조 왕건이 수창궁 앞마당에 설치한 뱀용 조각상과 거의 같다. 그리고 우리는 잉카제국 황제가 썼던 왕관의 새깃털 장식이 고구려 왕관의 장식과 판박이처럼 닮았다는 것도 보았다.

페루 원주민이 세운 마지막 제국은 잉카제국이었다. 잉카제국의 명칭으로 사용된 '잉카(inca)'는 '태양의 아들'을 뜻하는 말로서, 원래 '흰카(Huinca)'라는 말이었다고 한다[31]. 필자는 '희(hui)'가 태양을 뜻하는 우리말 '해'의 고대 방언 '희'이고, '가(ca)'는 사람을 뜻하는 우리말 '가'라고 설명했다. 즉 '희(해)+ㄴ(관형격 접사)+가(사람)'로 구성된 우리말로서, 정확하게 '태양의 사람'을 뜻한다.

잉카인들은 남미의 독수리 콘도르를 태양조로 믿었다. 그들은 콘도르를 '태양의 전령'으로 여겼고, 심지어 아예 '태양'이라고 부르기도 했다[32]. 다음 사진은 잉카인들이 남긴 마지막 유적 마추픽추(Machu Picchu)에 있는 콘도르 신전이다. 이 신전은 마추픽추 유적 동쪽에 있는데, 바닥에 날개를 편 콘도르가 머리를 동쪽으로 향하고 있는 모습이다. 동쪽을 바라

마추픽추의 콘도르 신전

본다는 것은 '떠오르는 태양을 바라본다'는 것으로, 태양신을 경배한다는 의미가 있다. 앞에서 보았듯이, '떠오르는 태양을 향해 날개를 편 새'는 바로 우리민족의 태양신 신앙이자 태양조 신앙이다.

---

31 Rodolfo Lenz, 「Diccionario etimológico」, Universidad de Chile, 1910, p.413.
32 Sánchez Macedo & Marino Orlando, 「Enigmas, Misterios y secretos de la Sagrada astronomía Inka」, 2000, p.29.

우리민족의 태양조 신앙이 페루로만 전파된 것이 아니다. 안데스산맥을 따라 남쪽 방향으로 모든 지역 원주민들이 이 신앙을 가지고 있었다는 증거가 있다. 멕시코가 국기에 태양조 독수리를 그려 넣어 그들의 태양신 신앙을 나타내었듯이, 아래의 남미 국가들도 국기에 날개를 편 독수리를 그려 넣어 태양신 신앙을 나타내고 있다.

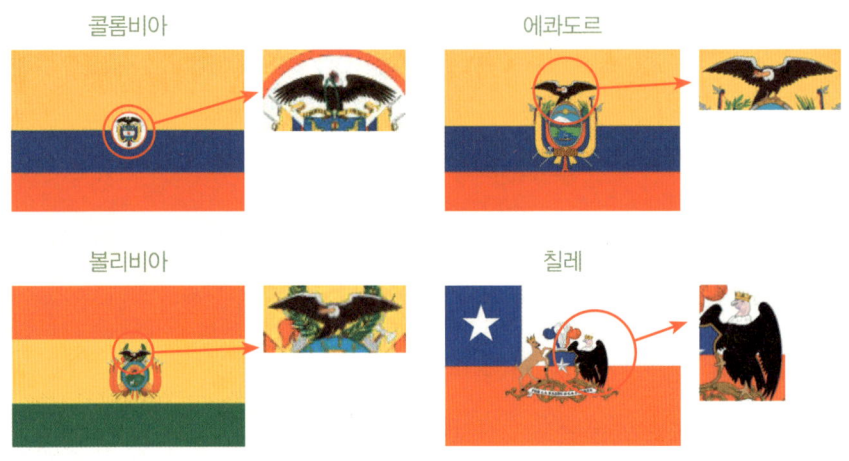

태양신 신앙과 함께 우리민족의 성수 '3'도 남미로 전파되었다는 증거가 있다. 페루 잉카제국이 남긴 마추픽추 유적 동쪽에는 돌로 건축된 3개의 창문이 있다. 잉카의 전설에 따르면 최초의 잉카(태양의 아들)들이 이 창문을 통하여 왔다고 한다. 동쪽은 태양이 떠오르는 곳이다. 최초의 잉카들이 동쪽 창문을 통해서 왔다고 함은 그들이 '태양신으로부터 태어났다'는 것을

마추픽추의 3개의 창문

상징적으로 나타낸 이야기이다.

우리는 이 장의 맨 앞에서 우리민족의 태양신 신앙이 숫자 '3'과 함께 시작되었음을 보았다. 그리고 여기서 우리민족의 태양신 신앙과 성수 '3'이 남미 페루 잉카제국의 유적 마추픽추의 창문과 그 전설 속에 반영되어 있음을 확인했다. 잉카제국의 영토는 오늘날의 콜롬비아, 에콰도르. 페루, 볼리비아, 칠레까지 포함한 광대한 지역이었다. 따라서 이 전설과 성수 '3'은 이 나라들의 공통된 이야기로 보아야 할 것이다.

잉카인들은 이 창문을 '토고(Toqo)'라고 불렀다. 페루에서는 이 어휘가 무슨 뜻인지 아직 해석하지 못하고 있다. 필자는 '토고'가 '신성한 장소'를 뜻하는 우리말이라고 본다. '토(to)'는 고대 우리말 '태(신성한)'의 변이음으로, 멕시코에서는 '토날 (tonal/신성한 날)', '토필친(Topiltzin/신성한 피의 사람)' 등에서 보듯이 자주 사용하던 말이고, '고(qo)'는 우리말의 장소를 뜻하는 '곳'으로, 멕시코에서는 '고(co)/고(go)'로 표기 되었고, 페루에서는 '고(co)/고(qo)'로 표기 되었다. 따라서 잉카인들은 태양신과 관련된 세 개의 창문을 '신성한 곳'으로 불렀다는 것을 알 수 있다.

이것으로 필자는 우리선조들의 태양신 신앙과 태양조에 관하여, 우리에게 남아 있는 증거와 민족 대이동으로 멕시코 및 남미 페루까지 건너가 남게 된 흔적들을 모두 살펴보았다. 먼저 19세기 말 제섭북태평양탐험대의 버솔드 로퍼가 찾아낸 우리민족의 태양신 신화를 통해, 우리민족의 태양신 신앙과 성수 '3'의 기원을 밝혔다. '우리는 태양신으로부터 태어나 살다가 죽어 태양신의 세계로 되돌아간다'는 우리민족의 태양신 신앙은 복희여와도와 고구려 무덤 방향에 반영되어 있었는데, 태호복희는 기원전 2800여 년경에 살았던 동이족 최초의 족장이었다. 따라서 우리의 태양신 신앙은 기원전 2800여 년 이전에 이미 시작되었을 것이다.

우리민족의 태양신 신앙은 기록으로도 전해져 왔고, 고구려 지배계층의 무덤 방향에도 반영되어 있었고, 백제의 환두대도와 금동대향로의 조각에도 반영되어 있었으며, 통일신라의 초기 불교 사원의 불상 방향에도 반영되어 있었다.

그리고 민족 대이동으로 우리민족의 태양신 신앙은 아메리카로 건너가, 민족의 확산과 더불어 아메리카대륙 전역으로 퍼져 오늘날까지 전해졌다. 아메리카 모든 인디언들은 태양을 '아버지 태양신'으로 믿었다. 멕시코로 건너가 아스태가제국을 건국했던 맥(이)족은 민족의 태양조 닭의 습성을 기억하여, '날개를 펴고 아침의 떠오르는 태양을 맞이하는 독수리'의 꿈을 바탕으로 나라의 중심지를 정했고, 나중에 멕시코를 건국하게 되자 국기의 한가운데에 태양조를 그려 넣었다. 남미 잉카제국도 예외가 아니었다. 그들은 왕을 '태양의 아들(잉카)'이라 불렀고, 최초의 잉카는 동쪽에 세워진 세 개의 창문을 통해 왔다고 믿어, 태양신 신앙과 함께 우리민족의 성수 '3'에 대한 흔적을 남겼다. 잉카제국에도 날개를 펴고 태양을 바라보는 우리민족의 태양조에 대한 기억이 남아 있었다. 그들은 마추픽추의 바위에 동쪽을 향해 날개를 펴고 있는 독수리를 조각해 놓았다. 잉카의 이러한 태양신 신앙은 잉카제국의 옛 땅에서 19세기 초에 건국된 나라들—콜롬비아, 에콰도르, 페루, 볼리비아, 칠레—의 국기에도 반영되어, 날개를 편 독수리가 이 나라들의 국기 가운데에 그려졌다.

필자는 앞 장에서 복희여와도, 고리 기호 및 음양태극의 진정한 의미를 밝혔고, 이 장에서 우리민족의 태양신 신앙의 실체와 함께 우리에게 매우 중요한 여러 가지 사실을 밝혔다. 우리민족의 성수 '3'은 태양신 신앙과 함께 시작되었고, 선조들의 태양조는 까마귀가 아니라 닭이었으며, 고구려의 삼족오에 나타나는 벼슬은 닭의 벼슬이었다는 사실을 밝혔다. 그리고 백제 금동대향로는 기본 구조가 모두 민족의 성수 '3'을 반영한 구조이고, 맨 위의 새는 봉황이 아니라 태양조 닭이라는 사실도 밝혔다.

필자가 이러한 민족 고대의 미스터리를 설명할 수 있었던 것은 아메리카로 이동한 우리선조들이 이동루트에 혹은 아메리카에 남긴 흔적 속에서 그 실체를 찾았기 때문에 가능했다. 따라서 우리는 민족 고대사의 진정한 모습을 되찾기 위하여 우리선조들의 이동루트를 따라가며 체계적이고 장기적인 연구를 시작해야 할 것이다.

'백의민족'의 의미

우리민족은 예로부터 '백의민족(白衣民族)'이라 불려 왔다. '백의(白衣)'는 글자 그대로 '흰옷'을 뜻하므로, 백의민족은 '흰옷을 입는 사람들'이라는 뜻이다. 1592년 임진왜란으로 상당수의 우리선조들이 일본으로 끌려갔는데, 일본인들은 어두운 감옥에 갇힌 그들에 대해, "모두가 흰옷을 입고 있어 마치 유령을 보는 듯했다"고 말했다고 한다.

흰옷을 즐겨 입던 우리민족의 풍습을 최초로 기록한 문헌은 3세기 후반에 편찬된 「삼국지」위지동이전으로, 부여에 대하여 다음과 같이 기록하고 있다.

在國衣尙白, 白衣大袂 쾌(재국의상백 백의대몌)
나라 안에서는 흰색을 숭상하여, 소매가 넓은 흰옷을 입었다.

이 기록은 우리선조들이 흰옷을 즐겨 입은 이유가 흰색을 숭상했기 때문이라고 전하고 있다. '숭상'은 단순히 '좋아하다'가 아니라, '신앙적으로 귀하다고 믿어 높이 받들다'는 의미이다. 즉 우리선조들이 흰색을 좋아한 이유가 그들의 신앙과 관련하여 '신성한 색깔'로 생각했기 때문이었다는 것을 알 수 있다. 그렇다면 우리선조들은 어떤 신앙과 결부시켜 흰색을 숭상하기 시작했을까?

우리민족의 옛 풍습 가운데 흰색을 신앙과 결부시켜 경외시하던 풍습이 있을까? 있다. 바로 장례식이다. 아래 사진에서 보듯이, 조선왕조의 장례식에는 모든 신하들이 흰옷을 입었다. 심지어 남자들이 쓰는 검은 갓모자나 여인들의 족두리조차 흰 종이를 발랐다. 이 사실은 우리선조들의 정신세계에는 사자(死者)를 사후세계로 보내는 장례식에서 흰색이 특별한 의미를 가지고 있었다는 것을 의미한다. 그 의미는 무엇이었을까?

흰 종이를 바른 갓과 족두리(조선 왕조 마지막 임금 순종의 장례식)

모든 민족은 생명의 탄생과 죽음을 그 민족 고유의 신앙을 바탕으로 표현해 왔고, 신앙은 정신세계의 기반으로서 풍습과 관습에 깊은 영향을 끼치는 중요한 가치관이었다. 이러한 가치관은 오랜 세월에 걸쳐 형성되고 일단 형성되면 좀처럼 변하지 않는 특성이 있다. 따라서 조선시대에 흰색으로 치장하고 장례를 치렀던 풍습은 우리민족의 정신세계 속에서 끊임없이 이어져왔던 가치관의 하나로 보아야 하므로 민족의 역사와 함께 거슬러 올라가면 삼국시대 장례풍습으로 이어지게 될 것이다. 그리고 모든 민족에게 장례풍습은 언제나 그 민족 고유의 종교와 연관되어 형성되어 왔다.

삼국시대 대표적인 우리선조들의 종교는 태양신 신앙이었고, 이를 반영한 장례풍습이 고구려 지배계층의 무덤을 항상 서쪽을 향하도록 축조하던 풍습이었다. 앞에서 설명했듯이, 무덤을 서쪽 방향으로 축조한 것은 사자(死者)를 묻을 때 태양을 바라보도록 하기 위함이었다. 태양을 바라보는 것이 바로 태양신 경배 방법이었다.

우리선조들의 태양신 숭배와 흰색의 숭상에 대해 처음으로 기록한 것은 「삼국지」위지동이전의 부여 역사편이다. 그리고 고구려는 흰옷을 숭상하던 부여에서 유래된 국가이다. 고구려인들이 장례식에서 무슨 색깔의 옷을 입었는지에 대한 구체적인 기록은 없지만, 그들의 장례풍습은 태양신 신앙과 밀접하게 결부되어 있었던 것이 분명하다. 장례풍습은 민족 고유의 종교와 연관된 풍습이자 끊임없이 이어져 온 민족 정신세계를 형성하는 중요한 가치관이므로, 고구려의 장례풍습과 조선시대의 장례풍습은 한 줄로 이어졌을 것이라고 짐작할 수 있다.

따라서 우리민족의 장례식 역사는 부여의 태양신 숭배와 흰옷 숭상, 고구려의 태양신 숭배를 반영한 장례식, 조선시대의 흰옷 장례식으로 요약해 볼 수 있다. 다시 말하면, 부여에서는 '태양신과 흰옷'이 연관되어 있고, 고구려에서는 '태양신과 장례식'이 연관되어 있으며, 조선시대에는 '장례식과 흰색'이 연관되어 있다. 따라서 우리선조들의 정신세계 속에서 '태양신 신앙-장례식-흰옷'은 어떤 특별한 연관성이 있었던 것이 분명하다. 따라서 다음과 같은 의문은 당연히 제기해 보아야 한다.

> 고대 우리선조들에게 태양신 신앙, 장례식, 흰색 사이에는 어떤 연관성이 있었을까?

이 의문은 곧 '태양신과 흰색 사이에 어떤 연관성이 있었는가'로 요약된다. 태양신 신앙과 장례식은 고구려시대에, 그리고 장례식과 흰색은 조선시대에 이미 장례풍습 속에서 확인되었기 때문이다.

태양신 신앙과 흰색 사이의 관계에 대하여 필자가 발견한 단서는 잉카제국 황제의 명칭이다. 남미 페루의 마지막 제국이었던 잉카제국은 우리민족의 많은 흔적을 남겼는데, 그 가운데 하나가 잉카(Inca)라는 칭호이었다. 잉카는 '태양의 아들'이이라는 우리말이다. '태양의 아들'은 고구려 주몽이 '나는 태양신의 아들이다'라고 외쳤다는 이야기나, 태극의 진정한 의미가 '태양신의 후예'라는 사실과 정확하게 일치한다.

그런데 잉카(inca)는 원래 '흰카(huinca)'였다. 그리고 흰카는 다음과 같은 우리말 형태소로 분석된다.

잉카(inca) → 흰(huin) + 카
뜻   태양(의)   아들

잉카가 '태양의 아들'을 뜻한다는 것은 '흰(huin)'이 '태양'을 뜻한다는 것을 의미한다. '히'는 태양을 뜻하는 우리말 '해'의 방언이다. 그리고 우리말에서 '히'와 흰색을 뜻하는 '흰/희다'는 같은 말이다. 즉 '발음'이 같은 말이다.

따라서 장례식에서 흰색의 옷과 모자로 치장했던 것은 태양을 의미하고자 한 것이고, 궁극적으로 민족 고유의 태양신 신앙에 따라 사자가 죽어 태양신의 세계로 간다는 것을 나타내고자 했던 선조들의 종교관에서 비롯된 것은 아닐까? 즉 조선시대 장례식에서 흰옷을 입고 흰 모자나 흰 족두리를 썼던 이유는 '흰색'을 이용하여 '태양'을 의미함으로써, 기원 수천 년 전부터 내려오던 우리민족 최초의 종교인 태양신 신앙에 따라, 죽은 조상이 태양신의 세계로 되돌아간다는 것을 표현하고자 했던 것은 아닐까? 이 추정이 옳다면, 우리선조들이 흰옷을 즐겨 입고 흰색을 숭상한 이유도 태양신 신앙에서 유래되었다는 의미가 되어, 앞에서 제기한 '태양신 신앙-장례식-흰옷'의 연관성이 분명하게 이해된다.

따라서 우리선조들이 흰옷을 즐겨 입어 '백의민족'이라 불렸던 것은 의복 색깔로서 '태양신의 후예'를 나타내던 풍습 때문으로 설명된다. 그렇다! '태양신을 믿는 고리족'이라는 것을 나타내기 위해 고리 기호 주변에 태양을 상징하는 둥근 원을 그림으로써 태극을 창안했던 우리선조들은 의복의 색깔로도 자신들이 '태양의 후예'라는 것을 나타내었던 것이다.

'발음'이 같다고 하여 흰색을 태양과 연결하는 것은 궤변이 아닐까 생각하는 독자도 있을지 모르겠다. 그러나 이러한 경향은 고대 동북아의 풍습이었다는 분명한 증거가 있다. 중국인들은 예로부터 나비문양이 많은 이불을 좋아하는데, 그 이유는 나비가 '무병장수'를 의미한다고 믿기 때문이다. 그들이 그렇게 믿는 근거는 다음과 같다. 중국어로 나비를 접(蝶)이라고 하는데, '접(蝶)'의 중국어 발음이 '늙은이'를 뜻하는 '질(耋)'의 발음과 거의 같기 때문이다. 발음의 유사성으로 인하여 나비 '접'은 '늙을 때까지 오래 산다'는 의미로 통한다고 믿어 왔던 것이다.

이로써 필자는 부여에서 이미 시작된 흰옷을 입던 우리민족의 백의풍습은 그 유래가 고대 우리선조들의 태양신 숭배 신앙에서 비롯되었다는 사실을 밝혔다. 그동안 우리민족의 '백의'에 대하여 여러 가지 설명이 있었다. 그 가운데 널리 알려진 설이 염색 기술이 발달하지 못하여 흰옷을 입을 수밖에 없었다는 설명이다. 그러나 이러한 설명은 민족의 장례풍습에서 검은 갓과 족두리에 흰 종이를 발랐던 이유를 설명하지 못한다.

그리고 오늘날의 장례에는 검은색 상복을 입기도 한다. 곳곳에서 서양문화가 판을 치면서 수천 년 동안 이어져 온 깊고 고귀한 뜻의 '백의'의 숭고함마저 점점 잊혀져가고 있다.

07.
아메리카에 나타난 우리민족의 놀이풍습

 널리 알려진 우리민족의 민속놀이 가운데 '강강술래'가 있다. 이 놀이의 시작은 임진왜란 때 이순신장군의 지혜에서 비롯되었다고 한다. 병사가 부족했던 장군은 바다 멀리 왜적의 배들이 떼 지어 몰려오자, 바닷가 마을 여인들에게 남자 옷을 입히고 손에 손을 잡고 큰 원으로 빙빙 돌며 '강강술래'라고 노래 부르게 했는데, 바다 멀리서 이것을 본 왜적은 수많은 인파가 부산하게 움직이는 모습을 조선 수군 병사들로 여겨 스스로 물러갔다고 한다.

 이와 같이 모든 민족은 고유 민속놀이가 있고, 그 민속놀이들은 그 민족의 특별한 역사적 경험, 종교 행사, 생활 방식에서 시작된 것들이 많다. 따라서 민속놀이는 민족에 따라 다른 것이 일반적이다. 우리민족에게도 우리민족의 역사, 전통, 신앙을 반영하여 시작된 고유 민속놀이가 많다.

우리민족의 아메리카 대이동은 우리민족의 많은 것을 아메리카대륙으로 옮겨 놓았다. 우리민족의 언어가 이동했고, 우리민족 고유의 다양한 풍습, 예를 들어 의복, 머리 모양, 육아, 장례, 신앙, 축제 또는 제사와 관련된 풍습도 이동했으며, 온갖 놀이풍습도 이동했다.

이 장에서는 민족 대이동으로 아메리카로 전파되어 비교적 최근까지 아메리카 원주민 또는 혼혈 후예들 사이에 전해지고 있던 우리민족 고유의 민속놀이로 어떤 것들이 있는지, 구체적인 증거를 바탕으로 최초로 공개하기로 한다.

아메리카대륙에서 전해지고 있는 우리민족의 민속놀이로 필자가 발견한 것은 20여 가지가 넘는다. 윷놀이, 공놀이, 격구, 투환놀이, 숨바꼭질, 공기놀이, 팽이치기, 죽마놀이, 고누놀이, 자치기, 널뛰기, 말타기, 등타넘기, 달집태우기, 줄넘기, 그네, 구슬치기, 굴렁쇠놀이, 씨름, 제기차기, 마루돌차기, 연날리기, 실뜨기 등 우리가 일반적으로 알고 있는 거의 모든 우리 고유의 민속놀이가 아메리카 인디언들 사이에서도 널리 성행했고, 일부 놀이는 지역에 따라 지금도 행해지고 있다. 특히 공놀이는 19세기 말까지도 미국에서 성행하여, 일부 지역에서는 부족 간에 큰 내기를 걸고 단체로 경기하기도 했다. 이 장에서는 「멕시코편」에서 이미 소개했던 윷놀이, 공놀이, 격구, 투환놀이, 실뜨기 등을 제외한 나머지를 소개하기로 한다.

● 숨바꼭질

숨바꼭질은 오늘날 전 세계 많은 나라에서 하고 있는데, 어느 민족에게서 처음 시작되어 전파되었는지는 알 수 없다. 그런데 우리민족의 숨바꼭질 놀이의 과정은 매우 특이하다. 한 무리의 아이들이 먼저 술래를 정하면, 그 술래는 '집'으로 정한 곳에서 눈을 감고 숫자를 센다. 집은 보통 큰 나무나 돌, 혹은 굴뚝 같은 집 주변의 움직이지 않는 사물로 정한다. 술래가 눈을 감고 숫자를 세는 동안 아이들은 재빨리 주변으로 뛰어가 숨는다. 숫자를 다 센 술래는 '간다'라고 외친 후, 노래를 부르면서 친구들을 찾아 나선다. 술래가 부르는 노랫말에는, 지방에 따라 약간의 차이는 있지만, 보통 "꼭꼭 숨어라, 머리카락 보인다"라는 말이 포함되어 있다. 술래가 숨은 친구를 발견하면, 그 친구를 손으로 터치하거나, 먼저 집으로 달려와 그 친구의 이름을 부르면서 집을 터치하면 그 친구는 잡힌 것이다. 들킨 친구가 살려면 술래를 피해서 먼저 집으로 달려와 터치하면 된다. 또 숨은 친구들은 술래가 다른 곳을 찾고 있을 때, 숨은 곳에서 재빨리 나와 집으로 달려가 터치하면 산다. 이렇게 첫 번째 게임이 끝난 후, 잡힌 친구가 있으면 다음 게임에는 그 친구가 술래가 된다. 잡힌 친구가 여러 명일 경우에는 '가위 바위 보'로 술래를 결정하고, 같은 방식으로 놀이를 다시 시작한다.

멕시코 아이들도 숨바꼭질을 하는데, 자기네 전통 민속놀이로 생각한다. 멕시코의 숨바꼭질을 보면 그 세밀한 과정과 내용이 우리민족의 숨바꼭질과 같다. 내용의 중요성을 감안하여 원문과 번역을 함께 보기로 한다[1].

Cómo jugar al escondite con los niños
1. El grupo de jugadores elige a la persona encargada de buscar a los demás, tradicionalmente llamado "el policía" o "el que la liga".
2. La persona elegida tiene que contar con los ojos cerrados hasta el número que se decida, suelen ser 10, 20 o 50.
3. Al terminar de contar, la persona debe avisar diciendo "ya voy" y comenzar a buscar a los demás.
4. Al encontrar a una de las personas escondidas tiene que tocarlo con la mano y continuar buscando.
5. Si uno de los niños quiere ganar el juego y salvarse de ser encontrado, tiene que correr hasta el lugar donde se estaba contando (llamado "casa") y tocarlo.
6. Una variante del juego consiste en que niño que busca no debe tocar a quien encuentr, sino regresar al lugar donde estaba contando, tocarlo y decir el nombre de la persona.

놀이 방법

1. 한 무리의 아이들 중에서 술래를 정한다.

2. 그 아이는 눈을 감고 숫자를 센다. 보통 10, 20 혹은 50까지 센다.

3. 숫자 세기를 마치면, '자, 간다'하고 외치면서 친구들을 찾아 나선다.

4. 친구를 발견하면, 그를 손으로 터치하여 잡고 계속 다른 친구들을 찾는다.

5. 들킨 친구가 살려면, 술래가 터치하기 전에 먼저 술래가 눈감고 숫자를 세던 곳으로 달려가 터치하면 된다. 그곳을 '집'이라 부른다.

6. 어떤 숨바꼭질에서는, 술래가 친구를 찾으면, 그 친구를 터치하는 대신 집으로 먼저 달려와 그 친구의 이름을 부르면서 터치하면 된다.

---

1 이 놀이는 Wiki-pedia의 스페인어 판에도 설명이 나오지만, 보다 정확한 내용은 아래 웹주소의 멕시코 민속놀이 설명 편에 나온다.
http://www.conmishijos.com/ninos/ocio/juego-del-escondite-juegos-tradicionales-para-ninos/

숨바꼭질에 관한 또 다른 설명을 보면, 술래는 친구들을 찾으러 갈 때, 숨바꼭질에서만 부르는 노래를 부르는데, 그 가사에는 'el que no se haya escondido, que se esconda'라는 말이 있다. 이 말의 뜻은 '아직 제대로 숨지 않은 사람은 꼭꼭 숨어라'이다. 즉 우리의 숨바꼭질에서 부르는 '꼭꼭 숨어라, 머리카락 보인다'와 사실상 같은 내용이다. 또 한 가지 주목할 점으로, 우리민족은 이와 같은 놀이에서 출발점이나 돌아오는 지점을 항상 '집'이라고 부른다. 그런데 멕시코의 숨바꼭질에서도 '집'이라고 한다.

멕시코에서 행해지고 있는 숨바꼭질은 우리의 숨바꼭질과 같은 내용의 노래를 부르고, 더 나아가 숨바꼭질의 출발점으로 지정한 돌, 나무, 굴뚝, 혹은 담벼락 모퉁이 같은 곳을 '집'이라고 부르는 것까지 같다.

● 공기놀이

공기놀이는 필자가 「멕시코편」에서 이미 소개했었다. 그럼에도 여기서 추가로 설명하게 된 이유는, 「멕시코편」에서 소개했던 미국 아리조나주 인디언들의 공기놀이에 대한 홀메스(Holmes)의 보고서에는 우리 공기놀이의 마지막 단계가 빠져있었기 때문이다.

필자는 공기놀이의 과정과 규칙을 자세하게 소개하고 있는 그의 보고서를 발견한 후, 어딘가에는 우리 공기놀이의 마지막 단계인 '꺾기' 과정의 흔적이 남아 있으리라 예상하여 추적을 계속했다. '꺽기'는 점수를 내는 과정으로, 다섯 개의 돌을 모두 공중으로 던져 그것을 손등으로 받고, 손등에 올려진 돌을 그대로 다시 공중으로 던진 후에, 손바닥을 아래로 향한 자세에서 '나꿔채기'로 잡는 것이다. 여기서 잡는 돌의 개수만큼 점수를 얻는다.

그런데 필자는 멕시코 민속놀이를 조사하던 과정에서 '꺽기'를 아래 사진과 함께 멕시코 유카탄반도의 놀이에서 발견했다. 이 놀이를 소개한 책의 저자에 따르면, 이 놀이는 조상 대대로 내려오던 멕시코 고유 민속놀이로서, 멕시코 전역에서 행하여졌다고 한다. 아래 사진은 멕시코의 최남단 영토인 유카탄반도의 퀸타나로(Quintana Roo)주에서 여자 아이 두 명이 공기놀이를 하는 모습이다[2]. 그곳에서는 이 놀이를 '도세나(docena)'라 부른다고 한다[3].

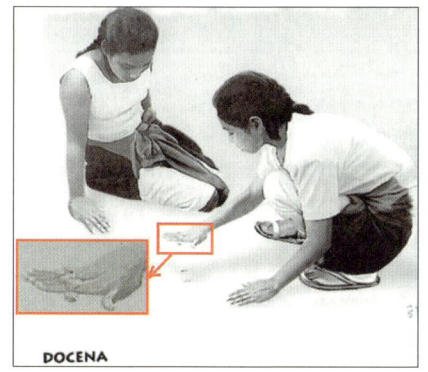
멕시코의 공기놀이 모습

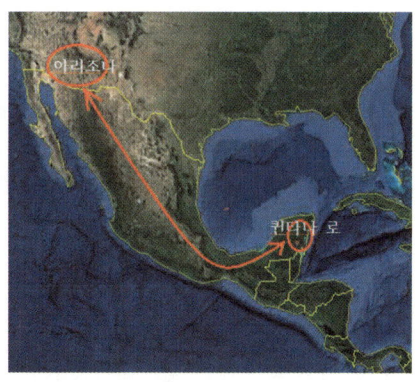
공기놀이 분포 지역

---

2 Federación Mexicana de Juegos y Deportes Autóctonos y Tradicionales, A.C. 「Juegos y deportes autóctonos y tradicionales de México」, Editorial Trillas, 2009, p.69.

3 우리민족 민속놀이의 명칭이 아메리카대륙에서는 지역에 따라 다르게 불리었다. 윷놀이는 미국 전역의 인디언들 사이에서 행해졌지만, 지역에 따라 명칭이 달랐다. 공기놀이도 유카탄반도에서는 '도세나(docena)'라고 불리었지만, 멕시코 서부 게르레로(Guerrero)주에서는 '작은 돌맹이(piedritas)'라고 불리었다.

미국에서 채집된 공기놀이 과정과 멕시코에서 채집된 꺽기 과정을 합치면, 우리가 해왔던 공기놀이의 전 과정이 된다. 따라서 공기놀이 전반부와 후반부가 발견된 위치로 볼 때, 적어도 미국 남부 지역에서부터 멕시코 최남단에 이르는 광대한 지역에 살던 원주민들이 공기놀이를 했었다는 사실을 알 수 있다. 신대륙의 발견으로 백인 문화가 유입되자, 거의 모든 원주민 문화가 그러했듯이, 공기놀이도 점점 잊혀져 앞 과정은 미국 아리조나주에 마지막 과정은 멕시코 최남단 퀸타나로 지역에 남게 되었던 것이다.

● 팽이치기

우리민족의 전통 민속놀이로서, 특히 겨울철에 많이 하던 놀이가 팽이치기이다. 팽이는 모양에 따라 돌리는 방법이 두 가지로 구별된다. 첫 번째 방법은 적당한 굵기의 나무를 10cm 이내의 길이로 잘라, 한 쪽을 곡선형 원뿔 형태로 깎아 팽이를 만든 후에, 닥나무 같은 나무껍질을 벗겨 적당한 길이의 막대기 끝에 묶어 만든 팽이채로 그 팽이를 쳐서 돌린다. 두 번째 방법은 팽이 모양을 키가 작은 납작한 모양으로 깎아, 원뿔 끝부분에 적당한 굵기의 심을 박아 만든 후에, 긴 끈을 팽이의 밑변에 감아 바닥을 향해 힘차게 던지면, 바닥에 떨어진 팽이가 빠르게 회전한다. 다음은 이러한 두 가지 모양의 우리나라 팽이이다. 팽이의 윗면에는 색칠하기도 한다.

우리나라 팽이

우리민족의 이동과 함께 팽이치기도 아메리카로 건너가 매우 널리 퍼져, 일부 지역에서는 오늘날까지도 아이들의 놀이로 많이 행해지고 있다. 미국 인디언의 다양한 민속놀이를 기록한 스튜어트 쿨린(Stewart Culin)은 팽이치기에 대하여 다음과 같이 소개하고 있다[4].

미국 인디언들의 팽이놀이는 아주 오래된 것이 아니다. 팽이놀이는 신대륙 발견 전부터 원주민들이 하던 놀이로, 페루에서 시작되어 다른 지역으로 전파되었다. 팽이 윗면에 색칠을 하기도 했다. 자주 하는 팽이놀이는 팽이채로 쳐서 돌리는 것이다. 팽이치기는 겨울철 놀이로서 얼음 위에서도 자주 했다. 나무로 만든 팽이의 뾰족한 꼭지에 뼈로 심을 박기도 했다. 미국 북부 해안 지역에서는 끈을 감아 던져서 돌리기도 했다. 에스키모인들은 팽이를 치면서 집을 한 바퀴 먼저 돌기 시합도 했다.

---

4 Stewart Culin, 「Games of the North American indians」, Dover Publications Inc., 1975, pp. 733~750.

이 설명에 뒤이어 쿨린은 팽이치기를 하던 미국 주 명칭들을 열거해 놓았는데, 거의 모든 주가 포함되어 있다. 아래는 1903년까지 인디언들 마을을 답사하면서 그가 보고 그렸던, 인디언 아이들이 가지고 놀던 팽이 모양의 일부이다.

미국의 팽이

다음 사진은 멕시코와 페루 아이들의 팽이 치는 모습과 페루의 팽이 박물관에 전시된 팽이들이다. 던져서 돌리는 팽이놀이에서는, 나중에 던지는 아이들은 자기 팽이로 바닥에 돌고 있는 친구들의 팽이를 맞히는 놀이, 소위 '찍기' 놀이도 했다. 빠르게 회전하는 팽이를 손바닥 위에 올리기도 했는데, 우리나라 아이들도 이와 같은 방식으로 팽이놀이를 했다.

멕시코의 팽이

 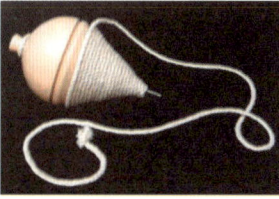 

페루의 팽이

쿨린은 아메리카 팽이가 페루에서 시작되었다고 설명했다. 그러나 팽이치기는 우리민족 고유의 민속놀이로서, 우리민족이 아메리카로 건너갈 때, 가져간 놀이 가운데 하나이다. 아메리카의 팽이놀이를 우리선조들이 가져갔다는 증거는 그 명칭이 우리말이라는 사실로도 확인할 수 있다. 아메리카 원주민들은 팽이놀이를 패패도틀(Pepetotl)이라고 불렀다. 이 명칭을 우리말 형태소로 분석해 보면 다음과 같다.

```
패패도틀 → pe(패) + pe(패) + to(도) + tl(틀)
 뜻        팽       팽      돌(다)    물건
```

이 형태소 분석에서 보듯이, 패패도틀은 '팽팽 도는 물건'이라는 뜻의 우리 말이다. 'pepe(패패)'는 우리말 '팽팽'이다. 신대륙 발견 이후 스페인인들은 원주민의 말을 스페인어 알파벳으로 기록했는데, 이때 받침소리는 대부분의 경우에 생략했다. 스페인어를 비롯한 유럽 언어들은 받침소리가 없는 언어이기 때문이다. 즉 받침소리에 대한 개념이 없던 그들은 원주민 언어의 받침소리를 이해하지 못하여, 알파벳으로 기록할 때 받침소리를 생략했다. 따라서 '패패'를 제대로 이해하려면 받침소리를 살려야 한다.

우리말 '팽팽'은 어떤 물건이 '빠르게 회전'하는 모습을 나타내는 의태어이다. 또 'pepe(패패)'는 '배배'라고도 읽을 수 있는데, 역시 받침소리를 살리면 '뱅뱅'이 되어 마찬가지 뜻이 된다. 그 다음의 형태소인 'to(도)'는 받침소리를 살리면 '돌다'의 어간 '돌'이 된다. 'tl(틀)'은 우리선조들이 다양한 물건을 가리킬 때 사용하던 명사이다. 오늘날까지 남아 있는 흔적으로는 '문틀, 창틀, 베틀, 사진틀, 뜀틀' 등이 있다[5].

언어의 일치란 '발음'과 '뜻'이 일치함을 말한다. 아메리카 인디언이 사용하던 어떤 어휘가 우리말과 일치하기 위해서는 그것의 발음과 뜻이 우리말과 일치해야 하는데, 그러기 위해서는 그 어휘를 구성하는 형태소의 발음과 뜻이 우리말 형태소와 일치해야 하고, 각 형태소의 결합 방식이 일치해야 한다.

---

5 필자는 아메리카 인디언 언어로 기록된 우리말을 조사하다 고대 우리말의 특이한 쓰임을 발견했다. 동사 어간이 관형격 접사 없이 바로 뒤에 오는 명사를 직접 수식하는 쓰임이다. 예를 들어, '짐승을 잡다'라고 말할 때의 동사 '잡다'의 어간 '잡'이 장소를 뜻하는 '곳'과 함께 사용되어 '잡곳'으로 사용되었는데, '사냥터'를 뜻하는 말이다. 여기서도 동사 '돌다'의 어간 '돌'이 '틀'을 직접 수식하여 '돌틀'이 되었다. 그런데 동사가 이렇게 명사를 직접 수식하는 쓰임이 고대 우리말에 있었다는 증거가 있다. '손성태 「우리민족의 대이동/멕시코편」, pp.356~357을 참조하세요.

'패패도틀'은 형태소 분석에서 보았듯이 모든 형태소가 우리말 형태소와 일치하고, 각 형태소의 결합 방식도 우리말 형태소 결합 방식과 일치한다. 우리말에서는 의태어나 의성어가 사용되면 같은 뜻의 동사가 바로 뒤에 사용되는 특징이 있다. 예를 들어, '새가 푸드득 날아오른다, 그 여자가 화들짝 놀랬다, 개울물이 졸졸 흐른다' 등에서 볼 수 있듯이, '푸드득, 화들짝, 졸졸'은 의태어로서 같은 의미의 동사가 바로 뒤에 나옴을 알 수 있다. 바로 이와 같은 우리말 고유의 언어 현상까지도 패패도틀(pepetotl)에서 보인다. '패패'는 '돌아가는 모양'을 나타내는 의태어이고, 그 뒤에 같은 의미의 동사 '도'가 사용되었다. 그리고 도구나 물건을 의미하는 '틀'이 함께 사용되어 '팽팽 도는 물건'이란 뜻이 되었다.

'언어는 우연히 일치하는 법이 없다'는 언어학적 진리로 보더라도, 이 명칭이 우리말이라는 것은 아메리카의 팽이놀이가 우리선조들이 가져간 놀이라는 것을 확인해 주는 증거이다. 호남지역에서는 팽이놀이를 '패돌이'라고 불렀는데, 아메리카의 '패패도틀'과 거의 같다는 것도 이를 뒷받침해 주는 한 증거일 것이다[6].

---

6 중국에서도 팽이놀이를 하고 있다. 그들은 팽이를 '가(袈)'라고 부른다. 팽이놀이를 처음 시작한 민족이 우리민족이었는지 중국이었는지 현재로서는 정확하게 판단하기 어렵다. 그러나 아메리카로 건너간 팽이놀이의 기원은 우리민족임이 틀림없다. 이에 대한 증거로는 정황상의 증거와 직접적인 증거가 있다. 전자로는, 아메리카 인디언들의 언어, 풍습, 유물, 신앙 등 모든 면에서 우리민족의 흔적이 광범위하게 발견되는 반면, 중국의 것은 거의 발견되지 않는다. 후자로는, 아메리카에서 사용된 팽이의 명칭이 우리말이라는 사실이다.

죽마놀이

이 놀이의 원래 명칭이 무엇인지 알려지지 않았다. 그러나 이 놀이는 '죽마고우(竹馬故友)'라는 옛말과 함께 오랫동안 우리에게 잘 알려진 놀이이다. 죽마고우는 '대나무 장대를 말처럼 타고 놀던 옛 친구'라는 뜻으로, 옛날 어린 아이들이 대나무 장대를 가랑이 사이에 끼우고 마치 말 타고 달리듯이 마을을 뛰어 다니며 놀던 풍속에서 유래된 말이다. 필자도 어린 시절 친구들과 죽마놀이를 했다.

필자는 아메리카로 건너간 우리민족의 놀이 중에 죽마놀이도 있었다는 것을 발견했다. 우리민족의 풍속과 언어가 가장 잘 남아있는 멕시코에는 아직도 죽마놀이를 하고 있다. 다음 사진에서 확인할 수 있듯이, 요즘도 멕시코 아이들은 가랑이 사이에 장대를 끼고 뛰어 다니며 노는데, 그 장대를 '말(馬)'로 인식하고 있다는 것을 장대의 한쪽 끝에 부착된 말 머리조각으로 알 수 있다. 특히 아래 사진을 보면, 죽마로 사용되는 장대를 아이들의 장난감으로 제작하여, 상업적으로 판매까지 하고 있음을 알 수 있다. 멕시코인들은 이 놀이를 조상 대대로 내려오는 그들의 고유 민속놀이라고 설명하고 있다. 흥미로운 점은 오늘날 우리나라에서도 보기 힘든 죽마놀이가 멕시코에서는 아이들의 장난감으로 제작되어 상업적으로 판매될 정도로 성행하고 있다는 사실이다. 그런 점에서 우리나라보다 더 우리 옛 풍습을 간직한 곳이 멕시코라는 생각이 들 정도이다.

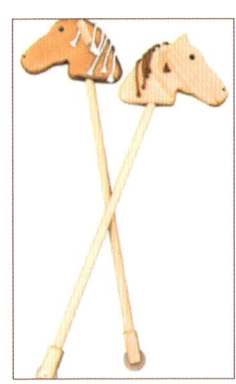

멕시코의 죽마놀이

● 고누놀이

아메리카 인디언들은 우리민족의 다양한 고누놀이도 했다. 고누놀이는 두 사람이 땅바닥이나 나무판 위에 다양한 도형을 그린 후에 돌이나 나뭇가지를 '말'로 삼아 하는 놀이이다. 먼저 두 사람이 번갈아 가면서 하나씩 자기 말을 도형 위에 놓고, 다 놓은 후에는 역시 번갈아 가면서 자기 말을 한 칸씩 움직여 상대방 말의 움직임을 막거나 잡음으로써 이기는 게임이다. 고누놀이는 도형에 따라 우물고누, 줄고누, 곤질고누(참고누), 왕고누 등 매우 다양하다.

스튜어트 쿨린(Stewart Culin)이 북미 인디언, 특히 아리조나와 뉴멕시코 지역 인디언에게서 발견한 고누놀이 도형은 무려 20여 가지가 넘는다. 그중에는 우리가 '참고누, 문살고누, 사방고누, 왕고누'라고 부르는 것들도 있다. 아래는 그가 삽화로 남긴 고누놀이 도형의 일부이다.[7]

---

7 Stewart Culin, 같은 책, pp.789~801.

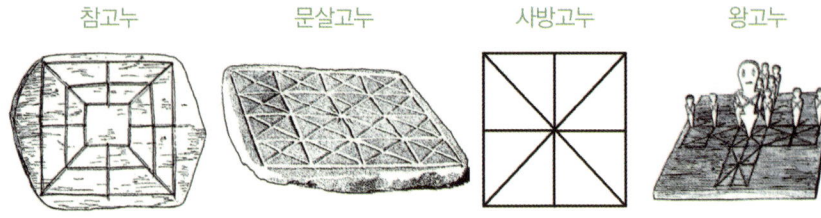

그런데 그는 각 고누놀이의 구체적인 규칙을 알지 못하여, 고누놀이의 일반적인 규칙이라며 다음과 같이 대충 설명하고 있다[8].

1. 게임 참가자는 자기 말을 한 번에 한 칸씩 움직여 상대편 말의 움직임을 방해한다.
2. 상대편 말을 잡는 방법은 나의 말이나 상대편 말 하나를 건너뛰어 바로 뒤의 말을 잡는다. 건너뛸 수 있는 말이 있으면, 연속해서 건너뛸 수 있다.
3. 일부 고누놀이의 경우에는 게임을 하는 영역과 각자 말을 두는 영역이 있는데, 후자를 인디언들은 '집(house)'이라고 한다.
4. 인디언들은 상대편 말을 따낼 때, '생포한다(capture)'는 용어가 아니라 '잡는다(kill)'라는 용어를 사용한다.

그의 설명에서 특히 주목해 볼 점은 놀이 용어이다. 놀이의 출발점을 '집'이라고 부르고, 상대편 말을 따낼 때 사용하는 '잡는다'는 말은 우리민족이 민속

---

8 Culin, Stewart, 같은 책, pp.795~796.

놀이에서 사용하는 특징적인 용어이다. 우리는 윷놀이, 구슬치기, 고누놀이, 바둑 등과 같은 놀이에서 상대편 말을 따낼 때 항상 '잡았다'고 말한다.

쿨린은 고누놀이를 기록하면서, 그 서문에서 인디언들의 이러한 놀이는 백인들이 가져온 놀이를 이용하여 만들어졌고, 그 후에 끊임없이 변형되었다고 설명했다[9]. 즉 그는 고누놀이가 마치 서양의 체스 같은 놀이에서 시작된 후 변형 발전되어 만들어진 것으로 추정했다.

그러나 그의 견해는 다양한 모양의 고누놀이 도형이나 말을 움직이는 놀이 규칙이 서양의 체스와 전혀 다르다는 것을 무시했다. 예를 들어, 그가 그림으로 남긴 참고누의 규칙은 자기 말 3개를 일직선으로 놓는데 성공하면 상대편 말을 하나 따내는 것으로, 이런 규칙은 서양 체스에 없다. 왕고누도 서양 체스와 완전히 다르다. 왕고누는 한 명의 왕과 많은 졸병들의 대결로서, 놀이 규칙은 졸병들이 왕을 에워싸서 움직이지 못하게 하면 이기고, 왕은 보호받지 못하는 (즉, 다른 졸병이 바로 옆에 없는) 졸병을 잡아 따낼 수 있다. 따라서 왕은 졸병들을 많이 잡으면 이긴다. 서양의 체스는 '다수 대 다수'의 대결이지만, 왕고누는 '일 대 다수'의 대결로, 첫 시작부터 놀이 규칙까지 완전히 다르다.

쿨린의 설명은 아메리카 인디언들의 윷놀이, 공기놀이, 팽이치기 등의 놀이처럼 고누놀이도 우리선조들이 민족 대이동으로 아메리카로 건너가 심어놓은 놀이라는 사실을 전혀 깨닫지 못한 데서 비롯된 잘못된 견해임은 물론이다.

필자는 멕시코의 민속놀이에서 쿨린이 발견하지 못했던 참고누놀이의 구체적인 규칙을 발견했다. 아래는 멕시코 민속놀이 연합회(Federación Mexicana de

---

9 Culin, Stewart, 같은 책, p.789.

Juegos y Deportes Autóctonos y Tradicionales, A.C.)가 출판한 책에서 소개하고 있는 고누놀이를 하는 멕시코 아이들의 모습, 고누놀이 도형 그리고 놀이 방법이다. 멕시코인들은 지금도 이 놀이를 그들의 고유 민속놀이라고 설명하는데, 처음부터 끝까지 놀이의 모든 과정과 규칙이 우리의 참고누놀이와 정확하게 같다. 내용의 중요성을 감안하여 원문과 필자의 번역을 함께 싣는다. 그들은 참고누를 '피타르라(Pitarra)'라고 부르고 있다[10].

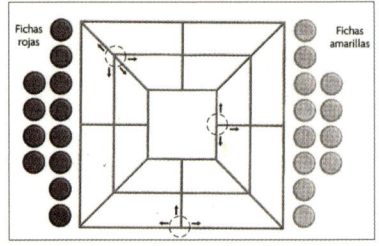

멕시코의 고누놀이 　　　　　 멕시코 고누놀이 판

1. La apertura del juego es por sorteo.
2. Las tiradas son alternadas.
3. Al formar tercia se toma una ficha contraria a elección.
4. Cuando al mover una pieza se forma más de una tercia, solo podrá obtenerse una ficha contraria.
5. Gana el jugador que obtenga más fichas contrarias.

---

10 Federación Mexicana de Juegos y Deportes Autóctonos y Tradicionales, A.C., 같은 책, pp.152~154.

1. 게임을 시작하기 위하여 누가 먼저 할 것인가를 정한다.
2. 말을 게임판에 번갈아 놓는다.
3. 자기 말 3개를 직선으로 놓는데 성공하면, 상대방 말 가운데 아무 것이나 하나 따낸다.
4. 말을 움직여서 3개의 말을 직선으로 만들면, 상대방 말 하나를 따낸다.
5. 상대방 말을 더 많이 따낸 사람이 이긴다.

'멕시코 민속놀이 연합회'는 이 규칙과 함께 다음과 같은 설명을 추가하고 있다.

이 놀이는 게레따로(Querétaro)주에서 시작된 것 같다. 그곳 사람들이 들에서 일하고 귀가하면, 전기도 없던 시절에 집 안에서 일상적인 대화를 나누면서 이 놀이를 했다. 정확한 기원은 알 수 없다. 위에서 본 놀이판을 그린 후에, 두 명이 각자 12개의 말을 가지고 시작한다. 우선 누가 먼저 시작할지를 정한 후에, 각자 자기 말을 하나씩 선이 교차하는 위치에 번갈아 가면서 놓는다. 세 개의 말을 일렬로 놓으면 상대편 말 하나를 따낸다. 각자 자기의 모든 말을 놀이판에 놓은 후에는, 말을 비어있는 곳으로 한 칸씩 움직여 일렬로 만들려고 한다.

우리나라 참고누놀이

멕시코의 이 놀이는 우리의 참고누놀이와 정확하게 같다. 왼쪽의 사진에서 볼 수 있듯이, 놀이판 도형도 같고, 각자 12개의 말을 사용하는 것도 같다. 처음에는 먼저 시작할 사람을 정하여 번갈아 가면서 말을 놓기 시작하고, 각자의 말을 다 놓은 후에는 자기 말을 한 칸씩 움직여 세 개를 일렬로 만들면 상대편 말 하나를 따낸다는 규칙이나 마지막 승자를 가리는 규칙까지 정확하게 같다.

고누놀이를 많이 한 지역은 미국 남부의 아리조나와 뉴멕시코, 그리고 멕시코의 게레따로이다. 앞의 지도를 보면, 미국 남부와 게레따로 지역은 매우 멀리 떨어져 있다. '멕시코 민속놀이 연합회'는 이 놀이가 게레따로 지역에서 시작되어 주변 지역으로 퍼졌다고 설명하고 있지만 타당성이 없다. 이 놀이는 게레따로 북쪽의 넓은 중간 지역을 건너뛰어 훨씬 북쪽의 아리조나와 텍사스 주에 살고 있는 인디언들, 특히 호피(Hopi), 수니(Zuni), 겨레(Kere), 태와(Tewa)족 인디언들이 더 많이 했기 때문이다.

따라서 고누놀이도 공기놀이처럼 미국 남부 지역에서부터 멕시코 중부 지역까지 광범위한 지역에서 행해지던 놀이였지만, 중간 지역에서는 점차 잊혀졌거나, 혹은 중간 지역 원주민들의 민속놀이에 대하여는 아직까지 발굴 조사가 덜 되었을 가능성이 있다. 이 놀이도 공기놀이와 마찬가지로 아메리카로 건너갔던 우리선조들이 남겨놓은 발자취 가운데 하나임은 물론이다.

자치기

　우리의 전통 민속놀이 가운데 자치기라는 것이 있다. 긴 나무 작대기로 작은 나무(필자의 고향에서는 이것을 '미띠기'라고 불렀다)를 쳐서 공중으로 날려 보내는 놀이이다. 놀이 방법은 양쪽 끝을 뾰족하게 깎은 미띠기를 바닥에 놓고, 긴 막대기로 미띠기 끝의 뾰족한 부분을 가볍게 탁 친다. 그러면 미띠기는 적당한 높이로 튀어 오르는데, 이때 긴 막대기로 힘껏 쳐서 멀리 날려 보내면, 함께 놀이하는 친구들이 땅에 떨어지기 전에 그것을 잡는다. 다음번에는 잡은 친구가 치는 역할을 하고, 쳤던 친구는 잡는 역할을 한다. 만약 미띠기가 땅에 떨어지기 전에 공중에서 잡은 친구가 없으면, 쳤던 친구가 계속 친다. 아래는 우리의 전통 자치기놀이에 사용하던 도구와 자치기 놀이 그림이다.

우리의 자치기 도구와 자치기놀이 모습

멕시코에서도 자치기를 했다. 아래 사진은 멕시코 유카탄반도의 아이들이 자치기 하는 모습과 자치기 도구이다. 그들도 우리처럼 작은 막대기는 양쪽 끝을 뾰족하게 깎았고, 두 번째 사진에서 보듯이, 처음 시작할 때는 작은 막대기를 바닥에 놓아두고 긴 막대기로 끝을 가볍게 쳐서 공중으로 튀어 오르게 한다. 그리고 세 번째 사진에서처럼, 긴 막대기로 다시 한 번 세게 쳐서 멀리 날려 보낸다. 함께 놀이하는 친구들이 공중으로 날아오는 작은 막대기를 잡으려고 준비하고 있는 모습이 보인다.

멕시코의 자치기

자치기나 연날리기 같은 놀이는 19세기 유럽에서도 했다고 한다. 그러한 놀이들은 유럽에서 자생적으로 시작된 것이 아니라, 신대륙 발견 이후 아메리카에서 유럽으로 전해졌을 것이라는 것이 필자의 생각이다. 16세기 이후 아메리카로 건너왔던 유럽인들은 아메리카대륙으로부터 많은 것을 가져가 유럽에 퍼트렸다. 그들은 아스태가제국이나 잉카제국의 유물뿐 아니라 그들이 좋아하던 문양, 그들이 먹던 식물도 가져가 재배하기 시작했다. 오늘날 전세계로 퍼진 감자, 고구마, 고추, 옥수수, 커피, 담배 등이 대표적인 예이다.

널뛰기

널뛰기는 새해 초에 또는 단오에 여인들이 즐겨 하던 민속놀이였다. 적당한 길이의 널빤지의 중앙 아래쪽에 가마 또는 짚을 묶어 베개처럼 만들어 괴고 널빤지의 양끝에 한 사람씩 올라서서 마주보고 구르면서 뛰어오르는 놀이이다.

그런데 아래 사진에서 보듯이 멕시코에서도 널뛰기를 했다. 아래 멕시코 사진은 그들의 민속제에서 행했던 널뛰기로, 이 놀이의 소개글에는 '멕시코의 전통 민속놀이(juegos autóctonos mexicanos)'라고 분명하게 설명되어 있다.

우리선조들이 널뛰기를 시작한 시기를 고려시대로 보는 경향이 있는데, 멕시코에서의 널뛰기를 볼 때, 적어도 10세기 이전에 시작되었다고 보아야 한다. 우리민족의 아메리카 대이동은 10세기 이전에 이루어졌기 때문이다.

우리의 널뛰기   멕시코의 널뛰기

말타기와 등타넘기

아래는 멕시코의 말타기와 등타넘기 놀이이다. 멕시코에서는 말타기를 '추로 바(churro va)'라고 하는데, 이 놀이의 원래 명칭이 아니라 나중에 스페인어로 만들어 부르기 시작한 명칭으로 보인다.

멕시코의 말타기 놀이의 특징과 규칙은 아래와 같다. 원문과 필자의 번역을 함께 보기로 한다[11].

Churro va

Se trata de un juego muy popular. Mayoritariamente eran los niños quines jugaban pero también, esporádicamente, algunas niñas se apuntaban. Uno de los niños se ponía apoyado contra la pared – asumiendo los papeles de almohadilla y madre o árbitro–, el resto de niños se dividían en dos equipos con el mismo número de componentes. Un equipo que pagaba –aguantaba el peso– y otro que saltaba encima de los que pagaban.

Al grito de "churro va" se saltaba de uno en uno encima del equipo que pagaba, procurando dejar espacio para que todos los integrantes pudiesen colocarse sobre las espaldas de los que pagaban y sin perder el equilibrio para evitar caerse, pues si eso ocurría los que

---

11 이 놀이의 사진과 설명이 나오는 곳은 '야후 멕시코(Yahoo Mexico)'의 다음 웹 주소이다: http://raspall.blogspot.kr/p/juegos-tradicionales.html

estaban encima pasaban a pagar. Si, por el contrario, el equipo que pagaba no resistía el peso y se caía (escachuflarse), volvía a pagar.

Una vez todos colocados y bien equilibrados, el que hacía las veces de capitán decía: "churro, media manga, manga entera". Al finalizar la recitación marcaba la posición escogida, la cual debía ser vista por la madre y que se correspondían con: churro –con la mano–; media manga –con el codo–; manga entera –con el hombro–. Si el equipo que pagaba acertaba la posición señalada por el equipo que saltaba se invertían las posiciones, en caso contrario seguía pagando el mismo equipo.

대체로 남자아이들이 하는 놀이이지만, 여자아이들도 섞여 함께 하기도 한다. 아이들이 두 팀으로 나뉘어, (한 팀의 아이들 중) 한 아이는 등을 벽에 기대어 서고, 나머지 아이들은 등을 구부려 일렬로 엎드리고, 다른 팀의 아이들은 그 위에 올라탄다.

올라타는 아이들은 한 명씩 차례대로 올라타는데, 이때 '추로 바'라고 외친다. 올라탄 모든 아이들은 몸의 균형을 유지해야 한다. 만약 떨어지는 아이가 있으면, 올라탔던 팀이 역할을 바꾸어 등을 구부려야 한다. 등을 구부린 아이들이 무게를 지탱하지 못하여 쓰러지면, 다시 등을 구부려야 한다.

모두가 다 올라타면, 올라탄 팀의 대장이 '추로(churro), 반소매(media manga), 온소매(manga entera)'라고 외친다. 그러면 올라탄 아이들 중에 정해진 한 명이, 앞에 서 있는 엎드린 팀의 대장에게 손가락으로 추로 모양의 둥근 원을 만들어 보여주고, 그 다음 팔꿈치를 들어 보이고, 그 다음 어깨를 들어 보인다. 그런 후에 엎드린 친구들은 올라탄 아이들 중에 누가 그런 행동을 했는지 알아맞혀야 한다. 맞히면 두 팀은 역할을 바꾸어, 엎드린 팀이 올라타고 올라탔던 팀은 엎드리는 역할을 한다.

이상에서 보듯이 멕시코 아이들도 우리처럼 말타기 놀이를 했다. 그들이 멕시코의 전통 민속놀이라고 설명한 말타기에서, 우리와 유일하게 다른 점은 다음 역할을 결정할 때, 우리는 '가위, 바위, 보'로 결정하지만, 그들은 '추로, 반소매, 온소매'를 몸동작으로 표현하고, 그 동작을 한 아이가 누구인지 알아맞히는 것으로 한다는 점이다.

또 그들은 등타넘기 놀이도 했다. 그들은 이 놀이를 '펜돌라(Péndola/균형 추)'라고 불렀다. 역시 놀이의 원래 명칭이 아니라 나중에 붙인 명칭으로 보인다. 다음은 필자가 멕시코 야후에서 발견한 등타넘기 놀이와 그 설명이다.

멕시코의 등타고 넘기

PÉNDOLA

Sorteados los jugadores para ver quién hace de burro, éste se coloca con el tronco flexionado hacia adelante y manos en las rodillas para que los demás salten por encima.

El juego consiste en repetir todos sucesivamente lo que vaya haciendo el primero de los libres antes de saltar sobre el burro, combinando los saltos para cubrir la distancia entre la raya y el que se queda. Media, es un salto con pie solo: "cruzá", otro cruzando el pie al saltar; "paso", una zancada lo más larga posible, y "entera", un salto a pies juntillas.

Naturalmente el burro se aleja cada vez más del lugar donde se inician los saltos, según le va ordenando el primero de los saltarines, y llega un momento en el que los menos ágiles no pueden salir airosos de la prueba aunque "cojan correntía", o sea, tomen velocidad antes de iniciar los saltos, en cuyo caso pierden y relevan al burro, prosiguiendo el juego en la misma forma por tiempo indefinido.

원문에 설명된 놀이 방법은 대략 다음과 같이 요약된다.

놀이에 참가하는 친구들 가운데 한 명을 '당나귀' 역할을 하도록 뽑는다. 그는 허리를 숙이고 손으로 무릎을 짚어 움직이지 않게 자세를 잡는다. 다른 친구들은 차례대로 '당나귀' 역할을 하는 친구의 등을 짚고 뛰어 넘는다. 이때 바닥에 선을 그어놓고 그 선을 넘지 않고 발로 돋움닫기로 뛰어 등을 타넘어야 한다. 모두 성공하면 새로 시작하는데 매번 당나귀가 선으로부터 조금 더 먼 곳에서 자세를 취한다. 실패한 아이가 생기면 그가 당나귀 역할을 한다.

우리도 이와 같은 등타넘기 놀이를 했다. 실제로 학교에서는 아이들의 체력증진의 일환으로 이 놀이를 장려하기도 했고, 마을에서는 단순한 놀이로 여가시간에 하기도 했다.

● **달집태우기**

멕시코 원주민들도 종이 만들 줄 알았다. 그들은 나무껍질을 벗겨 빻은 뒤에 얇게 펴고 말려 종이를 만들었는데, 이는 우리가 한지를 만드는 방법과 같았다. 우리선조들처럼 기록할 문자가 없었던 그들은 기록할 사항을 종이에 그림으로 그려 남기고, 구체적인 내용은 그림을 보면서 말로 설명하곤 했다. 이렇게 남겨진 그림책 가운데 하나가 1940년에 발견된 아소유 고문헌(Códice de Azoyú)이다. 이 책은 멕시코 서부 게르레로(Guerrero)주에 살던 원주민들의 생활풍습과 역사를 그린 것으로, 신대륙 발견 이전인 13세기부터 발견 이후인 16세기 중반까지 그 지역에서 일어났던 일을 기록하고 있다. 이 책이 발견된 이후, 그림의 의미를 해석하려는 다양한 시도와 연구가 있었지만, 아직도 그림의 의미를 제대로 해석한 학자는 없다.

필자는 이 책에서 우리말로 된 다양한 지명을 발견했는데, 그림으로 우리말을 표현한 것들이었다. 그리고 이 책에서 '달집놀이 태와들(tlachinolli teuatl)'이라는 제목이 붙어 있는 다음의 그림들도 발견했다. 이 그림과 제목을 연구한 멘도사(Mendoza)와 메디나 리마(Median Lima)는 다음과 같이 해석했다[12]. 내용의 중요성을 감안하여, 그림과 함께 그들이 설명한 원문의 일부와 필자의 해석을 같이 보기로 한다.

---

12 Gerardo Gutierres Mendoza & Constantino Medina Lima, 「Toponimia Nahuatl en los Codices Azoyu 1 & 2, Un estudio critico」, Publicaciones de la Casa Chata, 2008, p.54.

그림(1) 그림(2)

El jeroglífico consiste de una antorcha formada de un círculo pequeño en medio de llamas verdes y amarillas, encima de un cerro. Se interpreta como *tlachinoliztli*, el verbo "quemar los campos" y podría ser en el sentido de quemar los campos por el cultivo o bien por *tlachinolli teuatl*, metáfora de guerra, batalla. El topónimo incluye la posposición *icpac* que significa "arriba" o "encima de". Por lo tanto literalmente dice "hacia arriba de la tierra arrasada o conquistada".

이 그림문자에는 횃불과 작은 공 모양의 그림이 있는데, 공은 푸르고 노란색으로 타오르는 불꽃 속에 있다. 이것은 언덕처럼 보이는 그림 위에 그려져 있다. (이것을) '다지노리지들이(tlachinolitztli)'라고 한다는데, 이 말은 '들판을 불태운다'라는 뜻의 동사이다. 그리고 이 불꽃놀이는 경작지를 마련하기 위해 들판을 불태운다고 이해할 수도 있고, '다지노리 태와들(tlachinolli teuatl)'용 불놀이로 이해할 수도 있다. '다지노리 태와들'은 전쟁을 은유적으로 표현한 말이다.

멕시코 학자들은 원주민의 '말'이나 '문화'를 제대로 이해하지 못했다. 이 해석에서도 유추적으로 설명한 부분이 많고, 놀이 명칭의 의미도 정확하게 이해하지 못했다. 그럼에도 불구하고 이 설명에는 다음과 같은 중요한 내용이 포함되어 있다.

1. 언덕 모양으로 뭔가를 만들어, 거기에 불을 질렀다.
2. 그 불꽃 속에는 작은 공 모양의 무엇이 있다.

3. 들판을 불태운다.

4. 이 놀이의 명칭은 '다지놀이 태와들(tlachinolli teuatl)'이다.

우리에게는 정확하게 이 세 가지 특징을 가지면서 명칭까지 거의 같은 민속놀이가 있다. 바로 정월 대보름에 하는 '달집태우기 놀이'이다. 아래의 사진들은 우리가 최근까지 하고 있는 달집태우기 놀이이다.

(1) 완성된 달집 (2) 새끼줄로 묶은 모습과 입구 (3) 달집태우기

(4) 들판 태우기

먼저 들판에 짚과 나무로 달집을 짓는다. 이때 새끼줄을 연결하여 묶어, 짚이나 나무가 흘러내리는 것을 막는다. 멕시코 그림(2)에서 그물 모양으로 그려

진 선이 바로 이렇게 엮어진 새끼줄이다. 앞 설명에서 '언덕 모양'이라고 한 것은 바로 이렇게 만든 달집이다. 이 그림을 설명한 멕시코 학자들은 원주민들이 하던 달집놀이를 본 적이 없으므로, 저 그림을 '언덕'처럼 생겼다고 생각했던 것이다. 우리는 달집 속의 꼭대기에 짚이나 풀을 둥글게 뭉쳐서 만든 공을 매달아 두는데, 달을 상징한다. 멕시코 그림에서 불꽃 속에 그려진 원이 바로 이것이다. 달집 아래에는 달집으로 들어가는 입구를 작게 만드는데, 멕시코 그림에도 보인다. 그리고 달집태우기 과정은 먼저 달집을 태우고, 나중에는 주변의 들판까지 태운다. 멕시코 그림 설명에서도 처음에는 달집을 태우고, 나중에는 들판까지 태운다고 설명하고 있다. 위 사진과 기록으로 확인할 수 있듯이, 우리의 달집태우기와 멕시코 서부 게르레로 지역 원주민들이 하던 '다지놀이 태와들'은 달집의 형태, 새끼줄로 엮어 매어놓는 겉모양, 불태우는 과정 등에서 정확하게 일치하고, 심지어는 달집 꼭대기에 달을 상징하는 공을 만들어 매달았다거나 달집을 다 태운 후에는 주변 들판까지 불태웠다는 점까지 일치한다.

신대륙 발견 수백 년 전부터 이 놀이를 하며 살던 사람들이 우리민족이라는 것은 놀이 자체가 우리의 달집태우기 놀이와 같다는 사실뿐 아니라, 그 명칭까지도 우리말이라는 사실로도 증명된다. 이 놀이의 명칭 '다지노리 태와들(tlachinolli teuatl)'은 다음과 같은 우리말 형태소로 분석된다.

다지노리(tlachinolli) → 다(tla) + 지(chi) + 노리(nolli)
  뜻   달   집   놀이

태와들(teuatl) → 태와(teua) + 들(tl)
 뜻   태워(태우다) 뜻 없음

07. 아메리카에 나타난 우리민족의 놀이풍습

앞에서 설명했듯이, 스페인어로 기록된 원주민 말은 대부분의 경우 원래 말에서 받침소리가 생략된 채로 기록되었다. 따라서 생략된 받침소리를 복원해야 원주민들의 원래 말이 나타나고, 그것이 우리말인지 아닌지 판단할 수 있게 된다. '다'에서 받침소리를 복원하면 '달'이 되고, '지'에서 받침소리를 살리면 '집'이 되어, 모두 우리말이라는 것을 알 수 있다[13]. 그리고 '노리'는 '놀이'를 발음대로 기록한 것이다.

'태와'는 동사 '태우다'의 어간에 해당한다. 19세기 이전까지의 우리말은 동사의 서술어종결어미 '~다'를 거의 사용하지 않았다. 따라서 우리선조들은 오늘날의 '태우다, 태웠다'를 '태우, 태워'라고 말했고, 가끔은 '태와'라고도 했다. 우리민족의 '오'와 '우' 혼용 습관은 오늘날까지도 이어져, 나이 많으신 노인들 중에는 아직도 '배워서'를 '배와서'라고 발음하는 분들이 있다.

위 설명에 나오는 또 하나의 어휘 '다지노리지들이(tlachinolitztli)'는 방금 설명한 '달집놀이'에 '짓들이'라는 말이 결합된 것으로, 멕시코 원주민 말에서 마지막 '~들이'는 일반적으로 뜻이 없으므로, 이 어휘도 우리말 '달집놀이 짓'이라는 것을 알 수 있다.

이것으로 우리는 이 놀이가 멕시코 서부 지역에 남겨진 우리선조들의 흔적이라는 것을 확인했다. 특히 놀이의 모든 과정과 특징이 우리의 달집태우기 놀이와 정확하게 같고, 팽이치기와 마찬가지로 명칭까지도 우리말이라는 사실을

---

13 멕시코 고문헌에 기록된 '지(chi)'가 우리말 '집'이라는 증거가 있다. 멕시코 서부 나야릿(Nayarit)주에 사는 사람들의 언어와 풍습에는 그들이 우리민족의 후예라는 증거들이 다양하게 발견되는데, 그 중에 하나로, '나의 집'을 '내 지(nechi'i)'라고 말했다는 사실이다. 이 자료는 다음 웹주소에 나온다. https://en.wikipedia.org/wiki/Cora_language

확인했다.

● 줄넘기

우리가 해온 줄넘기는 두 가지 종류이다. 한 명이 혼자서 양 손으로 끈을 잡고 머리 위와 발 아래로 앞뒤로 줄을 돌리면서 넘는 놀이와, 두 명이 양쪽으로 늘어서서 긴 줄을 잡아 돌리고, 다른 친구들이 좌우로 돌아가는 줄 안으로 들어가 넘는 놀이가 있다.

멕시코의 줄넘기

이 사진은 멕시코의 줄넘기 놀이 모습이다. 특히 두 번째 유형의 줄넘기에 대한 멕시코의 설명을 보면, 그것이 우리가 하던 줄넘기와 정확하게 같다는 것을 알 수 있다. 내용의 중요성을 감안하여 원문과 필자의 해석을 함께 보기로 한다.

　　La Cuerda

　　Juego muy común, practicado por chicos y chicas de diferentes edades. Había muchas modalidades: cantar una canción saltando, entrar y salir, entrar al revés, saltar dos personas a la vez, saltar varias personas a la vez entrando de una en una...Cada una de estas variantes iba asociada a una canción. En todas las variantes, si el jugador se equivocaba en la interpretación de la letra, paraba la cuerda o perdia comba o cuerda.

　줄(la cuerda)

　남녀 아이들이 매우 많이 하는 놀이로서, 다양한 방법으로 한다: 줄넘기를 하면서 노래 부르기도 하고, 돌아가는 줄 안으로 들어갔다 나왔다 하기도 하고, 반대 방향에서 들어갔다 나왔다 하기도 하고, 두 명이 동시에 같이 하기도 하고, 여러 명이 한 명씩 차례로 들어가 함께 하기도 한다. 그렇게 들어간 아이들이 같은 노래를 함께 부르기도 한다. 이렇게 하다가 누군가 한 명이 잘못하면, 줄넘기는 멈추게 된다.

　이 설명을 보면, 마치 우리나라 아이들이 최근까지 하던 줄넘기 놀이를 설명한 것 같다. 필자가 어렸을 때에도 여자 아이들은 이렇게 줄넘기를 했다. 여러 명이 차례로 돌고 있는 줄 안으로 들어가기도 하고 나오기도 했으며, 때로는 반대 방향으로 들어가기도 하고 나오기도 했다. 특히 여러 명이 함께 할 때는 발을 맞추기 위해서 노래를 부르곤 했다. 모두가 같은 노래를 불러 발을 맞추었다는 점은 매우 특이한데, 멕시코의 줄넘기는 그런 점까지 우리의 것과 같다.

그네

　멕시코에서 하던 우리민족 고유의 민속놀이 가운데 하나가 그네이다. 높고 큰 나뭇가지에 길고 튼튼한 새끼줄의 양쪽 끝을 적당한 넓이로 매어 그넷줄을 만들고, 그 줄을 아래로 늘어뜨려 땅바닥과의 높이가 무릎 정도로 되게 한다. 그리고 적당한 길이의 나뭇가지 두 개를 가지런히 놓고 새끼줄로 엮어 발판을 만들어 그넷줄에 끼운다. 그네 타는 방법은 아래 사진에서 보듯이, 발판 위에 앉아서 타는 법과 그 위를 밟고 올라서서 타는 방법이 있다.

　멕시코 원주민들도 그네를 탔다는 것은 아래 제시된 조각을 보면 알 수 있다. 멕시코의 두 번째 그네 인형에는 '그네 타는 사람, 베라크루스주 토토나가의 문화, 기원후 300년~900년'이라는 짤막한 설명이 붙어 있다[14]. 우리는 앞에서 토토나가인들이 우리민족의 후예였다는 다양한 증거들을 보았다. 음양태극과 함께 고리 기호 목걸이가 새겨진 꽤잘꼬아들 신상이 있었고, 태양신

14　Federación Mexicana de Juegos y Deportes Autóctonos y Tradicionales, A.C., 같은 책, p.10.

의 제삿날에는 모든 사람들이 조개로 만든 고리 기호 목걸이를 걸고서 하루 종일 엄숙하게 강연을 들었는데, 그때 '지친이'라는 우리말을 사용했다. 토토나가 (Totonaca)라는 종족 명칭 자체가 '신성하고 신성한 나의 사람'이라는 뜻의 고대 우리말이라는 것도 보았다.

멕시코의 이 조각으로 미루어 보면 우리민족의 그네 놀이는 늦어도 9세기 이전에 시작되었다는 것을 알 수 있다. 오른쪽 그림은 조선시대 화가 신윤복이 남긴 '단오풍경'이라는 그림 속의 그네 타는 여인의 모습이다. 자세히 보면 멕시코 그네의 발판까지도 우리 그네와 같다는 것을 알 수 있다.

멕시코의 그네 타는 인형

신윤복의 '단오풍경'의 그네 타는 여인

구슬치기

구슬치기도 우리민족의 전통 민속놀이 가운데 하나이다. 주로 어린 남자아이들이 작은 구슬을 가지고 노는 놀이로서, 놀이 방법이 다양했다. 넓은 마당에서 친구의 구슬을 맞히기 놀이도 했고, 땅바닥에 적당한 크기의 원을 그려두고, 놀이에 참가하는 모든 아이들이 각각 몇 개의 구슬을 내어 그 안에 모아두고, 일정한 거리 밖에서 각자 자기 구슬로 원 안의 구슬을 쳐서 밖으로 나오게 하여 따먹는 놀이도 했다.

땅에 구멍을 파놓고 구슬치기를 하기도 했는데 구멍의 위치는 도형에 따라 다양했다. 오른쪽 도형은 필자가 어린 시절 친구들과 하던 구슬치기 도형이다. 보통 2~3명이 함께 하 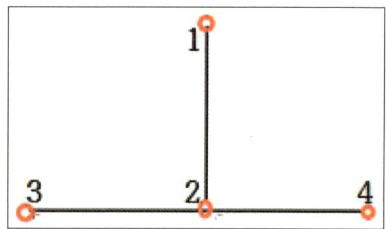 던 놀이로, 먼저 도형에서 붉은 색으로 표시된 모양으로 땅에 네 개의 구멍을 적당한 크기로 판다. 그리고 놀이에 참가하는 아이들이 순서를 정한 후에, ②의 위치에서 ①번 구멍을 향해 구슬을 굴린다. 구멍에 구슬이 들어가면 그 다음 번호의 구멍으로 계속한다. 만약 들어가지 않으면 구슬을 그 자리에 둔 채로, 다음 순서의 아이가 시작한다. 이 아이는 먼저 한 아이의 구슬을 맞히거나 구멍에 구슬을 넣으면 계속한다. 먼저 한 아이의 구슬을 맞히면 ①번 구멍으로 가서 시작하고, ①번 구멍에 들어간 후에 맞히면 ②번 구멍으로 가서 다음 번호의 구멍을 향해 구슬을 굴린다. 이렇게 구슬이 구멍에 들어가거나 친구의 구슬을 맞히면 계속한다. 모든 번호의 구멍을 한 바퀴 먼저 도는 친구가 이긴다. 한 번 들어갔던 구멍에 구슬이 또 들어가면 죽는다. 친구의 구슬을 맞힐 때는 세게 맞혀 멀리 보내는데, 그 구슬이 구멍에 들어가기 어렵게 하기 위함이다.

땅바닥에 구멍을 파놓고 하던 이러한 구슬치기는 우리나라 전역에서 행해졌었다. 필자는 어린 시절 유리구슬로 이 놀이를 했지만, 유리구슬이 없던 우리선조들은 진흙으로 빚어 만들거나, 작고 둥근 씨앗으로 했다고 한다.

멕시코에서도 구슬치기를 했다. 아래 그림에서 보듯이 땅바닥에 원을 그리고, 그 안에 모아둔 구슬을 쳐서 원 밖으로 굴러 나오도록 하는 놀이도 했고, 위에서 소개한 우리의 놀이처럼 정해진 도형에 따라 땅바닥에 여러 개의 구멍을 파고, 순서에 따라 한 바퀴 먼저 도는 놀이도 했다. 아래는 구슬치기하는 멕시코 아이들의 모습이다.

원 안에 구슬을 모아두고 쳐내기   다른 아이 구슬 맞히기

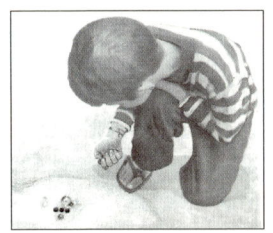 

구슬을 치려고 하는 아이의 손을 보면, 왼손을 받침대로 하고 그 위에 오른손을 올려서 자세를 고정한 다음 구슬을 쏘려고 하고 있다. 우리나라 아이들도 이와 같은 자세로 구슬을 쏘아 친구의 구슬을 맞히곤 했다.

아래는 멕시코 민속놀이로 소개되고 있는, 땅에 구멍을 파고서 하는 구슬치기 놀이이다. '멕시코 민속놀이 연합회'는 이 놀이가 그들의 고유 민속놀이라고 소개하면서 놀이 방법과 규칙을 자세히 소개하고 있다. 아래 사진은 그들이 '마토나(Matona)'라 부르는 구슬치기의 도형과 놀이 방법에 관한 것이다. 필자의 요약 해석과 함께 보기로 한다.

LA MATONA

En algunas colonias de la ciudad de Tepic y varios municipios del norte y sur del estado de Nayarit conservan esta variante del juego de canicas.
Participan dos, tres o más jugadores con pichas, canicas de barro, madera o cristal. Se practica en un espacio de tierra libre de obstáculos. Hay que dibujar una línea recta de unos 90 cm y un cuadro a 3 m de distancia de ésta, dentro del mismo se cavan seis hoyos o pocitos con una profundidad no mayor de 3 cm separados entre sí a 60 cm; en el centro del cuadrado se cava el séptimo pozo.
El juego comienza cuando los jugadores lanzan su picha desde una distancia de 3 m hacia la línea recta; el que quede más cerca de ella, inicia el juego lanzando su picha al primer pocito, si logra meterla seguirá con el segundo y así sucesivamente hasta llegar al séptimo pozo.

El que llegue primero al séptimo pozo obtendrá la matona o veneno, que consiste en poder tirarle a las canicas de sus contrincantes, al pegarles automáticamente éstas saldrán del juego, los otros sólo podrán quitarle este privilegio si logran pasar por los seis pocitos y meten su canica en el séptimo pocito, entonces el jugador que tenía el veneno perderá su poder, hasta que de nuevo vuelva al séptimo pocito.
Durante y antes de llegar a meter la canica en el séptimo pocito, pueden golpearse las canicas de los contrincantes, tratando de alejarlas lo más posible para evitar conseguir que lleguen al séptimo pocito antes que él.
Cuando el jugador logra meter la canica a un determinado pocito, vuelve a tirar tantas veces hasta que no acierte, entonces cederá su turno. Cuando mete o le meten su canica a un pocito en donde ya había estado, se ahogará y perderá el juego, esta regla aplica también en el séptimo pocito, a menos que a dicho jugador le hayan quitado el privilegio del veneno o matona, entonces sí podrá volver a meter su canica en el séptimo hoyo para poder obtener el privilegio de nuevo.
Se gana hasta que el jugador que tiene el veneno o matona elimina a sus contrincantes; los jugadores que pierdan tendrán que entregar tres pichas al jugador que los venció.
El juego se practica en cualquier época del año.

마토나(Matona)

나야릿(Nayarit)주의 태백(Tepec)시를 중심으로 많이 했으며 나야릿주의 북쪽 및 남쪽 지역에서 다양한 구슬치기가 전해져 왔다. 2~3명 이상의 아이들이 흙으로 만들거나 나무를 깎아서 만든 구슬 혹은 유리구슬로 이 놀이를 했다. 놀이의 방식은, 땅에 7개의 구멍을 파 놓고, 3m 거리에서 앞에 그려진 직선을 향해 아이들이 자기 구슬을 던져 차례를 정했다. 그 선에 가장 가까이 던진 아이가 제일 먼저 시작했다. 그는 첫 번째 구멍을 향해 자기 구슬을 던지고, 구슬이 그 구멍에 들어가면, 두 번째 구멍으로 그 구슬을 던졌고, 성공하면 같은 방식으로 다음 구멍으로 놀이를 계속했다. 이렇게 하여 제일 먼저 마지막 7번째 구멍까지 성공한 아이가 이긴 걸로 하여 다른 아이들의 구슬을 가져갔다.

7번째 구멍에 넣기 전까지는, 자기 구슬로 친구들의 구슬을 맞혀도 된다. 이 때에는 친구의 구슬이 구멍에 쉽게 들어가지 못하도록 하기 위하여 세게 맞혀서 멀리 굴러가게 한다. 구슬이 구멍에 들어가면, 계속해서 게임을 하고, 못 들어가면 다음 친구가 시작한다. 이미 들어갔던 구멍에 다시 들어가면 죽는다. 이 놀이는 계절에 관계없이 했다.

일정한 도형에 따라 땅에 구멍을 파놓고 하던 이 놀이는 필자가 어린 시절에 하던 놀이와 도형만 다를 뿐, 세부 규칙은 정확하게 같다. 멕시코인들은 이러한 구슬치기가 그들의 전통 민속놀이라고 설명하고 있는데, 놀이의 종류나 구슬을 쏘는 자세도 우리의 것과 일치하지만, 특히 구멍을 파놓고 하는 놀이에서 '친구의 구슬을 맞힐 때, 세게 맞혀서 구멍에 쉽게 들어가지 못하도록

멀리 보낸다'는 세세한 방법까지 같다 그리고 땅바닥에 구멍을 파놓고 하는 놀이는 나야릿(Nayarit)주에서 오랫동안 전해져 왔다고 하는데, 나야릿주의 명칭은 그 지역을 다스리던 족장이 스페인인들에게 '나야'라고 자주 말한 데서 유래된 지명이다. 놀이의 자세한 방법과 규칙뿐 아니라 지명까지도 우리민족과 떼려야 뗄 수 없는 연관성을 보여주고 있다.

● 굴렁쇠

굴렁쇠 놀이는 철사로 둥근 바퀴를 만들어, 아래 사진에서처럼 적당한 길이의 대를 사용해 뛰면서 굴리는 놀이이다. 아래 사진에서 보듯이 멕시코에서도 광범위한 지역에서 굴렁쇠 놀이를 했다[15].

우리나라  멕시코

15 Federación Mexicana de Juegos y Deportes Autóctonos y Tradicionales, A.C., 같은 책, p.76.

철사가 귀했던 옛날, 멕시코에서는 잘 휘어지는 나무나 넝쿨로 바퀴를 만들고, 막대기로 굴리며 뛰어다녔다고 한다. 아마 철사가 흔하지 않았던 시대의 우리선조들도 굴렁쇠를 이와 같이 만들었을 것이다.

● 씨름

김홍도의 그림 '씨름'(18세기)

우리민족의 민속놀이로서 가장 널리 알려진 것 가운데 하나가 씨름일 것이다. 우리의 민속 씨름은 모래판에서 하며, 허리에 샅바를 매고 하기도 하고, 안 매기도 했다. 처음 시작할 때는 허리를 구부려 서로 어깨를 맞대고 상대방의 샅바나 허리춤의 옷을 잡고 시작하며, 여러 가지 기술로 상대방의 손, 어깨 혹은 무릎이 먼저 모래판에 닿게 하면 이긴다. 보통 세 번 하여 두 번 이긴 사람이 승자가 된다.

바로 이와 똑같은 씨름이 멕시코에서 그들의 고유 민속놀이로 전해지고 있다. 다음 사진에서 보듯이, 그들도 샅바를 사용하기도 했고(사진 ①), 처음 시작할 때 서로의 어깨를 맞대고 시작하고(사진 ②), 사용하는 기술도 밧다리걸기(사진 ③), 잡채기(사진 ④), 배지기(사진 ⑤) 등으로서, 우리 민속 씨름 기술과 같다.

멕시코 씨름에서도 상대방의 신체부위를 먼저 바닥에 닿게 만들거나 쓰러뜨리면 이기는데[16], 세 판을 해서 두 판 이긴 사람을 승자로 한다[17].

멕시코에서 씨름을 특히 많이 하던 곳은 북부 치와와(Chihuahua)주로서, 그곳에 사는 원주민들을 라라무리(Raramuri)라고 부른다. 필자가 조사한 바에 따르면 그들의 언어에도 다양한 우리말이 나온

---

16 Federación Mexicana de Juegos y Deportes Autóctonos y Tradicionales, A.C., 같은 책, p.110.
17 Federación Mexicana de Juegos y Deportes Autóctonos y Tradicionales, A.C., 같은 책, p111.

다. 예를 들어, 다음 문장을 보자[18].

라라무리 말: Huan－i Hosé   čapile
   발음   환－이   호세   자블래
   뜻   환이   호세를 (붙)잡았다 (John grabbed Joe).

1950년대부터 미국 언어학자 로날드 란가커(Ronald W. Rangarker)를 중심으로 미국과 멕시코 학자들이 모여 '미국-멕시코 인디언 언어 공동 조사단'을 조직했는데, 이 문장은 거기에 참가했던 돈 부르헤스(Don Burgess)가 치와와지역에 살던 라라무리(Raramuri) 인디언의 말에서 채집한 예문이다. 이 말은 문장 전체가 우리말이다. 환(Huan)과 호세(Hosé)는 스페인어 사용국에서 가장 자주 들을 수 있는 흔한 남자 이름이다. 이 문장의 구조는 '주어-목적어-동사'의 순서로서 우리말 문장 구조와 같고, '-이'는 우리말 주격조사이며, '자블래'는 우리말 동사 '잡다'이다.

우리는 오늘날까지도 멕시코 북부 라라무리족 원주민들과 거의 교류하지 않을 뿐 아니라, 그들의 존재 자체를 모르면서 살고 있다. 그럼에도 불구하고 라라무리족은, 언어학적 진리의 관점에서 보면 다른 민족이 절대로 차용해서 사용할 수 없는, 우리말 주격조사 '-이'와 동사 '자블래' 사용했고, 이렇게 완전한 우리말 문장을 말하며 살았다. 이 문장만이 아니다. 그들의 종족 명칭 '라라

---

18 Ronald W. Langarker(Ed), 「Studies in Uto－Aztecan Grammar」, vol.4, The Summer Institute of Linguistics and The University of Texas at Arlington, 1983, p.9 & 10.

무리' 속에도 우리말이 들어 있다. 멕시코 학자들은 '라라무리'를 '발로 뛰는 사람들'로 해석하거나 그냥 '사람들'이라고 해석하는데, '무리'는 우리말에서도 '사람들'을 뜻한다[19]. 멕시코에서는 '라라'의 발음에 대하여 '분명하지 않은 ㄹ 소리'로 발음한다고 설명하고 있는데, 치와와지역 남쪽에 살던 원주민 집단의 족장이 '나야'라는 말을 자주하여 그 지역 명칭이 '나야릿(Nayarit)'주가 되었다는 사실을 참고하면, '라라'는 '나나'가 변질된 말로 보인다. 즉 '라라무리'는 '나나무리'로서, 뜻은 " '나, 나' 라고 말하는 사람들"로 이해된다.

따라서 이러한 언어적 증거로 볼 때, 치와와의 라라무리 인디언들도 우리민족의 후예로 판단된다. 필자의 이러한 판단은 치와와를 둘러싸고 있는 주변 모든 지역의 인디언들에게서도 우리민족의 흔적이 분명하게 나타난다는 사실로 뒷받침된다.

치와와 북쪽은 미국의 아리조나주, 뉴멕시코주, 텍사스주이다. 이 세 주에도 우리민족의 흔적은 매우 많이 남아 있다. 예를 들어 아리조나주에서 멕시코로 가는 도로의 국경 마을 이름은 '노갈레스(Nogales)'인데, 뒷말 '-레스(-es)'는 스페인어의 복수형 접사이고, 앞말 '노갈(nogal)'은 '나의 집'을 뜻한다고 미국과 멕시코 학자들이 설명하고 있다. 그런데 우리말로도 '나의 집'을 뜻한다. '노'는 고대 우리선조들이 사용하던 말로서 '나, 나의'를 뜻하고[20], '갈'은 오늘날 몽골족의 이동식 천막집 '겔/게르'와 같은 말이다. 고대 우리선조들도 북만주 일대

---

19 이 부족의 명칭은 '언어 혼란'으로 오늘날 다양하게 전해진다. 가장 대표적인 명칭이 '라라무리(Rarámuri)'와 '다라우마르(Tarahumar)'이다. 필자는 다양한 자료를 검토해 본 결과, 이 부족의 원래 명칭은 '다 아 무리(Ta a muri)'라는 우리말이었고, 그 뜻은 '다 우리 무리', 즉 '다 우리 사람들'이라는 뜻으로 판단한다.
20 '노'는 초기 고구려를 구성했던 5개 부족 명칭에 나온다. 예를 들어, '순노부'는 '동쪽(순) 나의(노) 땅(부)'이라는 뜻이다. 보다 자세한 설명은 '손성태, 「우리민족의 대이동/멕시코편」, pp.319~323'을 참조하기 바란다.

에서 짐승을 키우기 위해 오늘날 몽골의 천막집과 같은 집을 지어 이동하며 살았던 것으로 추정된다.

치와와주 바로 북쪽에는 미국의 뉴멕시코와 텍사스 주가 있다. 이 지역은 우리말 '아버지'가 변해서 종족명칭이 된 '아파치(Apache)'족 인디언이 살던 지역이다. 아파치족은 두 개의 새깃털을 머리에 꽂았고, 여인들은 붉은 볼연지를 칠하던 풍습이 있었다. 그리고 아파치족이 살던 동쪽 지역에는, 필자가 「멕시코편」에서 소개한 적이 있는 가랑가화족이 살았다. 가랑가화족은 장례식 때 상엿소리로 '애타, 애타'라고 부르짖던 인디언들이다. 그리고 치와와주에서 남쪽으로 내려오면, 조금 전에 설명한 '나야릿(Nayarit)'주가 있다. 따라서 치와와주의 주변 지역 가운데 우리민족의 흔적이나 우리말 지명이 나오지 않는 곳이 없다는 것을 알 수 있다.

● 제기차기

제기는 납작한 돌이나 동전을 약간 넓은 종이나 헝겊에 싸서 묶은 후에, 종이나 헝겊의 남는 부분을 길게 여러 갈래로 잘라서 만든다. 제기차기는 제기를 발로 연이어 차서 땅에 떨어지지 않도록 하는 놀이로, 삼국시대에 이미 하던 놀이로 알려져 있다.

멕시코인들도 우리의 제기차기와 비슷한 놀이를 했다. 그들은 작은 돌을 긴 옥수수 잎으로 싸서 아래 사진과 같은 제기를 만든 후에, 여러 명이 빙 둘러서서 이것을 손으로 치거나 발로 차서 땅에 떨어지지 않도록 했다.

우리의 제기

멕시코의 제기

● 사방치기(마룻돌 놀이)

이 놀이의 정확한 명칭은 불분명하다. 일부 지역에서는 '사방치기'라고 하지만 필자의 고향에서는 '마룻돌 놀이' 혹은 '마룻돌 차기 놀이'라고 불렀다. 먼저 땅바닥에 다음과 같은 도형을 그려두고, 놀이에 참가할 아이들은 각자 손바닥

마룻돌 놀이 도형

10	11
9	
8	
7	
6	
5	
4	
2	3
1	

만한 작고 납작한 돌(마룻돌)을 주워 온다. 순서를 정한 후에, 첫 번째 아이가 ①번 칸 앞에서 자기의 마룻돌을 ⑤번 칸 안으로 던진다. 마룻돌이 경계선에 닿지 않고 ⑤번 칸 안에 놓이면, 그 아이는 외발로 ①번 칸을 밟은 후에 두 발로 ②와 ③의 칸을 동시에 밟고, 다시 외발로 ④번 칸을 밟은 후에, 그 상태로 ⑤번 칸의 마룻돌 바로 앞으로 건너뛴다. 그리고 외발로 마룻돌을 차서 ⑥번 칸으로 보낸 후, 그 상태로 ⑥번 칸의 마룻돌 앞으로 건너뛰고, 다시 마룻돌을 차서 ⑦번 칸으로 보내고, 같은 동작으로 계속하여 ⑨번 칸까지 간다. ⑨번 칸에서는 마룻돌을 세게 차서 밖으로 내 보낸 후에, 비로소 ⑩번과 ⑪번 칸에서 두 발을 동시에 땅을 밟고 쉬면서 밖으로 나온다. 이 과정을 성공하면, 그 아이는 처음 시작하는 곳에서 마룻돌을 ⑥번 칸에 던져 놓고 시작하고, 다시 성공하면 그 다음에는 마룻돌을 ⑦번 칸에 던져놓고 시작한다. 이렇게 ⑨번까지 하여 먼저 성공하는 아이가 마룻돌 놀이의 우승자가 된다.

만약 던진 마룻돌이 정해진 번호의 칸에 놓이지 않거나, 경계선에 닿거나 혹은 발로 찬 마룻돌이 다음 번호의 칸에 멈추지 않고 벗어나거나, 외발로 서 있어야 할 칸에서 몸의 균형을 잃어 두 발로 땅을 밟으면 탈락되고, 그 다음 아이가 시작한다. 모든 아이들이 탈락하여 첫 번째 아이 차례가 다시 돌아오면, 이 아이는 성공하지 못한 번호에서부터 시작한다. 마룻돌 놀이에 사용되는 도형은 정해져 있는 것이 아니라 아이들이 정하기에 따라 다양하다.

마룻돌 놀이에는 또 하나의 놀이유형이 있다. 마룻돌을 발로 차지 않고, 도형의 각 칸을 외발로 갔다가 다시 돌아 올 때 손으로 마룻돌을 집어 들고 오는 것이다. 앞의 놀이처럼 마룻돌을 ⑤번 칸에 던져놓고 시작하여 성공하면, 그 다음에는 ⑥번 칸에 던져놓고 한다. 이런 식으로 계속하여 마지막 번호의 칸까지 성공하면 이긴다.

바로 이와 같은 두 가지 유형의 마룻돌 놀이를 멕시코 아이들도 했다. 아래는 멕시코 아이들이 마룻돌 놀이를 하는 모습과, '멕시코 민속놀이 연합회'가 소개하는 이 놀이의 규칙이다[21]. 원문과 필자가 요약한 우리말 해석을 함께 보기로 한다.

멕시코 아이들의 마룻돌 놀이

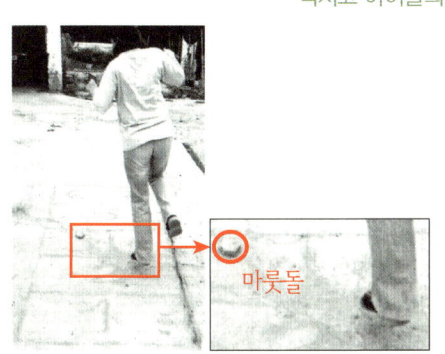

놀이규칙

1. Pueden participar todos los que quieren. Cada uno debe tener una teja(una piedra plana) al comienzo del juego.

2. Arrojar la teja desde la línea señalada al primer espacio.

3. El jugador debe entrar saltando sobre un solo pie y trata de patear

---

21 Alida Zurita Bocanegra, 「Juegos y deportes autoctonos y tradicionales de México」, Editorial Trillas, 2009, pp.30~33. /Carlos Suari Rodrigue, 「Juegos tradicionales: del curriculum a la clase」, Wanceulen, 2005, p.18.

o desplazar con él al siguiente espacio y así sucesivamente hasta llegar al último espacio sin bajar el otro pie.

4. Si la teja o el pie pisa la raya se pierde el turno.
5. Si llegan a las dos casillas finales pueden descansar los dos pies colocados en cada una de ellas.

1. 놀이를 하고 싶은 아이들은 누구나 참가할 수 있다. 놀이를 시작할 때 각자 납작한 돌(마룻돌)을 준비한다.
2. (첫 번째 순서의 아이가) 자기 돌을 정해진 곳에서 첫 번째 칸에 던진다.
3. 그 아이는 외발로 뛰어 도형 안으로 들어간다. 그리고 그 발로 자기 돌을 차서 다음 칸으로 보낸다. 이렇게 계속하여 마지막 칸까지 다른 발을 내리지 말고 계속해야 한다.
4. 만약 그 돌이 선의 경계선에 닿거나 발이 선을 밟으면, 그 다음 차례의 아이가 놀이를 시작한다.
5. 두 칸으로 된 곳에 도착하면, 한 칸에 한 발씩, 두 발 모두 땅을 밟고 쉴 수 있다.

멕시코 민속학자들은 이 놀이가 그들 고유의 전통 민속놀이로서, 주로 멕시코시티와 그 주변지역에서 전해져 내려오는 놀이라고 소개하고 있다. 그러나 이 놀이 과정이나 규칙을 보면, 필자가 어릴 때 하던 우리의 마루돌 놀이와 같다. 땅 바닥에 도형을 먼저 그려두고, 작고 납작한 돌을 각자 주워서, 순서를 정한 후에 정해진 칸에 던져놓고, 외발로 그 돌을 차서 한 칸씩 옮기는 과정이나, 돌이 선에 닿거나 발로 선을 밟으면 탈락한다는 규칙도 우리의 규칙과 정확하게 같다.

이로써 필자는 불과 20여 년 전까지 멕시코에서 전해 내려오며 널리 행해지던 17가지 우리민족 고유의 민속놀이들을 소개했다. 「멕시코편」에서 이미 소개했던 윷놀이, 공놀이, 격구, 투환놀이, 실뜨기와 너무 널리 퍼져 있어 굳이 소개하지 않은 연날리기 등을 합치면 무려 25여 종의 우리 민속놀이가 아메리카로 전해졌음을 알 수 있다. 그리고 이 놀이 가운데 상당수는 아직도 멕시코의 여러 지방 작은 마을에서 행해지고 있음도 사실이다.

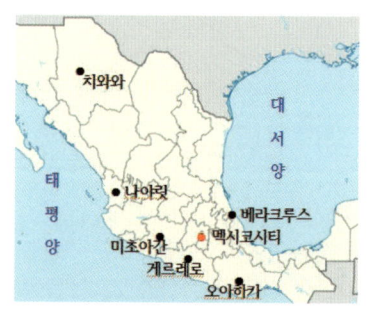

오늘날의 멕시코 학자들은 태평양과 인접한 게르레로(Guerrero)주의 원주민들, 그 남쪽 오아하카(Oajca)주의 원주민들, 바로 북쪽의 미초아간(Michoacan)주의 원주민들, 더 북쪽의 나야릿(Nayarit)주의 원주민들, 멕시코 수도에 살던 아스태가인들, 그리고 동부 대서양과 인접한 베라크루스(Veracruz)주에 살던 토토나가인들을 모두 서로 다른 종족으로 분류하고 있다.

그들의 이러한 종족 구별이 과연 옳을까? 게르레로주에서는 달집태우기 놀이를 했고, 오아하카주는 고리족과 맥이족이 처음 만났을 때 같은 민족임을 서로 몰라보고 전쟁을 했으나, 나중에는 함께 살았던 곳으로(「멕시코편」 pp.44~48 참조) 죽마놀이, 구슬치기, 팽이치기, 말타기와 같은 매우 다양한 우리민족의 놀이가 이어지고 있다. 미초아간은 '물고기와 장소'라는 뜻의 우리말로서, 피라밋에 새겨놓은 유일한 기호가 바로 우리민족을 상징하는 고리 기호였고, 그 지역을 지배하던 늙은 족장의 이름은 '잔소리(Chansori)'였다. 나야릿주는 그 지역을 지배하던 족장이 스페인 사람들을 만날 때마다 '나야(naya), 나여(naye)'라고 말했다고 해서 붙여진 지명으로, 특히 구슬치기가 아직도 성행하고 있다고 한다. 동부 해안의 베라크루스주는 원래의 지명이 토토나가판(Totonacapan)으로서 '신성하고 신성한 나의 사람의 땅'이라는 뜻의 우리말이고, 우리의 음양태극이 조각된 신상이 있던 곳이다(현재 이 신상은 멕시코시티 인류학 박물관에 전시되어 있다). 그리고 멕시코 수도는 우리민족 맥이족이 아스태가제국을 건설했던 곳이다.

따라서 멕시코는 우리민족의 흔적이 배어있지 않은 곳이 없다. 갖가지 놀이 풍습 이외에도 어떤 지역은 생활풍습이나 장례풍습으로, 어떤 지역은 그림 역사서로, 어떤 지역은 족장의 이름 혹은 피라밋에 새겨진 기호로, 어떤 지역은 족장이 자주하던 말로, 그리고 어떤 지역은 음양태극으로, 그리고 어떤 지역은 제국의 이름으로, 그들이 우리민족의 후예였다는 흔적을 남겼다. 그리고 그 모든 지역에는 헤아릴 수 없을 정도로 많은 우리 옛말로 된 지명들이 남아있다. '멕시코'라는 국명조차 '맥이곳(México)'이라는 말로서 우리민족 맥(이)족이 사는 곳이라는 뜻이 아닌가!

오늘날의 유럽이나 미국 학자들은 물론이고 멕시코 학자들도 우리민족 고유의 특징이나 풍습에 대하여 아는 것이 없다. 우리말도 모르고, 우리의 생활풍습이나 고유의 놀이에 대해서도 아는 것이 없다. 그래서 그들은 아메리카 원주민이 남겨놓은 흔적 속에 '코리아'라는 민족의 특징이 다양한 형태로 그렇게 많이 쏟아져 나와도, 그것을 총체적으로 볼 줄 아는 눈이 없다. 그래서 지역마다 별개의 민족으로 구별하여 분류하고 있는 것이다.

그러나 우리는 저들과 다르다. 우리는 우리말과 우리민족 고유의 생활풍습, 민속놀이풍습, 신앙풍습 등 온갖 특징을 안다. 따라서 필자가 이 장에서 제시한 아메리카 원주민의 다양한 놀이가 우리의 민속놀이와 같고, 확인되는 일부 놀이 명칭도 우리말이라는 사실을 알아볼 수 있다. 아메리카 학자들은 지난 100여 년 이상 연구하고도 인디언들의 민속놀이의 실체를 알아차리지 못했지만, 이 책의 독자들은 바로 알았을 것이다. 그 놀이들이 우리 고유의 것이 아니라면 이런 깨달음이 어떻게 가능하겠는가!

우리민족의 흔적이 발견되는 지역이 앞의 지도에서 언급한 지역뿐이었을까? 천만에! 멕시코 모든 지역에서 우리민족 고유의 흔적이 갖가지 형태로 나타난다. 멕시코뿐일까? 천만에! 미국을 포함한 아메리카대륙 전 지역에서 우리민족의 흔적이 그렇게 나타난다. 그래서 우리민족의 상징 '고리 기호'가 미국의 거의 모든 주의 인디언 유물에 나타나고, 남미 수많은 나라의 유물에도 나타나는 것이다. 필자는 아직 아메리카 대륙에 널려진 우리말 지명들에 대하여 본격적으로 설명하지 않았다. 아메리카대륙에 있는 많은 지역의 큰 산들의 명칭, 중요한 강이나 호수의 명칭, 마을 명칭들을 비롯하여 일일이 열거할 수 없을 만큼 많은 지명들이 우리말이라는 사실을 필자가 언제쯤 세상에 내놓을 수 있을까?

08. 유전자로 확인되는 우리민족의 대이동

● 미토콘드리아 DNA

오늘날 우리나라는 '다문화 가정'이라고 하여, 우리나라 사람과 외국인이 결혼한 가정이 예전보다 매우 많아졌다. 그런데 외국인과 결혼한 가정의 아이들은 그 외모에서 구별된다. 그 이유는 인간의 외모는 부모로부터 절반씩 물려받는 핵 유전자에 의해 결정되기 때문이다.

오늘날 지구상의 인간의 계보를 연구하는데 가장 중요한 자료 가운데 하나가 유전자(DNA)이다. 유전자를 이용하여 어떤 집단이 고대에 어느 지역에서 살다가 왔는가를 정확하게 알려면, 모계, 즉 엄마에게서 딸에게로 이어지는 여성 유전자인 미토콘드리아 DNA의 구조와, 부계, 즉 아버지에게서 아들에게로 이어지는 남성 유전자인 Y염색체의 구조를 알고, 그것을 계통적으로 분류하여, 같은 유전자를 가진 인간들이 지리적으로 어떻게 분포되어 있는가를 확인해야 한다. 그러나 남성유전자 Y염색체는 변이형의 종류가 너무나 많아 아직 제대로 해석되지도, 계통적으로 분류되지도 못하고 있다.

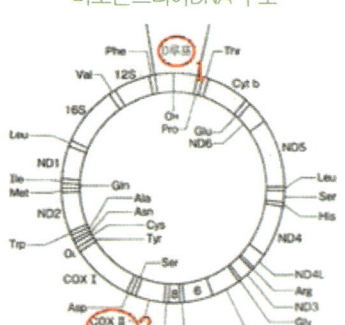

그래서 현재 인간의 계보를 연구하는데 사용되는 유전자는 기본 구조가 밝혀진 여성 유전자 미토콘드리아 DNA이다. 이 유전자는 1981년 처음으로 그 기본구조가 밝혀졌지만 몇 곳에서 오류가 발견되어, 1999년 수정 보완된 구조가 발표되었는데, 그것이 오른쪽 사진의 구조이다[1]. 이 유전자는 사진에서 볼 수 있듯이, 영어 약자로 표기된 염기(유전자 구성 요소, 즉 작은 유전자)들이 순서에 따라 배열되어 있는데, 이것을 표준 염기배열이라고 한다.

미토콘드리아 DNA의 경우도, Y염색체의 경우와 마찬가지로, 구성 요소인 염기들이 각 개인마다 미세한 차이를 가진 변이형들이 있고, 변이형의 종류가 너무나 많아 정확하게 같은 유전자를 찾아 인간의 계보를 정리한다는 것은 불가능하다. 예를 들어 D루프(붉은 원1)는 거의 1천개의 염기쌍으로 구성되어 있는데, 여기에도 많은 변이가 있어 개개인마다 차이가 있다.

그런데 우연히 오른쪽의 기본구조에서 COX II와 Lys 사이의 염기(붉은 원2)에 과거에 여러 번의 돌연변이가 발생했고, 그 돌연변이는 일단 발생하면 딸들에게 그대로 유전되어 왔다는 사실이 밝혀졌다. 그래서 이 돌연변이들을 분류하여 각 돌연변이에게 A, B, C, D....라는 기호를 붙여 구별하고, '하플로그룹

---

1 이 구조는 다음 책에서 가져 온 것이다: 시노다 겐이치(篠田謙一), 「DNA가 밝혀주는 일본인, 한국인의 조상」, 박영미역, 보고사, 2008, p.44.

(Haplo group)'이라고 명명했다. 하플로그룹 분류의 기준이 되는 돌연변이는 보통 수만 년에 한 번 꼴로 발생한다는 사실도 밝혀져[2], 같은 하플로그룹에 속한다는 의미는 수만 년 전에 같은 조상을 가지고 있었다는 의미로 해석되어, 그 사람의 조상의 계보를 추적할 수 있게 되었다.

이 하플로그룹의 분류에 따르면, 아메리카 인디언들의 유전자는 하플로그룹 A,B,C,D,X에 해당하는데, 하플로그룹X는 유럽인들의 유전자로서 매우 적은 숫자라서 사실상 무시할 수 있는 수준이며, 그것도 북미 인디언들에게만 나타나고 남미에는 나타나지 않는다. 시노다 겐이치 교수는 이에 대하여 '이 유전자가 극소수의 시베리아인들에게도 나타난다'고 지적함으로써, 이 유전자의 유래가 수만 년 전 유럽인의 일부가 시베리아로 이주하여 유전자 흔적을 남겼고, 이 유전자를 가진 혼혈 후손들이 북미대륙으로 이주했을 가능성을 열어두고 있다.

하플로그룹 A, B, C, D의 분포 지역

따라서 아메리카 인디언들의 유전자는 사실상 하플로그룹 A,B,C,D에 해당한다. 이 유전자들은 아메리카 이외에는 동북아시아에서만 나타나는 것으로, 지리적으로는 중국북부, 한반도, 요동·요서와 만주대평원, 그리고 아무르강 유역을 중심으로 한 동부 시베리아, 몽골과 그 주변 지역 및 일본이 이에 해당한다. 이 하플로그룹의

2 시노다 겐이치(篠田謙一), 같은 책, p.81.

분기 시기(돌연변이 발생 시기)는 대략 2만~4만 년 전이었다[3]. 따라서 동북아시아에서 2만~4만 년 전의 하플로그룹 유전자 분포는 대략 왼쪽 지도와 같다.

흥미로운 두 가지 사실이 있다. 첫째, 일본인들에게는 하플로그룹C의 유전자가 없다[4]. 둘째, 아시아에서도 동북아지역의 하플로그룹과 동남아지역의 하플로그룹이 다르다. 동북아지역 유전자는 하플로그룹 A, B, C, D 외에 하플로 그룹 G, Y, Z 등이지만, 동남아지역의 유전자는 하플로그룹 E, F, M, R 등이다[5]. 이 사실은 여러 가지를 암시한다. 먼저 하플로그룹C는 아무르강 하류를 거쳐 아메리카로 건너간 것으로 확인되는 매우 중요한 유전자이다. 그런데 일본인에게 이 유전자가 없다는 사실은 일본인 선조의 아메리카 이주 가능성이 매우 적다는 것을 의미한다. 그리고 일부 학자들이 주장해온 동남아인들이 배를 타고 폴리네시아를 통하여 아메리카로 이주했다는 학설을 정면으로 부인한다. 마지막으로 아메리카 원주민에게 없는 하플로그룹 G, Y, Z가 동북아에 나타난다는 것은 이러한 하플로그룹 유전자를 가진 집단들이 동북아시아에서 아메리카로의 인구 이동이 끝난 이후의 어느 시기에 이 지역으로 옮겨왔음을 의미한다. 즉 코사크족 사냥꾼들을 비롯한 러시아인들이 17세기 이후 동부

---

3 시노다 겐이치(篠田謙一), 같은 책, p.125.
4 시노다 겐이치(篠田謙一), 같은 책, p.159.
5 시노다 겐이치(篠田謙一), 같은 책, p.110. 시노다 겐이치는 하플로그룹B를 동남아지역 유전자로 분류했다. 그는 동북아와 동남아를 구별하는 지리적 기준을 분명하게 이야기하지는 않았다. 그러나 필자가 이해하기로는 대략 황하강과 양자강 사이 지역을 경계로 그 북쪽을 동북아로, 그 아래를 동남아로 보는 것 같다. 그런데 필자는 하플로그룹B를 동북아의 유전자로 본다. 그 이유는 2005년 엘레나 스타리코브스카야(Elena B. Starikovskaya)교수를 비롯한 11명의 학자가 미국 인디언과 극동 시베리아 원주민 유전자를 분석한 연구에 따르면, 아메리카 인디언의 유전자 B2에 가장 가까운 동북아 유전자는 B1계열 유전자로서, 서쪽으로는 오브(Ob)강 상류와 동쪽으로는 예니세이(Yenisei)강 상류 사이에 퍼져 사는 투발라르(Tubalar)족과 투반(Tuvan)족에게서 발견된다고 했기 때문이다. 지리적으로는 몽골 북쪽의 러시아 영토에 해당하는 알타이와 투바 공화국과 그 북쪽 지역에 해당한다.

시베리아와 춥지·캄차카 반도로 이동해 온 결과일 것이다.

◆ 하플로그룹별 유전자 연구의 문제점

그런데 돌연변이를 바탕으로 한 하플로그룹별 유전자 분류는 민족의 기원을 구체적으로 밝혀주지 못한다. 돌연변이가 일어났던 2만~4만 년 전은 원시 고아시아 시대로서, 동북아의 고아시아인들이 아직 민족별로 구별되기 훨씬 이전의 시대에 해당되기 때문이다.

필자는 우리선조들이 처음으로 민족의식을 가지기 시작한 시기는, '고리족'이라는 운명공동체 의식을 깨달아 그것을 나타내기 위하여 뿔소라를 잘라 고리 기호 목걸이를 만들어 착용하던 시기로 추정했고, 그때를 홍산문화 시기로 보았다. 역사학계에서는 홍산문화의 시기를 대략 기원전 4500년~기원전 3000년으로 본다. 그리고 고대 동북아에서 가장 일찍 문명의 눈을 뜬 집단은 우리선조들이었다. 하늘의 천문을 깨달아 계절에 따라 변하는 달과 별의 움직임을 바탕으로 달력을 만들었고, 의학으로 침술을 창안했다는 증거가 있다. 따라서 동북아에 살던 모든 집단들 가운데 가장 일찍 민족의식에 눈을 뜬 집단이 바로 우리선조 '고리족'이었을 것이다.

이 사실은 다음을 의미한다. 2만~4만 년 전 고대 동북아에서 하플로그룹 A,B,C,D의 돌연변이가 일어난 이후 매우 오랫동안 민족 구별이 없는 시대가 지속되었다. 짧게는 1만 6천 년 길게는 3만 6천 년 동안 지속되었던 이 시기에,

인구수는 증가하고 사람들은 여러 집단으로 나뉘어 이리저리 이동하면서 이합집산을 오랫동안 반복함으로써, 하플로그룹의 유전자들이 서로 섞이게 되었을 것이다. 그리고 어느 시기부터 마침내 집단별로 언어가 달라지기 시작했고, 그로 인하여 집단별 거주 지역도 점점 뚜렷하게 구별되기 시작했을 것이고, 그에 따라 언어도 집단 구성원들 간에는 유사성이 높아진 반면, 다른 집단들과는 이질성이 점점 커졌을 것이다. 그리고 마침내 어느 시기부터 집단별로 운명공동체라는 민족의식이 태동하기 시작했을 것이다. 앞에서도 말했듯이 그 시기는 대략 홍산문화 시기일 것이다.

운명공동체 의식이 태동하기 전에 집단 간의 언어 차별화가 먼저 일어났을 것이라고 추정하는 이유는 인간에게 언어만큼 피아(彼我)를 분명하게 구별해주는 기준이 없기 때문이다. 인간을 평화롭게 살 수 있도록 해주는 사회규범이나 법이 없던 그 시대에는, 말이 통하지 않는 낯선 사람이나 집단을 만났을 때가 가장 위험한 순간이었고, 반대로 같은 말을 사용하는 사람들을 만나면 동족의식을 느껴 가까운 거리에 살면서 서로의 안전을 도모했기 때문이다. 따라서 같은 언어를 사용한다는 것은 자연스럽게 형성되어가던 초기 운명공동체의 일원이 되기 위한 필수불가결한 조건이었다.

이 사실은 '아메리카 원주민은 어느 민족에게서 유래되었는가'라는 의문에 하플로그룹별 유전자 분류가 전혀 도움이 되지 않는다는 것을 의미한다. 즉 아메리카 원주민의 조상이 누구인가를 밝히는 데는 이것보다 '동일 언어를 어느 민족이 사용하는가'가 훨씬 더 유용하다는 것을 의미하며, 언어를 바탕으로 운명공동체를 형성하고 민족을 이룬 후에 발생했을 민족 고유의 생활풍습, 종교

풍습, 놀이풍습 등이 훨씬 더 정확하게 아메리카 원주민의 기원을 밝혀줄 수 있다는 것을 의미한다.

◆ **하플로 하위 그룹 유전자로 증명되는 우리민족의 대이동**

시노다 겐이치에 따르면 현대 아메리카 원주민의 하플로그룹 A,B,C,D의 분포 빈도는 대략 다음과 같다[6].

> 하플로그룹 A: 아메리카대륙 북쪽으로 갈수록 높아져 98%까지 되고, 남쪽으로 갈수록 낮아져 5%까지 된다.
> 하플로그룹 B: 북미의 일부 집단에는 나타나지 않고, 일정한 경향도 없다.
> 하플로그룹 C,D: A와는 반대로 아메리카 남쪽으로 갈수록 분포 빈도가 높고 북으로 길수록 낮아진다.

이러한 하플로그룹 분류로의 유전자 연구는 동북아의 어느 민족이 아메리카 원주민의 조상이었는가에 대한 의문을 해결해 주지 못한다. 이 유전자들이 특정 지역에 모여 있고 주변 지역으로 퍼지지 않았다면, 인디언의 근원을 밝혀주는 매우 중요한 근거가 되었겠지만, 매우 오랜 세월 동안 주변 지역으로 퍼져 서로 뒤섞임으로써, 오늘날에는 동북아 거의 모든 민족의 공통 유전자가 되

---
6 시노다 겐이치(篠田謙一), 같은 책, p.126에서 제시한 유전자 분포 지도를 참조하세요.

었기 때문이다. 우리민족도 유전자 A,B,C,D를 모두 가지고 있다.

그런데 2005년 엘레나 스타리코브스카야(Elena B. Starikovskaya)교수를 비롯한 11명의 학자들은 미국 인디언과 극동 시베리아 원주민 유전자를 하플로그룹이 아니라 하플로 하위 그룹, 즉 좀 더 세분화된 하플로그룹 유전자로 분석해서 발표했다[7]. 그 연구 내용을 요약하면 다음과 같다.

> 시베리아에서는 미토콘드리아 유전자 하플로그룹과 하위 하플로그룹이 매우 다양하지만, 하플로그룹 A,B,C,D를 좀 더 자세하게 분석한 하위 그룹 가운데 오직 하나 혹은 많아야 두 개가 아메리카로 건너온 것 같다. 예를 들어, 하플로그룹C의 하위 그룹에서 울치(Ulchi)족에게서 나타나는 C1a와 아메리카 인디언의 C1b는 매우 비슷하다. 그러나 알타이-사얀-바이칼 지역에서 시작되어 우랄, 케틱, 알타이, 춥지·코리약에게까지 퍼진 C2와 C3는 아메리카 원주민에게는 없다.

이것은 알타이-사얀-바이칼 지역에 살던 사람들이 나중에 춥지반도와 캄차트카반도까지 이동해왔지만 알류산열도를 건너 아메리카로는 이동하지 않았음을 의미한다. 그들은 다음과 같은 내용도 이야기했다. 이 내용을 보면, 동부 시베리아지역에 살던 사람들만 아메리카로 이주했고, 시베리아 내륙에 살던 집단들은 아메리카로 이동하지 않았다는 사실을 알 수 있다.

---

7 Elena B. Starikovskaya외 11인, 'Mitochondrial DNA Diversity in Indigenous Populations of the Southern Extent of Siberia, and the Origins of Native American Haplogroups', 「Annals of Human Genetics」, Jan;69, 2005, pp.67~89.

같은 시베리아 유전자를 이용하여 Y염색체에서의 변이를 분석한 결과, 적은 개체수의 개인들이 아메리카 인디언들의 조상이 되었다는 것이 분명하다. 그런데 내륙 시베리아의 유전자에 있는 HLA II가 아메리카 원주민에게는 없다.

이 연구의 저자들은 울치족의 C1a에 대하여 다음과 같이 이야기하고 있다. 내용이 매우 중요하여 원문과 필자의 번역을 함께 보기로 한다.

    The subhaplogroup C1a mtDNA found in one Ulchi, similarly to Amerindian C1b mtDNAs, harbours the HVS-I marker 16325 and lack C2 and C3 markers. Moreover, C1a and C1b share the deletion of nps 290-291. This finding may imply that C1 and its distinguishing mutations (16325 and the deletion of nps 290-291) originated in the Amur River region and that from that region, the Native American branch C1b arose.

울치인에게서 발견되는 미토콘드리아 유전자의 하위 그룹인 C1a는 아메리카 인디언의 C1b와 매우 닮았고, HVS-I의 16325특성도 많지만, C2나 C3의 특성이 없다. 더구나 C1a와 C1b는 nps290-291이 없는 점까지 같다. 이것은 C1과 그것의 독특한 특징(을 가진 사람들)이 아무르 유역에서 시작되었고, 여기서 아메리카로 이동했다는 것을 의미할 것이다.

이 학자들은 하플로그룹D의 하위 그룹에 해당하는 유전자 D1에 대해서도 다음과 같이 말했다.

D1은 np 16325에서 HVS-I에 변이가 생긴 것으로, 아메리카 인디언들의 특징적인 유전자이다. (조사 대상들 가운데) 오로지 4명의 울치족에게서만 나왔고, 중부 및 동부 아시아인들에게서는 전혀 안 나왔다. 따라서 유전자 D1은 아무르 하류지역 사람들과 아메리카 인디언들이 연관성이 있다는 것을 다시 확인시켜 준다.

그리고 마침내 이 학자들은 다음과 같이 결론적으로 말했다.

The Amur River region could have been the main Siberian source for Amerindian haplogroups C and D.
아메리카로 이동한 하플로그룹 C, D의 근원지는 아무르강 유역일 것이다.

필자는 여러 연구에서, 동북아의 역사가 시작된 이래 아무르강 유역은 우리민족의 영토였고, 하늘의 천문을 깨달은 우리선조들은 아무르강을 따라 캄차카반도까지 오가며 귀한 짐승을 사냥했던 사냥터였으며, '아무르(Amur)'라는 지명 자체도 '우리 물'을 뜻하는 고대 순우리말이라는 사실을 밝혔다. 따라서 아무르강 유역의 하플로그룹 C,D도 결국 우리선조들이 가지고 있던 유전자일 것이다. 그리고 이제 우리는 다음과 같은 매우 중요한 의문을 떠올릴 수밖에 없다.

아메리카 원주민과 유전자로 연결된 울치족은 누구인가?

울치족의 영토

결론부터 말하면, 울치족은 길약족의 일파이다. 그리고 길약족은 만주대평원에 살다가 민족 대이동 시기에 아메리카로 이동하다 아무르강 하류에 정착해 살고 있는 우리민족의 후예이다. 왼쪽 지도에서 볼 수 있듯이, 울치족은 길약족 바로 옆에 사는 사람들로서, 원래 길약족이었다. 그들을 길약족과 다른 집단으로 처음 분류한 것은 1842년 야킨프(Iakinf)였고, 그 이전에는 중국과 러시아의 모든 문헌에서 같은 길약(Gilyak)족이라고 기록했다[8].

그런데 길약족은 누구인가? 바로 우리민족의 후예가 아닌가! 그들의 종족 명칭 '길약'은 원래 '길에께(Kileke)'로서 '길의 것'이라는 뜻의 우리말 방언이었다. '길의 것'은 '길의 사람', 즉 '길가다 도중에 머물러 사는 사람'을 뜻하는 우리말이다. 그들의 또 다른 종족 명칭 '길래미(Gilyami)/질래미(Chiliami/Tzilyami)'도 '길의 사람'을 뜻하는 우리말이다. '질'은 우리말 '길'의 방언이고, '래미'는 '아들래미, 딸래미, 며늘래미'에서 보듯이 '사람'을 뜻하는 순우리말이다. 따라서 길

---

8 M.G. Levin and L.P. Potapov(Ed.), 「The peoples of Siberia」,The Univ. of Chicago Press, 1964, p.721.

래미든 질래미든 모두 '길의 사람'을 뜻한다. 그들은 우리말의 '주격조사, 방향격조사, 처소격조사'와 같은, 다른 민족이라면 차용해서라도 절대로 사용할 수 없는, 문법 기능을 나타내는 어휘까지 사용했다. 그리고 앞에서 보았듯이, 그들은 고대 우리민족의 상징 기호였던 '고리 기호'를 전통문양으로 사용했고, 우리선조들의 태양조 '닭'의 이야기와 우리민족의 천지창조 신화인 태양신 신화를 19세기 말까지 보존해왔던 사람들이었다. 따라서 원래 길약족이었던 울치족은 바로 우리민족의 후예이다.

● 남미 안데스 미이라의 유전자로 증명되는 우리민족의 대이동

1995년 어느 날 요한 라인하트(Johan Reinhard)라는 한 외국인 등산객과 그의 오랜 안내자 미겔 사라테(Miguel Zárate)는 남미 페루의 남쪽 도시 아래키파(Arequipa)를 출발하여, 안데스산맥의 해발 6309m의 암파토(Ampato)라는 빙하로 덮힌 봉우리를 기어오르고 있었다. 안내자 미겔이 갑자기 소리 질렀다. "여기 뭐가 있어요." 그는 우연히 빙하가 갈라진 틈 안쪽 깊숙한 곳에서 뭔가를 발견했던 것이다.

그렇게 해서 발견된 것이 오늘날 '화니타(Juanita)'라고 이름 붙여진 미이라이다. 조사 결과 그 미이라는 1431년에 태어나 1445년 14살의 나이로 죽은 여자아이로서, 그 당시에 화산활동이 매우 심했던 안데스산맥의 산신(山神)에게 인신공양의 제물로 희생되었다는 사실이 밝혀졌다.

발견 위치

발견 장면

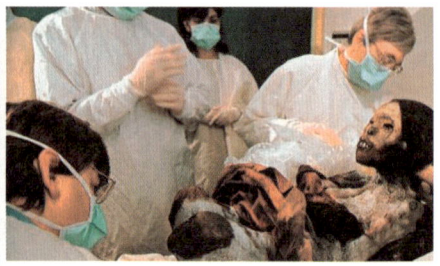
유전자 검사를 하고 있는 미국과 페루 의료진들

화니타는 발견 당시부터 매우 충격적이었다. 죽은 지 550여 년이 지났지만, 신체 일부의 세포가 마치 살아있는듯이 생생했기 때문이었다. 발견된 장소가 만년 빙하 지역으로, 죽자마자 바로 얼어버렸기 때문이었다.

페루는 미국 유전자 전문가들을 초빙하여 화니타의 유전자를 검사했다. 그리고 그 결과를 아래 기사로 발표했다. 아래는 원문 기사 사진, 원문에서 뽑은 두 가지 핵심 내용 및 필자의 번역이다.

El ADN de "Juanita" y una fehaciente comprobación científica

Los científicos del Genomic Research Institute (TIGH), de Maryland, en otra prueba de laboratorio, lograron recuperar un grupo de células extraídas de los tejidos del corazón de "Juanita".

Esas pruebas científicas, sirvieron para: 1. Identificar el ADN ("ácido desoxirribonucléico"). 2. El ADN de "Juanita" lo compararon con el programa del Mapa Mundi Genético, elaborado por el Proyecto Genoma Humano. 3. Esos estudios, demostraron que "Juanita" tenía íntimo parentesco con la tribu Ngoge de Panamá y con las antiguas razas originarias de Taiwán y Corea. Los del Proyecto Genoma Humano, durante cinco años, habían movilizado a cientos de biólogos que habían recogido muestras de sangre de todas las naciones de la Tierra, ubicando geográficamente los grupos de ADN. Esa muestra mundial, demostró que "...la raza humana bajó de los árboles en el noreste africano y se propagó por todos los rincones del mundo". 4. El estudio del ADN de "Juanita" demostró, pues, que el hombre asiático llegado por el estrecho de Bering a América procedía de Taiwán y Corea.

1. Taiwán
2. Corea.
3. Panamá tribu Ngoge)
4. Arequipa ("Juanita" de Ampato).

2. El ADN de "Juanita" lo compararon con el programa del Mapa Mundi Genético, elaborado por el Proyecto Genoma Humano.
3. Esos estudios, demostraron que "Juanita" tenía íntimos parentescos con la tribu Ngoge de Panamá y con las antiguas razas de Taiwán y Corea.

화나타의 유전자(ADN=DNA)를 세계유전자 지도와 비교해 보았더니, 파나마의 느고헤(Ngoge)족, 그리고 근본적으로는 타이완 및 코리언과 아주 가까운 친척으로 밝혀졌다.

4. El estudio del ADN de "Juanita" demostró, pues, que el hombre asiático llegado por el estrecho de Bering a América procedía de Taiwán y Corea.

따라서 화니타의 유전자는 베링해를 거쳐 아메리카로 이동해 온 아시아인들은 바로 타이완과 코리언이라는 것을 증명하고 있다.

의료진들이 발표한 유전자 분석 결과의 원문을 보면, 'íntimo parentesco(아주 가까운 친척)'이라는 표현을 사용했다. 스페인어에서 이 말은 '형제' 혹은 '사촌'에게 주로 쓰는 말이다. 따라서 이러한 표현을 사용했다는 것은 화나타의 유전자가 우리의 유전자와 완벽하게 일치함을 의미한다. 그래서 그들은 결론적으로 '아시아에서 베링해를 건너 아메리카로 온 사람들은 대만인(타이완)과 코리언이다'라고 했다.

그리고 그들은 아래와 같은 지도와 화살표를 그려서 우리선조들과 대만인이 아메리카로 이주했다고 표시했다.

화니타(Juanita)의 유전자로 본 우리민족의 이동

1. Taiwán. -------------------------- 대만
2. Corea. --------------------------- 코리아
3. Panamá (tribu Ngoge) -------------- 파나마
4. Arequipa ("Juanita" de Ampato). ---------- 아래키파(페루)
······▶ Ruta migratoria de Asia a América. -------- 이동루트

(필자 주: 이 지도에는 타이완의 위치가 잘못 표시되어 있다. ①의 위치는 필리핀이고, 바로 위의 섬이 타이완이다(붉은 원)).

◆ '타이완의 이동'은 잘못된 해석

 그런데 페루 및 미국 의료진들은 마지막 결론에서 한 가지를 잘못 해석하고 말았다. '타이완인들이 우리선조와 함께 건너갔다고?' 중국 본토 사람도 아니고 타이완인이라니?

 그들의 유전자 검사 결과가 잘못된 것이 아니다. 그들의 유전자 검사는 정확했다. 그리고 한 사람의 유전자에서 서로 다른 두 민족의 유전자가 나올 수는 없다. 따라서 화니타의 유전자 검사 결과는 우리에게 매우 중요한 두 가지 사실을 새롭게 밝혀주었다.

> 첫째, 앞에서 보았던 시노다 겐이치 교수의 하플로그룹 중심의 유전자 검사로는 중국 북부, 몽골, 일본 및 우리나라가 동일한 유전자를 가져, 마치 같은 민족인 것처럼 결론내렸으나, 매우 정밀한 유전자 검사로 나온 화니타의 유전자는 우리민족과 중국 북부, 몽골, 일본인이 서로 다른 유전자를 가지고 있음을 분명히 했고, 우리선조만이 아메리카로 건너갔음을 밝혔다.
> 둘째, 타이완인들이 우리민족과 동일한 유전자를 가지고 있다.

첫 번째 사실은 앞에서 본 엘레나 스타리코브스카야(Elena B. Starikovskaya) 교수 등의 유전자 연구 결과와 사실상 같은 말이다. 아무르강 하류 울치족과 아메리카 인디언의 유전자가 일치한다는 그들의 결론은, 울치족과 길약족은 사실상 같은 민족으로 우리민족의 후예라는 역사적 사실에 비추어 볼 때, 화니타의 유전자 검사 결과와 정확하게 일치한다.

페루와 미국 학자들이 잘못한 점은 화니타의 유전자 검사 결과를 역사와 연관지어 내린 해석에 있다. 그들은 우리선조들과 함께 타이완인들이 아메리카로 건너갔다고 잘못된 결론을 내렸다. 동북아의 고대사를 몰라서 빚어진 오류이다. 타이완인들은 아무르유역을 거쳐 캄차카반도까지 북상한 적도 알류산열도를 건너 아메리카로 건너간 적도 없다. 그런데 왜 이런 유전자 검사 결과가 나왔을까?

그 이유는 다음과 같다. 기원전 16세기 산동반도에 살던 우리선조 동이족은 은나라(상나라)를 건국했지만, 기원전 11세기 중국 화하족의 주나라에 의해 멸망 당했다. 나라가 망하자 은나라의 지배계층과 백성의 일부는 같은 고리족이 건국한 요동·요서의 고조선으로 와서 그 백성이 되었다. 그러나 나머지 사람들은 산동반도에 그대로 머물러 살았다. 기원후 9세기에 우리선조들이 산동반도에 법화원(法華院)이라는 큰 절을 건축했고, 통일신라시대의 해상세력이었던 청해진을 일으킨 장보고도 주로 산동반도와 무역을 통해서 성장했다는 사실을 감안해 보면, 그 당시까지 산동반도에 남아 살았던 우리선조들이 매우 큰 집단이었음은 분명하다.

우리민족의 이동 방향

그런데 10세기 이후, 즉 만주대평원과 요동·요서에 살던 우리선조들의 대부분이 아메리카로 건너가기 위하여 북쪽 아무르유역으로 떠나버린 뒤에, 산동반도에 살던 우리선조들은 어떻게 되었을까? 이에 대한 역사 기록은 없다. 그러나 그들이 타이완섬으로 집단 이주했을 것으로 추정할 단서가 있다. 기원전 산동반도에서 시작하여 그 지역에서 주로 퍼져 전해 내려오던 도교가 어느 시대부터인가 타이완섬으로 그 중심지를 옮겼다. 그리고 홍산문화의 유물로 유명한 옥 목걸이가 타이완섬과 마주보는 중국 본토의 복건성 지역에서도 발견된 적이 있다. 이 두 가지 사실은 산동반도에서 어느 시대인가 타이완섬으로 인구 이동이 있었다는 것을 의미한다.

따라서 화니타의 유전자 검사는 우리민족의 아메리카 대이동을 다시 한 번 확정적으로 밝혀주었을 뿐 아니라, 대만인들이 중국인이 아니라 우리민족의 피를 이어받은 사람들로서, 그들의 조상들은 산동반도에 살던 사람들이었을 것이라고 보여준다.

필자는 「우리민족의 대이동/멕시코편」에서, 신대륙 발견 이전의 멕시코 원주민들의 복식- 남자들의 상투, 갓모자, 흰 두루마기, 여인들의 쪽진 머리, 비녀, 한복 등-에서 우리민족의 모습을 발견한 후, 그들의 생활풍습, 육아풍습, 장례풍습, 신앙풍습이 모두 우리민족 고유의 풍습이고, 그들이 하던 윷놀이, 공기놀이, 팽이치기, 투환놀이가 우리의 민속놀이며, 그들이 남긴 유물과 천문지식이나 침술 등도 우리민족의 것이라는 것을 확인했다.

이러한 발견을 바탕으로 고대 만주대평원에 거주하던 우리선조들의 역사를 다시 검토하여, 기원후 3세기에서 7세기 사이에만 무려 1100만여 명이 요동·요서를 포함한 만주대평원에서 사라졌다는 사실을 발견했고, 그들 대부분이 아무르유역을 거쳐 북쪽으로 올라가 캄차카반도에 도착한 후, 배를 타고 알류산열도를 따라 아메리카로 건너갔다는 사실을 세계 최초로 확인했다. 그리고 이러한 우리민족 대이동의 배경에는 5세기 말 멕시코까지 갔다가 되돌아 왔던 혜심 스님 일행의 경험담이 만주대평원 전역으로 퍼져나갔다는 것도 알아내었다.

그리고 우리민족 대이동의 증거 가운데 일부로 아메리카 인디언들이 남겨놓은 수많은 우리말 지명들도 찾아내었고, 그들이 사용했던 '완전한 문장으로 된 우리말도 찾아내었으며, 마침내 우리민족의 혼을 나타내는 '얼'이라는 말도 아메리카로 전해졌다는 것을 발견했다.

이 책에서는 고대 우리선조들이 자신들은 '고리족'이라는 것을 나타내기 위해서 골뱅이 모양의 '고리 기호'를 그렸는데, 그것이 한반도와 그 주변 지역에 기원 오래전부터 남아 있고, 아무르에서 캐나다 서해안으로 이어지는 우리민족의 이동루트와 아메리카대륙 전 지역에 원주민의 흔적으로 남아있다는 사실을 확인했다. 그리고 아메리카로 갔던 우리선조들이 남긴 흔적 속에서 기원전 5세기에 이미 우리선조들은 음양태극을 가지고 있었으며, 그 태극이 고리 기호에서부터 창안되었고, 그것의 원초적 의미는 '태양신의 후예 고리족'이었다는 사실도 찾아내었다. 이러한 사실을 찾아가는 과정에서 고대 우리선조들이 가지고 있던 태양신 신화도 발견했고, 우리민족의 태양조는 '닭'이었으며 백제 금동대향로 꼭대기에 장식된 새는 중국의 봉황이 아니라 우리민족의 태양조 닭이라는 사실도 확인했다.

또한 아메리카 원주민들의 공통 신앙이었던 태양신 신앙은 바로 고대 우리선조들의 태양신 신앙이었고, 그들의 태양조 독수리는 원래 우리선조들의 태양조 닭이었으나 선조들이 아메리카로 갈 때 닭을 가져갈 수 없어서 독수리로 바뀌었다는 사실도 확인했다. 그들의 태양신 신앙 속에는 우리민족의 성수 '3'도 남아 있었다. 아메리카 원주민들이 하던 우리민족의 고유 민속놀이로 죽마놀이, 굴렁쇠놀이, 고누놀이, 자치기, 말타기, 달집태우기 등 무려 20여 가지가 더 있다는 것을 확인했고, 마침내 '유전자'까지 우리와 일치하여, 아메리카 원주민이 우리민족의 후예라는 사실을 증명하고 있다는 것을 밝혔다.

이제 필자는 독자들에게, 아니 우리나라 모든 국민들에게 다음과 같이 말하고 싶다.

우리는 아메리카 원주민의 실질적인 조상이 바로 코리언이었다는 사실을 우리 후손들에게 교육하고 전 세계에 알리어, 우리선조들의 원대한 발걸음이 세계사와 인류사의 거대한 줄기였다는 사실을 인류 역사 속에 제대로 자리매김하도록 해야 한다. 그러기 위하여 아메리카 각국에 남아 있는 우리선조들의 흔적을 그 나라 학자들과 공동으로 연구해야 하며, 이를 위하여 국가적 차원의 연구소를 설립하여 젊은 인재를 육성해야 한다.

이 길은 우리에게 주어진 숙명의 길로서, 지난 일천 년 동안 끊어졌던 우리와 그들 사이의 대동맥을 다시 이어줄 것이고, 비록 혼혈이기는 하지만 우리 선조들의 피를 이어받은 사람들이 국민의 절대 다수를 차지하고 있는 국가들과 '형제 국가'라는 새로운 세계 질서를 가져올 것이다.

따라서 그 나라들과 새로운 외교적 관계를 수립하기 위한 준비를 시작해야 하고, 앞으로 획기적으로 늘어날 깊고 폭넓으며 고차원적인 경제 협력 방안도 준비해야 한다. 이 길은 위대하고 현기 넘치던 선조들이 오늘의 우리를 위하여 남긴 유산으로, 우리민족을 '세계 속의 코리아'가 아닌 '세계를 선도하는 코리아'로 도약시켜 줄 것이다.